-ismus

Essays zu ideologisch begründeten Massenbewegungen

Historisch bekannte Massenbewegungen berufen sich zumeist auf eine Ideologie, um die herum sich Menschen organisieren lassen. Die Steuerung von Menschen ließ sich bisher meist durch gezielte Beeinflussung ihrer Gedanken und Gefühle durchsetzen. Machtbewusste Menschen haben oft Theorien und Geschichten ausgenutzt, um Menschen in ihrem Sinne zu lenken. Diese Mischung aus Theorien oder Theorie-Versatzstücken und Geschichten lassen sich oft in einem Begriff zusammenfassen, der mit der Nachsilbe (Suffix) -ismus endet: Nationalismus, Marxismus, Leninismus, Stalinismus, Faschismus, Islamismus usw.

Welche Elemente der verschiedenen „Ismen" lassen sich in Massenbewegungen der Vergangenheit zeigen und möglicherweise auf heute übertragen? Diese Frage möchte ich hier aufwerfen – und zugleich auf Techniken verweisen, die früheren „Ismen" noch nicht zur Verfügung standen.

Im März 2021
Detlef Zeiler
Gegenwartsforscher

»Daß die Weltgeschichte von Zeit zu Zeit umgeschrieben werden müsse, darüber ist in unseren Tagen wohl kein Zweifel übriggeblieben. Eine solche Notwendigkeit entsteht aber nicht etwa daher, weil viel Geschehenes nachentdeckt werde, sondern weil neue Ansichten gegeben werden, weil der Genosse einer fortschreitenden Zeit auf Standpunkte geführt wird, von welchen sich das Vergangene auf neue Weise überschauen und beurteilen läßt...«

GOETHE, Geschichte der Farbenlehre (1840)

»Die Tradition aller toten Geschlechter lastet wie ein Alp auf dem Gehirne der Lebenden. Und wenn sie eben damit beschäftigt scheinen, sich und die Dinge umzuwälzen, noch nicht Dagewesenes zu schaffen, gerade in solchen Epochen revolutionärer Krise beschwören sie ängstlich die Geister der Vergangenheit zu ihren Diensten herauf, entlehnen ihnen Namen, Schlachtparole, Kostüm, um in dieser altehrwürdigen Verkleidung und mit dieser erborgten Sprache die neuen Weltgeschichtsszene aufzuführen.«

Aus: *Karl Marx, Der achtzehnte Brumaire des Louis Bonaparte*

– ISMUS
Essays zu ideologisch begründeten Massenbewegungen

ISBN: 978-3-347-25716-0 (Paperback)
ISBN: 978-3-347-25717-7 (Hardcover)
ISBN: 978-3-347-25718-4 (e-Book)

1. Auflage 2021
Verlag und Druck: tredition GmbH, Halenreie 40-44, 22359 Hamburg
www.tredition.de

Bibliographische Information der Deutschen Nationalbibliothek:
Die Deutsche Nationalbibliothek verzeichnet diese Publikation in der deutschen Nationalbibliografie; detaillierte bibliografische Daten sind im Internet über http://dnb.d-nb.de abrufbar.

Inhaltsverzeichnis:

Vorwort:

Die vorliegenden Texte wurden weitgehend vor 2016 geschrieben. Seither hat sich einiges geändert: In den USA zeigen sich die Folgen der Wahl Donald Trumps zum Präsidenten, - einem Milliardär, der kaum Steuern zahlte und vor allem durch die „alte" (weiße) Industriearbeiterschaft gewählt wurde, die sich von globalen wirtschaftlichen Entwicklungen bedroht sieht. „Der Westen" als Einheit scheint zu zerfallen. Großbritannien hat die EU verlassen und innerhalb der EU zeigen sich Gegensätze zwischen Ost- und Westeuropa. Die Flüchtlingskrise und die Korruption in einigen ehemals kommunistischen Staaten verschärfen Gegensätze in der EU. Clanstrukturen breiten sich – verstärkt durch Migration – innerhalb der Demokratien aus. Ralph Ghadban hat das beispielhaft beschrieben.[1] Wir stehen heute erst am Anfang von weltweiten Fluchtbewegungen, denn es steht eine Umweltkrise in den Startlöchern, die weit mehr Flüchtlinge produzieren wird als alle heutigen Kriege zusammen. Darauf sind wir nicht vorbereitet.

Nicht nur die Staatsmacht kann aus verschiedenen Gründen in Versuchung stehen, stärker auf Gewaltmittel zu setzen – auch aus der Gesellschaft heraus können sich Gewaltzentren entwickeln, die den Rechtsstaat infrage stellen und dessen Macht unterhöhlen, die in der Zustimmung der Bürger liegt. Der Sturm auf das Kapitol in Washington am 6. Januar 2021 hat gezeigt, dass die Gefahr der Destabilisierung des Staates auch in westlichen Demokratien besteht.

Auf zweierlei Weise können sich neben dem Rechtsstaat Gewaltzentren entwickeln:

1. Weit verbreitet – und gut beschrieben – sind hier die diversen Gruppen der Organisierten Kriminalität. Sie sind heute oft finanzstärker als Nationalstaaten und besitzen Gewaltmittel, die ein starkes Drohpotential auch in Rechtsstaaten hinein ausstrahlen. Ein einzelner Bürger kann sich, sollte der Rechtsstaat Schwächen zeigen, diesem Drohpotential kaum entziehen. Der Vorteil Organisierter Kriminalität (OK) gegenüber dem Rechtsstaat liegt u.a. darin, dass er sich keiner systematischen Rechtfertigung aussetzen muss. Die OK ist einfach da, passt sich wie ein Parasit der jeweiligen Wirtsumgebung an, kann sogar auf direkte Gewalt verzichten, wenn das Drohpotential hoch genug ist oder wenn die Lockangebote oder das „Anfüttern" genügen, normale Bürger in ihren Dunstkreis oder in irgendeine Abhängigkeit hineinzuziehen. Je mehr sich Arm und Reich auseinanderentwickeln und je mehr der Mittelstand sich bedroht fühlt, desto größer werden die Angriffsflächen der OK.

---

[1] „Arabische Clans. Die unterschätzte Gefahr." (Ullstein Verlag, 2020)

2. Die zweite Art von rechtsstaatsfeindlichen Gewaltzentren finden wir in Gruppierungen, die sich auf eine Ideologie, ein zusammenhängendes System von Ideen berufen. Diese Ideologie ist dazu da, ein großes Ziel, das in der Zukunft liegen soll, zu beschreiben und Mittel anzubieten, die von Überreden, Locken, Drohen bis hin zur Gewaltanwendung reichen. Dabei dient das große Endziel zur Rechtfertigung dieser Mittel, auch wenn bei der Anwendung der Mittel die bestehenden moralischen Grenzen überschritten werden. Die Ideologie, egal ob religiös verbrämt oder rein weltlich begründet, lässt sich fast immer mit einer Art von „-ismus" beschreiben. Imperialismus, Marxismus, Leninismus, Trotzkismus, Stalinismus, Nationalismus, Islamismus – oder der weithin diskutierte „Faschismus".

Wenn ich mich hier in erster Linie auf den Begriff Faschismus beziehe, dann nur, um damit die Diskussion einzuengen und verständlicher zu machen. Elemente des Faschismus tauchen auch in anderen „Ismen" auf, überschneiden sich heute sogar mit Elementen, die man eher bei der OK findet. Neu in der Diskussion ist der Begriff »Tiefenstaat«, den ich aber, anders als er in den USA oder in der Türkei verwendet wird, eher mit der (ethnisch) Organisierten Kriminalität (OK) in Verbindung bringe.

Im Raum steht heute immer auch die Frage, ob das Menschenbild, auf das sich demokratische Staaten beziehen, heute noch genügend Anerkennung findet. Könnte es nicht sein, dass wir in mancher Hinsicht gar nicht so viel anders reagieren als es in den Tierversuchen gezeigt wurde, die auf der Grundlage des Behaviorismus durchgeführt wurden? Zeigen sich nicht immer mehr Menschen durch Gerüchte, „fake-news", Gewaltandrohung oder Konsumverlockung weitaus eher steuerbar als durch Hinweise auf Menschenrechte und die Regeln des Rechtsstaates?

Dazu kommt eine Entwicklung, die in der medial vernetzten Welt immer deutlicher wird: Immer mehr lassen sich Vor- und Nachteile der verschiedenen Gesellschaften und Staatsformen vergleichen. Wie gut gehen Staaten und Gesellschaften mit den Gefahren um, die heute global sichtbar werden: Erderwärmung und Naturkatastrophen, Pandemien, Korruption, Vertrauensverlust usw. Und wie gut gelingt es innerhalb verschiedener Kulturen, Menschen entsprechend neuer Problemlagen zu „steuern"?

Bei den aus dem Jahre 2016 übernommene Essays habe ich einige Korrekturen eingefügt. Die Formulierungen sind heute weniger überzogen. Die damaligen Zuspitzungen sollten zur Verdeutlichung der Gedankengänge dienen und niemanden vor den Kopf stoßen. Von daher nenne ich hier keine Namen oder konkrete Ereignisse, obwohl ich mich auf reale Erfahrungen beziehe. Nicht zu vergessen: „Essays" sind Versuche. Man kann diese Essays (auch) als Gedankenspiele lesen.

-ismus als Massenbewegung

Alte und neue Elemente der »Banalität des Bösen« (Hannah Arendt)

Mit dem Sieg des »Kommunismus« in Russland nach 1917 verbreitete sich in Europa vor allem in den staatstragenden Mittelschichten nach dem Ersten Weltkrieg die Angst vor der Ausbreitung sozialistischer Ideen. Nach Lenin waren Industrieländer wie Deutschland das eigentliche Ziel des Kommunismus, Russland sei nur das »schwächste Kettenglied« in dem Verbund »imperialistischer« Länder gewesen. *(Heute, in einer medial vernetzten multikulturellen Gesellschaft würde man sich eher fragen: Wo sind die schwächsten Kettenglieder **innerhalb** einer Gesellschaft. Und wie kann man mit dem Herausbrechen dieser »Kettenglieder« den Zusammenhalt in der Gesellschaft so schwächen, dass das „alte System" reif für eine Übernahme ist.)* Die Ausbreitung des „Kommunismus" mit dem Konzept der Verstaatlichung der Produktionsmittel war aus der Sicht der Industrieländer eine reale Gefahr. Von daher stellt der historische Faschismus eine Gegenbewegung aus den hiesigen Mittelschichten heraus gegen die neue Gefahr »von unten« und aus dem »Osten« dar. Der Kommunismus mobilisierte die Angst, man könnte enteignet werden.

Aber nicht nur den Kommunismus, auch die negativen Auswirkungen des Kapitalismus, der die Menschen vereinzelt, ihnen ihre Traditionen nimmt und die gewohnten Lebenszusammenhänge in Frage stellt, will man bekämpfen. Da die Menschen in Krisenzeiten mehrheitlich nach einfachen, eher rückwärtsgewandten Ideen suchen, bietet ihnen der Faschismus ein Orientierungsmodell an, in dem sich die Gruppe einem guten Anführer unterordnet, so wie sich das in der Natur bewährt zu haben scheint. Ein ähnliches »Modell« bieten auch mafiöse Gruppen ihren Mitgliedern, die entweder in einem direkten Verwandtschaftsverhältnis stehen oder über ein Aufnahmeritual Teil einer patriarchalischen Großfamilie werden. Diese Großfamilie, dieser »Clan« gliedert sich parasitär in eine bestehende Wirtschaftsstruktur und einen bestehenden Staat ein und steht nicht unter dem Druck, eine eigene Ideologie oder ideologische Versatzstücke zu erzeugen.

Der Faschismus dagegen gibt vor, eine Weltanschauung zu liefern, die Tradition und Fortschritt versöhnt und es erlaubt, Wirtschaft und Staat nach dem Führerprinzip neu zu gliedern. Sukzessive sollen alle

Lebensbereiche dem Machtanspruch einer Gruppe untergeordnet werden, Politik, Wirtschaft und Gesellschaft werden Schritt für Schritt gleichgeschaltet, auch wenn auf dem Weg zur totalen Machtergreifung vorübergehend Kompromisse gemacht werden müssen, die sich je nach dem regionalen Umfeld unterscheiden. Der »Wille zur Macht« entscheidet, nicht das Gedankengebäude drumherum. Auf Konsistenz der Ideen kommt es nicht an. »Tatmenschen« bestimmen, Mythos geht vor Ratio und Ethik. Ich erinnere an die Einflüsse der »Thule-Gesellschaft« nach dem Ersten Weltkrieg und die Symbolik des Hakenkreuzes. Näheres kann man nachlesen in »Schwarze Magie - Braune Macht« (P.S.-Verlag, Ravensburg) von Peter Orzechowski. Die Fähigkeit der faschistischen Bewegung als Massenbewegung besteht vor allem darin, eine totalitäre Partei an die Macht zu bringen, dafür so viele Ängste wie möglich anzusprechen und die dadurch ausgelöste Aggression offensiv auf einen (beliebigen) »Gegner« zu richten. Sebastian Haffner (1907–1999) hat m.E. für den Nationalsozialismus deutlich aufgezeigt, dass keine kohärente Staatsidee vorlag. Im Zentrum steht nicht der Staat, der seine Macht vor dem Volk legitimieren muss, sondern die Vorherrschaft einer Partei, die parallel zum Staat Machtpositionen ausbaut, von denen aus sie diesen in Geiselhaft nimmt. Dazu kommt noch eine zeittypische Besonderheit, die dem Faschismus nützte: Anfang des 20. Jahrhunderts stand das Führer-Gefolgschafts-Modell hoch im Kurs. Es war auch ohne den Faschismus weit verbreitet.

Wer könnte heute so etwas in einer historisch gewandelten Situation erneut versuchen? Wen würde er ansprechen? Welche Vorurteile würde er nach dem Ende des Kommunismus verstärken? Mit welcher Art von Sinngebung würde er die Jugend anlocken? Welchen Mix von Ideologien würde er heute anbieten? Und würde er überhaupt so marktschreierisch an die Öffentlichkeit treten wie im 20. Jahrhundert, wo diese Öffentlichkeit heute doch viel kritischer erscheint als damals? »Omerta« statt Straßenkampf?

Nach der Blamage im „Dritten Reich" und dem verlorenen „Zweiten Weltkrieg" erscheint mit hier eher die „Omerta" wahrscheinlich. Bei anderen „-Ismen", vor allem beim Islamismus, liegt der Fall sicher anders. Dort werden die demokratiefeindlichen Ideale anders verbrämt und meist offen verhandelt. Ob offen oder verdeckt, in beiden Fällen wird aber ein zentrales Motiv angesprochen, das in Notzeiten immer schon gegolten hat: Man will nicht bloß passiv bleiben, man will handeln können! Irgendwie! Und darum geht es.

Drahtzieher und Mitläufer

Nach dem Ersten Weltkrieg waren Italien und Deutschland die beiden Länder, in denen der Faschismus aus eigener Kraft siegte. Sie waren zwar Kriegsgegner, nach dem Krieg aber in einer ähnlichen Lage: Sie hatten große Verluste erlitten und der Bevölkerung ging es schlecht; Italien hatte keinen Nutzen aus dem Sieg gezogen, in den Städten und auf dem Land herrschte eine große Armut, für die man die Demokratie und die liberale Wirtschaftsordnung verantwortlich machte. Und in Deutschland kamen sehr rasch Vorbehalte gegen die Weimarer Demokratie auf. Man gab ihr die Schuld für die Niederlage, die Hinnahme des Versailler »Schand«-Vertrages und die Verluste in der Folge der Währungsreform von 1923, in welcher der Staat alle seine Schulden auf einen Schlag loswurde.

Während Mussolini aber schon am 31. Oktober 1922 Ministerpräsident einer Koalitionsregierung aus Nationalisten und Faschisten wurde, aus der heraus er seine faschistische Diktatur in Italien ausbauen konnte, konnte Hitler seine Chance erst in der Krise 1929 und der darauf folgenden Arbeitslosigkeit ergreifen, als die Zahl der NSDAP-Abgeordneten im Reichstag sprunghaft zunahm, und er schließlich am 31. Januar 1933 vom alten Reichspräsidenten Hindenburg an die Spitze einer Koalitionsregierung gesetzt wurde. Diese benutzte er dann, wie angekündigt, als Sprungbrett zur Abschaffung der Demokratie.

Aber es waren nicht in erster Linie die Arbeitslosen, die ihn an die Macht brachten, es waren Konservative, die ihn salonfähig machten, förderten oder tolerierten, bis er sie nicht mehr tolerierte - und es waren eher unpolitisch-naive Anhänger aus den verschiedensten Teilen der Mittelschicht, die ihn als einen Erlöser verehrten und deren Ängsten und Ressentiments er auf beinahe geniale Weise Ausdruck geben konnte. Vor allem der latente Antisemitismus wurde im deutschen Faschismus, im »Nationalsozialismus«, aufgegriffen und verstärkt, denn damit konnte man ein einfaches Feindbild konstruieren und einen »Sündenbock« für alles Schlechte in der Gesellschaft anbieten. Sündenböcke scheinen in der Geschichte immer wieder eine seelische Entlastung für erlittenes oder eingebildetes Ungemach zu bieten.

Wie so oft in Zeiten des Umbruchs infolge einer massenwirksamen Jugendbewegung hat es auch damals Kritiker gegeben, die auf die Konsequenzen einer offensichtlich kommenden Diktatur hinwiesen.

Aber sie blieben vereinzelt, schienen zu übertreiben - und im heutigen Sprachgebrauch hätte man ihnen »Paranoia« unterstellt oder sie »Verschwörungstheoretiker« genannt. Und wenn dann eine Massenbewegung erst einmal Fahrt aufgenommen hat, gelten Kritiker schnell als Störenfriede oder Nestbeschmutzer.

Der Faschismus hatte keine einheitliche Ideologie, er war zugleich autoritär und antiautoritär. Autoritär im Führerkult und dem ganzen militaristischen Drumherum, antiautoritär als Jugendbewegung, die etablierte und verkrustete Eliten bekämpfen wollte. Zurück zur Natur, zurück zur Horde, die zusammenhielt gegen einen bösen Feind, das war der Traum vieler im Kapitalismus entwurzelter Jungmänner. Gemeinsamer Kampf statt vereinzeltem Leiden! In dieser Hinsicht ähnelte der Faschismus dem Kommunismus - und nicht umsonst sind viele junge Kommunisten in der Weimarer Republik ohne Probleme Faschisten geworden. (Und viele Kommunisten sind nach dem Ende des Kommunismus Nationalisten geworden.) Vielen erschien der Faschismus - auch hierin ähnlich dem Kommunismus - wie eine neue Religion, die in die moderne Zeit passte, wo er sich doch z.b. mit der Aufnahme einiger Elemente des Darwinismus, der damals international verbreitet war und im »Sozialdarwinismus« auf menschliche Gesellschaften übertragen wurde, einen wissenschaftlichen Anstrich gab.

Zugleich war der Faschismus auch offen für neue Erkenntnisse auf technischem Gebiet, vor allem in der Medien- und Waffentechnik, womit er wiederum die Jugend begeisterte. Und es wurde nicht nur trocken belehrt, nein, man konnte als Jugendlicher auch aktiv an Wehrsportübungen im Freien teilnehmen, konnte mit echten Gewehren schießen und sich in der Organisation von Zeltlagern bewähren. Zudem gab es einfache Feindbilder, die unabhängig vom Bildungsniveau jeder verstehen konnte. Dass es oft eine beinahe unpolitisch-naive Zustimmung zum Faschismus gab, zeigt auch die Begeisterung vieler Frauen, die eine gewisse Verantwortung in der »Bewegung« bekamen und dem Führer immer wieder mit strahlenden Gesichtern zujubelten, so, als seien sie verliebt oder religiös entrückt.

Wie aber schaffte es die faschistische Elite, all die heterogenen Elemente in ihrer Ideologie so zusammenzuführen, dass sie einer Massenbewegung als Anleitung zum Handeln dienen konnte? Wie schaffte sie es, ein kriegsmüdes Volk in einen **zweiten** Weltkrieg zu treiben? Diese Fragen muss man sich heute stellen, will man Geschichte nicht nur »antiquarisch« (Nietzsche) betrachten und der Jugend mit dem Blick zurück als Klotz an den Hals hängen.

Gründungsmythos

Jede massenwirksame Bewegung brauchte **bisher** eine gewisse »Romantik«, einen Gründungsmythos, wie ihn etwa die deutsche Nationalbewegung des 19. Jahrhunderts in der deutschen Geschichte gesucht hatte: Eine Sprachgemeinschaft mit historisch gewachsenen Eigenheiten müsse sich einen politischen Rahmen in der »Nation« geben. Dafür lohne es sich zu kämpfen und zu sterben.

Deutschland war - wie Italien - eine »verspätete« Nation. Seine Einheit war jahrhundertlang durch fremde Großmächte verhindert worden, deren Angst vor einer starken Mitte Europas zur aktiven Förderung der deutschen Kleinstaaterei geführt hatte. Erst unter Bismarck wurde die deutsche Einheit 1871 geschaffen. Nach seiner Absetzung 1890, im Zeitalter des Imperialismus, wurde diese Einheit aber in einem Anfall von Größenwahn wieder leichtfertig aufs Spiel gesetzt. Man kann heute kaum noch nachvollziehen, wie politisiert die Öffentlichkeit Ende des 19. und Anfang des 20. Jahrhunderts war. In jeder Kneipe wurde heftig und hitzig die politische Lage der Staaten und Völker diskutiert. Für einige schien der Sozialismus heraufzudämmern, für andere der vom »Imperialismus« des ausgehenden 19. Jahrhunderts geprägte Nationalismus. In dieser Atmosphäre schien es vielen Deutschen legitim, auch in der Geschichte alles herauszustellen, was die eigene Stärke begründete: Volkstum, Nationalgefühl, Gemeinschaft. Die Weimarer Demokratie konnte das nicht bieten, hatte auch nichts in der Geschichte vorzuweisen, was auf frühere Stärke verwies, denn Deutschland war ja nicht von Demokraten, sondern (von Bismarck) auf autoritäre Weise von oben gegründet worden. Gerade weil es keine demokratische Tradition gab, konnte die Erfindung des Germanentums wie ein Gründungsmythos von unten erscheinen, der sowohl in die Geschichte zurückreicht (Romantik), als auch mit dem radikalen Fortschritt in der technischen und sozialen Welt versöhnt. Mit dem rückwärtsgewandten Traum vom eigenen Herd und Hof im geistigen Gepäck, dem Bauernhof im Osten, liefen viele Deutsche den Nationalsozialisten in die Falle. Die wollten nicht nur Versailles revidieren und damit Deutschlands Stärke wiederherstellen, sondern hegten den Traum von einer Hegemonie über Europa und Asien, den Traum von der Durchsetzung einer Art eurasischen »Monroe-Doktrin«, einer Doktrin, wie sie die USA für ihre Vorherrschaft über Nord- und Südamerika vertraten. Die Welt sollte in Großreiche aufgeteilt werden - und am Ende stünde eventuell die Weltherrschaft einer »Rasse«.

Wer könnte einen ähnlichen Traum heute hegen? Von welcher Kränkung, ähnlich der Kränkung der Deutschen nach dem Ersten Weltkrieg, würden seine Ressentiments gespeist? Wie könnten möglichst viele Menschen in das Gefühl des Kränkung hineingezogen werden? Welche Revanchegefühle könnten angesprochen werden? Welchen Mythos würde man ansprechen? Welche Bilder würde man benutzen, um Wurzeln zu schlagen? Eine Mischung aus »Zurück zur Natur« und »Sozialdarwinismus«? Ein neuer Rassismus? Oder etwa der Glaube an die universale Lösung aller Probleme durch moderne Technik? Die Vorstellung vom Menschen als »Bioroboter«? Oder könnte man sich heute eine diktatorische Instanz vorstellen, die in unserer multikulturellen Welt mit allen möglichen Bildern nur spielt? Postmodern?

Die größte Kränkung für die heute einzig verbliebene Supermacht, die gerade dabei war, sich als ein freundlicher Hegemon zu profilieren, war der Angriff auf die Zwillingstürme im Jahre 2001. Seither gilt 9/11 als das Datum der Wende in der Politik des Westens. Die milliardenschweren Geheimdienste hatten versagt, mit primitiven Mitteln und ein wenig Heimtücke haben die »angry young men« (Gunnar Heinsohn, 2003), die man gerade noch gegen den untergehenden Kommunismus bestens ausgestattet hatte, die Schwachstellen einer demokratischen Gesellschaft aufgezeigt. Diese ist intern auf Vertrauen aufgebaut, aber auch verletzlich, wenn sich radikale Elemente gegen sie stellen (und sie infiltrieren). Und genau hier könnte der Wendepunkt in der Politik der USA und einiger ihrer Verbündeten liegen - hin zu einer neuen Spielart des Machiavellismus, bei dem erlaubt ist, was zu nützen scheint, Menschenrechte hin oder her. Leute, die Böses im Schilde führen, könnten sich den USA in die Arme werfen, sich einschmeicheln, um von deren Militärmacht und deren neuesten Techniken im „Antiterrorkampf" zu profitieren. Ein Argument wäre also der Antiterrorkampf, denn der Kampf gegen den Kommunismus ist ja inzwischen weggefallen. Sind aber die echten Freunde nicht gerade die, welche Kritik an den Fehlern im „Antiterrorkampf" üben? Christian Fürchtegott Gellert (1715-1769), ein Aufklärer, hatte schon im 18. Jahrhundert darauf hingewiesen, worin wahre Freundschaft besteht:

Freundschaft

Der Freund, der mir den Spiegel zeiget,

Den kleinsten Flecken nicht verschweiget,

Mich freundlich warnt, mich ernstlich schilt,

Wenn ich nicht meine Pflicht erfüllt:

Der ist mein Freund,

So wenig er es scheint.

Und nun zum Mythos: Könnten die vordemokratischen, am Sozial-darwinismus orientierten Denkweisen des Westens nicht ein Traum-bild von Stärke und Vorherrschaft bilden, an dem man sich in der Not festhält, ja das zu einer Art von Neugründung des Westens führen könnte? »Survival of the fittest«. Früher waren wir stark und gefürch-tet. Müssen wir nicht wieder wie früher werden? Noch sind wir stär-ker. (Die wirklich überlegenen Waffen dürften dann aber in einer glo-balisierten Medienwelt, wie wir sie heute haben, nicht zu früh bekannt werden, denn sonst hätte sie bald auch der Gegner. Das spricht für die vorrangige Bewaffnung der Geheimdienste und nicht des traditi-onellen Militärs.) Wer sagt aber, dass neuartige und moderne Waffen nicht von irgendwelchen Doppelagenten oder angeblichen Helfern im Antiterrorkampf abgegriffen worden? Schon immer hatte auch die or-ganisierte Kriminalität Interesse an der jeweils modernsten Technik.

Grenzüberschreitung:

Das Zusammenleben in sozialen Systemen funktioniert normaler-weise dadurch, dass alle sich an dieselben Regeln halten, an Regeln, die allen bekannt sind. Dennoch gibt es immer wieder einzelne oder Gruppen, die sich ohne das Wissen der anderen einen Vorteil ver-schaffen, indem sie die Regeln heimlich übertreten und das Ver-trauen der anderen missbrauchen. Im Kleinen passiert das in der Schwarzarbeit, beim Sozialbetrug, beim Diebstahl. In größerem Aus-maß sieht man so etwas bei der Organisierten Kriminalität (OK), bei der Geldwäsche, beim Lobbyismus und den unterschiedlichen For-men der Korruption. Um die Vertrauensverhältnisse in einem Land zu sichern, braucht es einen starken RECHTSSTAAT mit strikter Gewal-tenteilung, der sich gegen alle Sonderinteressen zugunsten der All-gemeinheit durchsetzen kann. Aber es braucht auch Bürger, die gelernt haben, Rechtsnormen zu verinnerlichen. Die Verinnerlichung demokratischer Normen ist im Allgemeinen ein langer Prozess, in dem Menschen lernen müssen, vordemokratische „Gewohnheiten", Racheimpulse, Clandenken usw. zu beherrschen.

Die meisten Deutschen waren auch 1933 im Sinne des Rechtsstaates durchaus anständige Bürger. Sie waren aber bedrückt von einer enormen Arbeitslosigkeit, die noch nicht wie heute von einem Sozialstaat abgefedert war. »Nehme jede Arbeit!« hingen sich einige mit einem Schild um den Hals. Eine Änderung kam durch den Staatsinterventionismus von Seiten der Nazis. Klar, sie investierten u.a. in die Rüstung. Aber sie schufen Arbeit - und das imponierte den ehedem Arbeitslosen, denn sie konnten ihre Familien wieder ernähren. Dass die Politik der Nazis auf einen erneuten großen Krieg zusteuerte, das überforderte die Vorstellungskraft vieler Deutscher. Und hier kommen wir auf ein Phänomen, das auch heute wieder interessant werden könnte: Wer in seiner politischen Zielsetzung die Vorstellungskraft des Normalbürgers so weit überschreitet, dass dieser beim besten Willen nicht folgen kann, dessen düstere Absichten bleiben quasi unsichtbar. Er könnte sie sogar offen aussprechen, man würde das Ganze für Ironie, für nicht ernst zu nehmen halten. Man würde eher die Kritiker für paranoid halten. Man sieht nur, was man weiß, würde Goethe sagen. Und etwas moderner: Wer seine Festplatte so formatiert hat, dass sie für einen alten C 64-Computer funktioniert, der kann keine neuen Programme darauf abspielen... Wer könnte sich z.B. vorstellen, dass unter den Leuten, die jede kleine Ungerechtigkeit mit dem Vorwurf der Ausländerfeindlichkeit beantworten, sich welche befinden, die insgeheim rechtsradikale Grüppchen unterstützen, um sich dann dagegen zu profilieren und zum Wortführer innerhalb der ausländischen Mitbürger aufzuschwingen?

Das hört sich paradox an. Aber könnte man nicht mit Paradoxien die Motivbezüge der Menschen verwirren? Viele intelligente Menschen aus Entwicklungsländern spüren hier bei uns schnell, dass wir Deutschen etwas naiv sind, was langfristige gesellschaftliche Interessen betrifft. Romantiker. Einwanderer aus der ehemaligen Sowjetunion staunen oft über die heutige Harmlosigkeit der Deutschen und deren Verdrängung des Politischen. Politik aber handelt immer noch von Machtfragen - und wer diese verdrängt, der muss sich nicht wundern, wenn andere hier das Heft in die Hand nehmen. Ist es denn so abwegig, wenn andere unser Land heute für »das schwächste Kettenglied« im System der westlichen Demokratien halten, wo wir uns lange Zeit nur auf den Schutz durch die USA verlassen haben? Die Lage ist bei uns seit dem Ende des Kommunismus sehr unübersichtlich geworden. Es gibt mehr Mitspieler und es gibt Mitspieler, die etwas schlauer sind als Demokraten, die über Jahrzehnte in wohlbehüteten Verhältnissen aufgewachsen sind. Wer wirklich aufs Ganze geht, der könnte z.B. Personen, die sich um Vermittlung zwischen Ausländern und Deutschen bemühen, bei den rechten Gruppen als »Verräter« denunzieren; er könnte aber die Vermittler zugleich bei ausländischen Mitbürgern als verkappte Ausländerfeinde denunzieren, die auf »Assimilation« aus seien und Einwanderergruppen kulturell entwurzeln wollten. Technisch ist diese Desinformationsstrategie mit den heutigen medialen Möglichkeiten leicht möglich. Ton und Bild lassen sich bereits mit Amateursoftware leicht manipulieren. Stimmen lassen sich verändern, Sätze neu zusammenfügen, was in einigen Radiosendungen schon seit langem als Ulk genutzt wird. Und nicht nur experimentierfreudige, pubertäre Schüler operieren damit. Die Technik hat das Vorstellungsvermögen der Menschen längst überholt. Kaum einer versteht noch, woran die Spezialisten zurzeit brüten. Und nicht zu vergessen: Spezialisten verlieren nicht selten das früher zu humanistischen Zeiten noch mitgelieferte moralische Orientierungswissen.

Aber nicht nur das technische Wissen nimmt zu, auch die psychologischen Schwächen der unterschiedlichsten Gruppen einer Gesellschaft lassen sich heute wissenschaftlich gut erforschen und dann mit brauchbaren Vorurteilen bedienen. Und der Gedankengang ist auf einmal nicht mehr paradox, wenn man in die Geschichte schaut: War es nicht die »schwarze Hand«, waren es nicht radikale Serben, die den auf Vermittlung bedachten österreichischen Thronfolger Franz-Ferdinand und seine Frau 1914 in Sarajewo erschossen? Und aus einem begrenzten Konflikt entstand der Erste Weltkrieg.

Sind es nicht oft die Leute, die nur das Prinzip »Wir wollen alles!« gelten lassen, die Reformer und Vermittler als Störenfriede betrachten, hinderlich auf dem Weg hin zum großen »Kladderadatsch«, nach welchem man selbst als Phönix aus der Asche hervorgehen will? »Wir wollen alles!«, das ist eine Parole, die seit jeher die Jugend mitgerissen hatte. Vielleicht erinnern sich einige noch an eine Zeitschrift mit diesem Namen. Und kalkulieren nicht alle Terrorstrategen, die ein politisches System stürzen wollen, mit der Jugend? Mit der Ungeduld der 15-25-Jährigen? Den Unmut der Jugendlichen in genau diesem Altersbereich müsste man mit Handlungsvarianten bedienen, die ihrem jeweiligen kulturellen, moralischen und intellektuellem Niveau entsprechen. Nur so lässt sich ein stabiles politisches System, wie wir es im Westen etabliert haben, noch stürzen. Das Problem der »Filiation«, des Generationenwechsels, weist aber schon immer auf einen Schwachpunkt bei der Erhaltung stabiler sozialer oder politischer Systeme hin. Die Erwachsenen müssen stark genug sein, der nachwachsenden Generation die Sinnhaftigkeit ihrer Institutionen verständlich zu machen, aber auch flexibel auf neue Situationen oder Bedrohungen von außen reagieren. Wer weiß, wie lange die Errichtung demokratischer Rechtsstaaten gedauert hat, muss immer wieder Überzeugungsarbeit nach innen leisten und seine Grenzen nach außen sichern. Auch das gehört zum viel beschworenen »Generationenvertrag«.

Natürlich ist die Arbeit in den politischen Institutionen oft zäh und für viele junge Menschen langweilig. Und auch wenn die Institutionen gerade in Deutschland ganz gut funktionieren, so gibt es doch immer Bürger, denen man es nicht recht machen kann. Und da gilt es aufzupassen, dass Unzufriedenheit, Ungeduld und gut inszenierte Lügen nicht dazu führen, dass etwas niedergerissen wird, für das es nicht so schnelle eine Alternative gibt und das nicht so schnell wiederaufgebaut werden kann. Eine Demokratie ist kein Handwerksbetrieb, in dem man Entscheidungen fällt und dann die Ergebnisse oft sofort sehen kann. Gerade der Teil des Mittelstandes, der in Kleinbetrieben arbeitet, könnte von daher versucht sein, sich vorschnell in schlechte Alternativen reinziehen zu lassen, wenn die Not größer wird und charismatische Demagogen auftauchen. Teile des Mittelstandes sind oft an zwei Fronten bedroht: Zum einen durch mafiöse Gruppen, die Schutzgelder verlangen, aber auch durch große Unternehmen, die Lobbyisten finanzieren können, Steuervermeidung betreiben, Konkurrenz ausschalten und damit Machtverhältnisse entwickeln, die sich neben (und in) dem Staat etablieren.

Gerüchte und Provisionen

Gerüchte waren im Dritten Reich mit Sicherheit ein wichtiges Mittel für das Verhetzen von Menschen. Gerüchte spielen heute immer

"Das Gerücht" (Andreas Paul Weber, 1943)

Der Denunziant (Andreas Paul Weber, 1934)

noch eine große Rolle. Das gilt in Dörfern, das gilt in Städten, das gilt für Nachbarschaften und das gilt auch für das große Geld, die Börse und die Welt der Spekulanten, das gilt bei Mobbing, bei Stalking usw. Die bis heute beste Darstellung von Entstehung, Ausbreitung und

Wirkung von Gerüchten findet sich in dem im Jahr 2000 auf Deutsch erschienenen Buch von Jean-Noel Kapferer »Gerüchte, das älteste Massenmedium der Welt«. Das Buch ist nur noch gebraucht bei Amazon zu bestellen, hätte aber eine (überarbeitete und erweiterte) Neuauflage verdient. Michael Scheeles Werk »Das jüngste Gerücht« (Heidelberg, 2006) verengt m.E. die Problematik zu sehr durch den Bezug auf persönliche Erlebnisse. In bildlicher Darstellung kennt man dazu sicher noch die Lithographien von Andreas Paul Weber, der von 1893 bis 1980 gelebt hat. Die bekanntesten Werke zu unserem Thema sind »Das Gerücht« (1943) und »Der Denunziant« (1934). An diesen beiden Lithographien lässt sich gut die Veränderung der Gerüchte und des Denunziantentums bis heute aufzeigen. Das vieläugige Gerücht mit der langen, spitzen Nase und den übergroßen Ohren würde sich mittlerweile auf Zielgruppen spezialisieren, die in unserer fragmentierten Öffentlichkeit in verschiedenartigen Formen emotionaler Kommunikation verankert sind. Auch die Werbung geht heute zielgruppengerecht vor. So gibt es heute einen immer größeren Vermarktungsbereich, der sich Ethno-Marketing nennt. Man wählt also Personen und Hintergründe bei der Vermarktung von Waren entsprechend der jeweiligen Zielgruppe aus. Ähnlich muss man auch bei Gerüchten kalkulieren. Webers Bild für Gerüchte passt da nicht mehr. Und der »Denunziant« muss nicht mehr vor einer Türe lauschen und mitschreiben, sondern kann technische Mittel der Überwachung nutzen: »Wanzen«, Minikameras, GPS, Handyüberwachung etc. Man müsste vielleicht jemanden zeigen, der vor mehreren Bildschirmen sitzt, was aber in der Wirkung nicht annähernd an die der Lithographie Webers herankäme. Das Verbreiten von Gerüchten kann man auf der Basis der gegenwärtigen Forschungen auch wissenschaftlich unterstützen. Wie eine Gruppe von Werbepsychologen und Marketingexperten, die ein neues Produkt auf den Markt drücken, könnte eine Gerüchte-Expertengruppe heute mit neuester Technik arbeiten. Man kann E-Mails abfangen, Menschen abhören, Stimmen verfälschen oder auch ganz einfach den Blödsinn, den jeder ab und zu in seiner Privatsphäre oder am Telefon redet, abhören und dann mit dem »passenden« Hintergrund an die Menschen weiterleiten, die leicht zum Mobben oder Stalken zu verführen sind. Der Begriff der »Ehre« könnte hier eine ungute Rolle spielen.

Insgesamt aber dürften heute in Deutschland nicht Gerüchte die wichtigsten Mittel der Mitläufer-Anwerbung sein, sondern alles spricht bei uns für Geldleistungen. Gerade netzwerkartig gestalkte Personen berichten immer wieder vom plötzlichen Reichtum verdächtiger Nachbarn. Es geht hier um Nachbarn, die gerade noch hochverschuldet sind - und plötzlich genügend Geld haben, ohne dass es einen plausiblen Grund gibt. Ein neues Auto, ein neuer Motorroller, das Haus abbezahlt, ein zuvor nie und nimmer finanzierbarer Urlaub usw. Einer Familie wurde einmal sogar die Stützmauer im Garten in der Nacht eingerissen, nachdem diese eine Zeitlang bewusst unterspült worden war. Zu den Hausschulden, die noch abzubezahlen waren, kamen auf einmal noch 80 000 € für die Stützmauer. Was blieb dieser Familie nun anderes übrig als mitzuspielen. Ein anderer wurde bereits regelmäßig von einem Gerichtsvollzieher verfolgt. Und ohne dass er im Lotto gewonnen hätte, war er ihn auf einmal los, hatte eine nagelneue Harley-Davidson, zwei neue Autos – und konnte sich großzügige Urlaubsreisen leisten. Manchmal ziehen auch einfach Studenten oder junge Leute in die Wohnung ein, die an der des »Opfers« angrenzt. Nach Beendigung der Aktionen – oder wenn das »Opfer« wegzieht, ziehen sie auch wieder aus.

Dabei fällt auf, dass Geldleistungen oft nur dafür getätigt werden, dass man eine Wohnung zur Verfügung stellt. Die »Strafaktionen« führen dann von dort aus Spezialisten durch. Man kann also Geld beziehen, ohne sich selbst die Hände schmutzig zu machen. Dennoch werden Kontrollaktionen durchgeführt, mit denen die Loyalität der Mitläufer überprüft wird. So wurde z.B. berichtet, dass Mitläufer, die einen Job als Bedienung in einem Café bekommen und die Ankunft eines Opfers nicht gemeldet haben, selbst bedroht wurden. Und wer sein Haus oder seine Wohnung für Stalking-Aktionen zur Verfügung gestellt und seine »Provision« bezogen hat, der muss sich bei einem Anruf auch melden und irgendeine - vermutlich sinnlose - Aktion tätigen, die ihn in dem Glauben lässt, er sei Mittäter. Es sind Loyalitäts- oder Unterwerfungshandlungen, die verlangt werden. Wie Loyalität außerhalb des Rechtsstaates funktioniert, das kann man recht gut bei der Mafia studieren. Diese Organisation hat eine jahrhundertealte Erfahrung im Rekrutieren und „Disziplinieren“ von Menschen, die bereit sind, das eigenständige Denken aufzugeben. Dass furchtsame Menschen ihr Selbstwertgefühl oft dadurch stabilisieren, dass sie einfach nur „funktionieren“, hat die Geschichte zur Genüge gezeigt. Wenn „Denken“ ein ehrliches inneres Gespräch mit dem eigenen „Selbst“ zu führen bedeutet (Arendt), so kann man folgern, dass selbst der intelligenteste „Mitläufer“ diese Art des Denkens aufgeben muss, wenn er sich mafiös einfangen lässt.

»Aus Lügen, die wir ständig wiederholen, werden Wahrheiten, die unser tägliches Leben bestimmen« (G.W.F. Hegel, 1770-1831)

Die Gegner

Für die Konstruktion eines kämpferischen »Wir«-Gefühls war schon immer ein glaubwürdiger Gegner notwendig. Wer konnte diese Rolle nach dem Ersten Weltkrieg in Deutschland spielen? Zunächst einmal boten sich die für den Versailler »Schandvertrag« verantwortlichen Westmächte an, die von allen Parteien für Gebiets- und Ansehensverluste verantwortlich gemacht worden waren. Eine unvermittelte Anlehnung an den Westen, wo vor allem nach dem »Ruhrkampf« von 1923 Frankreich wieder als der »Erbfeind« gesehen wurde, schien nicht möglich. Eine Verständigung mit der Sowjetunion war nur unter der Hand möglich und kam auch nur deshalb zustande, weil der Westen eine Politik auf Augenhöhe verweigerte. Deutschland hatte zwar in der Sowjetunion eine verbotene Aufrüstung betrieben - und damit deren Industrialisierung vorangetrieben -, der Kommunismus war aber dem deutschen Bürgertum bis in den Mittelstand hinein eine angsteinflößende Perspektive. Gegner im Osten und Gegner im Westen, das waren nur äußere Feinde, nicht ausreichend zur Schaffung einer Hetzmeute, die allein nach all den bedrückenden Kriegserfahrungen von 1914 bis 1918 noch einmal in den Kampf der Völker einwilligen könnte. Es musste ein Feind im Inneren dazukommen, einer, der als »Sündenbock« dienen und zugleich eine Art Fünfte Kolonne des Feindes darstellen konnte: Das »internationale Judentum«. Alte, bis ins Mittelalter zurückreichende Ressentiments wurden geschickt aufgegriffen und verstärkt. Mit den Juden hatten die Nazis einen Feind im Inneren geschaffen, der nicht nur »Sündenbock« war und als »fünfte Kolonne« der Feinde gelten sollte, sondern auch ein Objekt der Beute abgab, den man enteignen und vertreiben, dessen Besitz man sich aneignen und für die Kriegsrüstung gebrauchen konnte. Also gab es zwei äußeren Feinde und einen inneren, der dann auch noch angeblich Verbindungen zu den beiden äußeren hatte - obwohl diese gänzlich verschiedenartige Systeme repräsentierten. Dass dies unlogisch war, interessierte nur wenige. Welche Fanatiker hat je schon Logik interessiert? Aber es liegt nicht nur am Fanatismus, wenn die Logik ausgeschaltet wird. Es gibt einfach zugespitzte Situationen, da entscheiden wir nach dem Gefühl. Und wenn das Gefühl sagt: Hier liegt eine Kränkung vor - und dort ist der Verursacher, dann richten wir einen Racheimpuls gegen eben diesen Verursacher. Unsere Psyche ist so aufgebaut, dass wir immer nach einer Ursache suchen. Hat nicht die Hinrichtung von Troy Davis in den USA vor kurzem erst gezeigt, wie heftig man an eine Ursache, in seinem Fall an einen Täter glauben will, auch wenn man offensichtlich den falschen gefasst hat? Fast erscheint es beliebig, wen die Verdächtigung trifft. Es war bei Troy Davis ein reiner Indizienprozess, von neun Belastungszeugen haben sieben ihre Aussage zurückgezogen und gesagt, sie seien von Polizisten zu ihrer Aussage gezwungen worden, ein achter ist schwer psychisch krank – und der letzte verbliebene Belastungszeuge stand selbst unter Tatverdacht. Keine Tatwaffe wurde bei Davis gefunden und keine DNA-Spuren oder Fingerabdrücke – und dennoch wurde er am 21. September 2011 mit der Giftspritze umgebracht. (http://de.wikipedia.org/wiki/Troy_Davis)

Die Nazis haben es geschafft, den Deutschen die Juden als Verursacher anzubieten. Im Grunde wurden Deutsche gegen Deutsche gehetzt, eine deutsche Tragödie, die früher, in der Zeit vor der Reichsgründung von 1871 die Zersplitterung Deutschlands und die Schwächung der Mitte Europas bewirkt hatte. Das gleiche Spiel nach 1918, wo es jedoch weniger nationale Fragen waren, die uns geschwächt haben, sondern ideologische (und rassistische). Waren es nicht Juden, die im Ersten Weltkrieg für Deutschland gekämpft und nach dem Ersten Weltkrieg Deutschland im Ausland wieder positiv dargestellt hatten? Die deutschen Juden waren damals derart „integriert", dass einem der Vergleich mit heutigen Minderheiten in Europa schwerfällt. Aber: **»Je größer die Lüge, desto mehr Menschen folgen ihr.«** (Adolf Hitler)

Nachtrag: Hat man erst einmal ein Feindbild, dann ist es schwer, dieses wieder loszuwerden. Zum einen ist ein Feind oder ein »Sündenbock« nicht so leicht durch einen anderen zu ersetzen, wenn sich das Bild verfestigt hat. Erst recht nicht, wenn man dem angeblichen Feind schon selbst etwas Böses angetan hat. Selbst wenn die böse Tat durch Geld oder materielle Vorteile erkauft wurde, bleibt es eine Tat, die gerechtfertigt werden muss. Es muss einen seelischen Ausgleich für die Schuld geben, das Opfer muss angeblich selbst schuldig sein, sonst hätte man die böse Tat an ihm ja nicht begangen! Eher kann das Opfer verzeihen als dass der Täter sein Unrecht zugibt. Man sagt, es hätten viele Deutsche den Juden nie verziehen, dass sie so brutal zu ihnen haben sein müssen. Eine völlige Verkehrung der Lage, aber verständlich, wenn man versteht, wie die Psyche funktioniert. (Ist es heute nicht ähnlich im Irak, wo Araber die Besitztümer ihrer jesidischen oder christlichen Nachbarn übernehmen und den

Hass auf diese Nachbarn rasch von anderen Beutemachern übernehmen – einfach, weil er nützlich ist?)

Auf ähnliche Weise kann man heute im Westen Menschen einfangen und zu Tätern machen: Man gibt ein halbwegs glaubwürdiges Opfer vor, gibt den Tätern Mittel zur bösen Tat in die Hand und versichert, zum einen würde das Opfer nicht sofort sterben und zum anderen könnte man als Täter nie erwischt werden, da sowieso so viele mitmachten. Wie im Krieg sei man jetzt bloßer »Soldat«, hätte neben einigen finanziellen Vorteilen dabei sogar seinen Spaß, denn die vereinzelten Gegner könnten sich kaum wehren und der Krieg laufe notgedrungen im Geheimen ab, wie ein Computerspiel, von dem das Opfer erst einmal nichts weiß. Und wenn es rausbekäme, wer dahintersteckt, könnte es nichts beweisen. Für die Bosheiten gegen x-beliebige Opfer gibt es kein direktes Motiv und keine Rechtfertigung durch ein Ideengebäude. Das unterscheidet die Lage heute von der im Dritten Reich oder derjenigen, die man in Diktaturen oder »Gottesstaaten« findet. Dort muss man eine Ideologie für die seelische Betäubung der Täter erfinden. Unter der Fassade einer funktionierenden Demokratie, die sich scheinbar ohne Anstrengung wie von selbst erhält, bekommt man seine Mitläufer möglicherweise schon durch Gerüchte, die ins Menschelnde (»human interest«) reichen – und als Lockmittel kommt dann die Erfüllung eines kleinen Konsumwunsches dazu. Die kommunikative Trennung vom Opfer einer Bosheit ist in diesem Spiel vorgegeben. Wiedergutmachung ist somit unmöglich. Und so kommt ein Mechanismus ins Spiel, den schon Thomas Hobbes 1651 in seinem »Leviathan« beschrieben hat: »Wer jemandem mehr Schaden zugefügt hat, als er wiedergutmachen kann, wird sein Opfer hassen.«

Hat man erst einmal genügend Aktivisten auf seiner Seite, dann kann man den Grad der bösen Taten verstärken. Und wer einmal nur so nebenbei mitgemacht hat, in Versuchung geraten ist, weil er aufgehetzt wurde, Geld, ein teures Handy, ein Auto, ein Motorrad oder eine Eigentumswohnung angenommen oder nur dem Gruppendruck nachgegeben hat, der merkt nach kurzer Zeit, dass er nicht mehr rauskommt. Jetzt muss er (oder sie) mitmachen, wird Söldner ohne Kündigungsrecht. Von »oben« kann jetzt jederzeit ein »Feind« vorgegeben werden - und Otto-Normalbürger muss in Aktion treten. »Es gibt Ungeheuer, aber es sind zu wenige, um wirklich gefährlich werden zu können. Gefährlich sind die normalen Menschen.« (Primo Levi, Ist das ein Mensch? Nachwort 1976)

Bleibt nur noch die Frage nach dem Gewissen. Wer nur halbherzig mitmacht, der hat ein »schlechtes Gewissen«, der wird sich ab und zu Vorwürfe machen. Und meldet sich sein Gewissen zu stark, dann steht er in Gefahr, zum »Verräter« zu werden. Wird ein 100-prozentiger Mitläufer misstrauisch oder spinnt jemand - aus welchem Grund auch immer - eine Intrige, dann wird es für den, der Skrupel entwickelt, gefährlich. Das war so im Kommunismus, das war so im Dritten Reich, das ist so in jedem „-Ismus", der zur Massenbewegung wird.

Es muss etwas am Faschismus gegeben haben, das über die Gewissenschranke wegführt - und was auch heute noch ansprechbar ist. Irgendein Schalter in der menschlichen Psyche muss umgelegt worden sein, der zum totalen Gehorsam führt, bei dem das Gewissen nicht mehr zählt, bei dem jeder, der das eigene Netzwerk in Frage stellt, zum Feind wird. In dem Film »Die Welle« (1981) konnte man das an der Figur Robert erkennen, an einem Loser, der plötzlich in einer straff organisierten Masse stark wird. Auf einmal war Laurie, die Klassenbeste, die einen Artikel gegen »Die Welle« geschrieben hatte, ein »Feind«!

Ende April 2010 ist der Film »Sin Nombre« von Cary Fukunawa in die Kinos gekommen. Er zeigt die Brutalität der Zwangsgemeinschaften, die sich außerhalb des Rechtsstaates organisieren, am Beispiel der berühmt-berüchtigten »Mara Salvatrucha«. Den sollte sich jeder anschauen, wenn er verstehen will, wie die »Solidarität« in kriminellen (und eventuell auch in manchen geheimdienstlichen) Gruppen funktioniert. Das Wort »verzeihen« ist dort unbekannt, weil es weder eine übergeordnete Macht (»Gott«) gibt, die einem die Rache und die Wiederherstellung eines inneren Gleichgewichts abnimmt, noch der Rechtsstaat als neutraler Dritter ins Spiel kommt.

Die »Mara Salvatrucha« ist nur ein Beispiel. Macht ohne Verantwortung schafft Strukturen, die sich in dieser oder jener Form immer wiederholen. Ein wenig kann man das auch in den „Bourne"-Filmen beobachten, die sich an geheimdienstlichen Spezialgruppen orientieren.

Und könnte es nicht sein, dass die Auslagerung geheimdienstlicher Kräfte in (besser bezahlte!) private Dienstleistungsfirmen, wie sie Tim Weiner in seinem Buch über die CIA beschreibt, eine Trennung von Macht und Verantwortung bewirkt, d.h. Macht ohne Verantwortung schafft? Diese ausgelagerten Kräfte besitzen dann das ganze Wissen der CIA (oder der NSA, wie der Fall Edward Snowden, einem

Mitarbeiter der Firma Booz-Allen-Hamilton gezeigt hat), kennen z.B. auch die Schwächen und kleinen »Fehltritte« von Mitarbeitern in den Ländern der Verbündeten, wissen, wen sie wie unter Druck setzen können - auch in der Exekutive fremder Länder.

Wenn schon ein einzelner Computerfachmann wie Snowden so viel Wissen aus dem Innenleben eines Geheimdienstes abziehen kann, wieviel mehr könnten dies finanzstarke Gruppen aus der OK? Oder umgekehrt: Wie sehr könnten Psychopathen von der Machtfülle im Innenleben eines Geheimdienstes angezogen werden.

Psychopathen lieben nichts mehr als Macht über andere Menschen. Geheimdienste müssten theoretisch wie ein Magnet auf sie wirken. Und: »Betrüger und Geheimagent sind laut einer Vertreterin des britischen Ministeriums für Innere Sicherheit zwei Seiten derselben Medaille. Beide, so erklärte sie, sind auf die Fähigkeit angewiesen, sich als jemand auszugeben, der sie nicht sind, schnell zu reagieren und sich in Netzen der Täuschung zurechtzufinden.« (Kevin Dutton, Psychopathen. Was man von Heiligen, Anwälten und Serienmördern lernen kann.« dtv 2013, S. 142.) Selbst wenn die ältere Generation der Geheimdienstler im Westen noch der Demokratie verpflichtet war und sich Werte zuschrieb, die sie der Gegenseite absprach, inzwischen ist hier - wie im Finanzbereich - eine eher postmoderne Generation mit im Spiel, die ihren Auftrag als Spiel sieht, als Machtspiel, in dem kaum Grenzen gesetzt werden und niemand aus dem Parlamentarischen Bereich noch vollen Zugang bekommt. (Man beachte, wie heftig, fast panisch, sich der britische Geheimdienst, der u.a. Agenten mit dem Auftrag »Zersetzung« ausbildet, dagegen wehrt, dass ein deutscher parlamentarischer Ausschuss über Geheimdienstaktivitäten informiert wird.) Und was passiert wohl, wenn jungen Menschen in Machtpositionen keine Grenzen gesetzt werden?

Der Geheimdienstbereich ist heute ein riesiger Wirtschaftszweig, kaum noch kontrollierbar von der Legislative oder von der Justiz. Mit Geld oder psychologischem Druck können Geheimdienste oder ausgelagerte »Dienste« fremde Loyalitäten brechen und damit Instabilität auch in befreundeten Staaten schaffen. Und je mehr Instabilität, desto mehr werden sie gebraucht... Vor allem: Sie werden früher oder später attraktiv für skrupellose und größenwahnsinnige »Helfer«, die sich mit ein wenig Mimikry anbiedern können. Es gibt Helfer, die trauen sich auch in Kriegsgebiete oder in die Stadtviertel, in denen es der Polizei zu gefährlich wird, denn diese Helfer haben Zwangsmittel, die der Polizei nicht zustehen...

Am Ende muss ich jedoch zugeben, dass wir heute auch in demokratischen Staaten Geheimdienste brauchen. Die verschiedenen Formen des Terrorismus sind inzwischen zu stark und wie die OK global vernetzt. Die Führung der Geheimdienste muss aber in den Händen von Demokraten liegen, die in der Lage sind, Fehlentwicklungen zu erkennen und die sich nicht bestechen lassen.

Circle of pain

»Circle of pain«, so nannte (oder nennt) sich eine deutsche Rockgruppe seit Mitte der 90er Jahre. Undenkbar, dass sich in den 60er oder 70er Jahren des 20. Jahrhunderts eine Rockgruppe so genannt hätte. Circle of pain, das war zuvor das Bild von mittelalterlicher Folter, Hexenverfolgung, Grausamkeit und Sadismus. Das Bild eines Sadismus, wie er immer Begleiterscheinung des aggressiven Mobs war, der einmal Dampf ablassen darf. Auch die Nazis bauten zur Machtergreifung lange Zeit auf den Mob, den braunen Mob in der SA. Der einfache Mob hatte immer schon Spaß am Quälen, am Foltern, am Demütigen. Dies wirkt sich auch in Erziehungsfragen aus: War lange Zeit der Begriff »Autorität« bei der Erziehung von Kindern und Jugendlichen verpönt, so wird er heute wieder stärker anerkannt; scheinbar so, wie ihn Bernhard Bueb korrekterweise definiert: als funktionale Macht in einem demokratischen Rahmen, als Macht, die sich jeweils rechtfertigt und Mitgefühl (Empathie) zeigt, also **Macht in dienender Aufgabe**.

Aber ist dem wirklich so? Haben wir als Eltern und Erwachsene genügend Zeit und die innere Freiheit, um jederzeit als gerechtfertigte Autorität aufzutreten? Geht das überhaupt? Unter der Hand wird Autorität doch oft wieder stärker mit Zwang und Gewalt verbunden, mit Verhaltensweisen, die kurzfristig effektiver erscheinen als Appelle an die Einsicht, die nur verpuffen. Und waren die Schläge, die früher in der Erziehung üblich waren, denn so schlimm? So könnte man heute fragen, wenn man hilflose Mütter vor den Kassen der Supermärkte sieht – oder sich an die Familien erinnert, die von der »Super-Nanny« besucht wurden. War die begrenzte Gewalt denn so schlimm? - so könnte man fragen, wo doch überall die Disziplin abzunehmen scheint. Ja, sie war schlimm, aber sie war allgemein üblich und konnte so gut wie jeden treffen, der aus der Reihe tanzte. Ein einfacher Arbeiter konnte einem frechen Kind auf der Straße oder im Bus die Leviten lesen, selbst wenn Vater und Mutter sozial höhergestellt waren. Er hätte mit keiner Anzeige rechnen müssen. Der Blick zurück könnte aber Gewalt in der Erziehung romantisieren.

Offen zuzugeben, das traut man sich heute noch nicht, es denken aber viele insgeheim so, vor allem, wenn sie selbst aus gewalthaltigen Kulturen kommen, in denen Erziehung so funktioniert wie bei uns in früheren Zeiten – oder wenn sie mitansehen müssen, wie hilflos ein rein dialogisch orientierter Ansatz gegenüber Macho-Verhalten von Jugendlichen aus patriarchalischen Gesellschaften wirkt. Und je schwächer die Ideale der Aufklärung bei uns im praktischen Leben (nicht in der Theorie, wo sie für Sonntagsreden und Talk-Shows taugen) vertreten werden, desto mehr werden die Vorstellungen nachrücken, die aus anderen Kulturen kommen und sich mit nostalgischen Rückblicken bei uns verbinden. Die »Schwarze Pädagogik« ist viel weiterverbreitet, als dies die liberale Öffentlichkeit auch nur ahnt. Sie ist auch in abgewandelter, moderner Form reaktivierbar; man könnte sie leicht einklinken in die Gedankenwelt von Computerspielern, die auf ein schnelles Reiz-Reaktions-Schema hin konditioniert werden. Zudem ist sie in mafiösen Umgebungen, die auch bei uns zunehmen, quasi der Normalfall. Und wer sich wirklich heftig über jemanden ärgert, der hat fast immer zuallererst Gewaltfantasien. Erst in einem zweiten Schritt, durch Nachdenken, die Erinnerung an gute Vorbilder - oder gesellschaftlich akzeptierte Normen, schwächt sich dieser Impuls ab.

Die Romantisierung der Gewalt trifft sich mit den Erfahrungen in vielen Zuwanderergemeinden, die aus ländlichen Gebieten zu uns gekommen sind, bei denen ein hoher Gewaltpegel in der Familie herrscht, weil die gewohnte Umgebung fehlt, in der die Vaterautorität kulturell von allen Seiten gestützt wurde. Väter mussten oft nur malochen und hatten Probleme, wenn ihnen Bildung kein hoher Wert war, sie die Sprache in der Fremde nicht beherrschten. Die fremde Umgebung, die ihnen moralisch fragwürdig erschien, wurde von manchen Einwanderergruppen abgewertet, damit man sich selbst nicht abwerten musste. Wie sollten Väter in so einer Lage zu Vorbildern werden für Kinder, die sich in der neuen Umgebung zurechtfinden mussten? Hier taucht ein ähnliches Phänomen auf wie bei den Deutschen nach dem Zweiten Weltkrieg, als eine »vaterlose Generation« Ende der 60er Jahre sich radikalisierte, nur dass jetzt das verbürgerlichte »Establishment« der 68er in all seiner Harmlosigkeit zum Gegenüber wurde, gegen das man etwas Neues in Bewegung setzen muss. Stärke und Selbstbewusstsein zu zeigen, das kann jetzt anti-aufklärerische und antiintellektuelle Züge annehmen, wo doch die »Aufklärung« der Etablierten in institutionalisierter Langeweile verkommen ist.

Lauthals eine ideologisch geprägte Position in der Öffentlichkeit zu präsentieren, das scheint nicht mehr möglich, – wenn man einmal von Randgruppen wie den Salafisten oder den Neonazis absieht. Und damit wandelt sich die Rebellion gegen das Bestehende vermutlich in eine **heimliche** Haltung der Akzeptanz von Gewalt, wie man sie aus Zeiten kennt, als bei gesellschaftlichen Konflikten immer wieder der Wunsch nach einem »kleinen Hitler« geäußert wurde. (Die über 60-Jährigen kennen diese stereotype Reaktion sicher alle noch. Sie war sehr verbreitet).

Gerade bildungsferne Jugendliche wachsen oft mit einer ausgeprägten Gewalterfahrung auf. Das muss nicht einmal von den Eltern kommen, das kann aus der Szene der Gleichaltrigen oder von frustrierten »Halbstarken« herrühren, die als Vorbilder dienen.

Und die Halbstarken-Szene hat sich in den letzten Jahrzehnten verändert, sie ist heute »abgebrühter«, cooler. Man vergleiche einmal den Film »Rebel Without A Cause« aus dem Jahre 1955 - mit James Dean in der Hauptrolle – mit den heutigen Darstellungen von Jugendprotest. Die frühere Rebellion wirkt heute brav und zahm – und das liegt nicht nur an der Filmsprache, die heute hektischer ist und Brutalität stärker als Anreiz einsetzt…

Wer den deutschen Fernsehfilm »Wut« (2005) gesehen hat, der weiß, wo möglicherweise die stärkeren Anteile im Jugendbereich sind und wie schwach im Grunde unser Bildungsbürgertum dasteht. Jugend will Stärke sehen, Territorien besetzen – auch wenn dies nur im eigenen Stadion ist. Wer sich nirgends beweisen kann, der sucht sich seine Gegner oder lässt sich welche einreden, wenn ihm die Fantasie fürs Suchen fehlt.

Gerade für meine Generation, die Generation 60+, war die USA immer das große Vorbild – selbst nach dem Vietnamkrieg. Der war besonders in den USA von vielen Jugendlichen kritisiert worden. In meinem Elternhaus wohnten in den 60er Jahren zweimal US-Soldaten mit ihrer Familie zur Untermiete. Ausgesprochen nette und freundliche Leute. Und wann immer ich später in ein fremdes Land reiste, habe ich mich im „CIA-Factbook" über die dortigen Verhältnisse informiert. US-Amerikanern wird alles Mögliche vorgeworfen, aber ich kenne sie persönlich nur als freundlich und hilfsbereit.

Über die Art der Rekrutierung von Soldaten in den USA, wo früher wesentlich mehr intellektuell gebildete Männer in der Armee integriert waren als heute, sinkt aber möglicherweise die Toleranz für fremde Kulturen – und es steigt die Akzeptanz für gewalthaltige Lösungen.

Teile der Geheimdienste waren zudem schon lange in Folter- und Mordaktionen verwickelt, die der Verteidigung des »Westens« dienen sollten. Im sowjetischen Einflussbereich das gleiche Spiel, nur eben zur Verteidigung des »Ostens«. Darüber gibt es heute eine beinahe endlose Zahl von Publikationen. Im »Kalten Krieg« waren wir in Europa aber von Anschlägen auf Entscheidungsträger verschont geblieben. Allenfalls in Afrika und Südamerika wurden politische Morde in Kauf genommen - und zugleich korrupte Eliten gefördert, weil sie leicht zu lenken waren.

Mit dem neuen Terrorismus, der völlig skrupellos die Zivilbevölkerung bedroht, und mit der damit einhergehenden Unberechenbarkeit des Gegners konnte man auch bei uns, in den industrialisierten Ländern, amoralische Tendenzen bei der Wahl der Mittel staatlicher und halbstaatlicher Gewalt rechtfertigen. Ein wichtiger Herd für die Verbreitung gewalthaltiger Lösungen bei Konflikten könnten also Teile der Geheimdienste oder dort ausgelagerte Firmen zu sein. Ihr Handlungsspielraum wurde vor allem in „rückständigen" Ländern mit dem Anwachsen des Terrorismus erweitert.

Hannah Arendt hat in ihrer Imperialismus-Studie »Elemente und Ursprünge totaler Herrschaft« darauf hingewiesen, wie attraktiv für junge Engländer früher Verwaltungsarbeit und Spionage in den Kolonien war, welch ein Überlegenheitsgefühl sich dort gegenüber fremden Menschen und Kulturen entwickeln ließ. Man lebte ohne das Korsett des daheim üblichen Rechtssystems, konnte jederzeit spontane Entscheidungen gegen Missliebige, »Abtrünnige« oder Aufständische durchführen. Und man konnte all dies noch als »die Bürde des weißen Mannes« darstellen, eine fürsorgliche Pflicht gegenüber der Heimat und auch gegenüber den Fremden, die zu »uneinsichtig« waren. Wieso sollte sich dieses Gefühl nicht auch heute entwickeln lassen? Mit der technischen Überlegenheit in Geheim- und Sicherungsdiensten, mit der dort vorherrschenden inneren Distanz zur Moral der Zivilgesellschaft könnte möglicherweise auch heute ein Größenwahn entstehen, der dem der jungen Engländer zur Kolonialzeit ähnelt. Ich stelle mir aber für heute eher eine technokratische Fachelite vor und eine neureiche Schicht, die sich aus dem Mob heraus entwickelt hat, die sich dann - vielleicht nur vorübergehend - mit dem bildungsfernen Mob verbünden, den leicht an seinem spezifischen Habitus erkennen kann: „Coolness", Überheblichkeit und Arroganz. Dieser Habitus ist oft attraktiv für junge Menschen in der Abgrenzung zur Welt der Erwachsenen oder für solche, die sich ausgegrenzt fühlen und Anerkennung suchen. Wieso sollte man mit ähnlichen Vorstellungen wie zur Zeit des Imperialismus nicht auch heute junge Leute ködern können? Den Rassismus kann man dabei weglassen, denn er war eine Zeiterscheinung des ausgehenden 19. und des 20. Jahrhunderts. Das der „homo sapiens" eine einzige Rasse ist, auch wenn sich Gruppen regional bedingt in Hautfarbe und Physiognomie unterscheiden, müsste heute eigentlich jedem einleuchten.

Dass Menschen Gewalt, Folter und Demütigungen als normal empfinden und akzeptieren, das kann durch verschiedene Einwirkungen verursacht sein:

Zum einen gibt es eine Art Gewöhnung in Kriegen, Bürgerkriegen und langanhaltenden ethnischen oder religiösen Auseinandersetzungen. Eine gewalthaltige Umgebung kann Menschen also brutalisieren. So hätte sich Lynndie England z.B. in ihrer normalen und friedlichen Umgebung niemals träumen lassen, wie grausam sie im Irak gegen wehrlose Menschen agieren konnte. Und heute wird sie sich sicher schämen, wenn sie die brutal-pornographischen Bilder anschaut, auf denen sie lachend beim Foltern gezeigt wird. Lynndie England war nur ein kleines Rädchen im Getriebe der Folterszene. Was machen all ihre Kumpels - oder Vorgesetzten, die nicht erwischt wurden? Und nicht nur im Irak, auch in anderen Ländern und bei anderen Beteiligten an Folteraktionen kann man den Spaß am Gesichtsausdruck ablesen. Was, wenn diese Form des Spaßes aus der Antiterrorszene überspringt in Kreise, die aus anderen Gründen dabei sind, auf so etwas wie ein Gewissen zu verzichten? Für junge Leute, die sich vom Bildungsstand her oder durch längere Phasen der Arbeitslosigkeit sozial ausgegrenzt fühlen, kann das Foltern von wem auch immer ein enormes Machtgefühl vermitteln und ein Spaßfaktor sein.

Damit wären wir schon beim nächsten Motiv: Dem Spaß, den man beim Foltern und Quälen empfinden kann. Dieses Gefühl war früher anders ausgeprägt als heute, es war von anderen Motiven überdeckt. Vorgeschoben wurden zumeist großartig klingende Ideologien - oder

der Endkampf Gut gegen Böse. Hannah Arendt hat eventuell nur das Rädchen im Getriebe gesehen, zu sehr nur die Banalität des Bösen betont. Sie wollte betonen, dass die Bösen keine Monster sein müssen. Das Böse kann aber auch Spaß machen, zum „Spiel" werden - und dadurch womöglich monströs werden. Das hat sie übersehen. Das konnte sie zu ihrer Zeit vielleicht auch gar nicht sehen, weil damals noch keine so enthemmte Spaßgesellschaft, wie man sie heute antrifft, vorhanden war.

Das Gefühl von Mitleid und Empathie, das einen hindert, anderen Böses anzutun, kann sich bei Gewaltaktionen, in die man verwickelt wird, verlieren. Und dann muss das, was anfangs vielleicht Überwindung kostet, vergleichbar dem Gefühl bei einem ersten Fallschirmsprung oder bei einem ersten Tauchgang, mit einem positiven Gefühl besetzt werden, bis es schließlich ein Lustgefühl bereitet. Es ist nicht die Moral, egal ob christlich, jüdisch oder islamisch, die einen an der Gewalt hindert. Im Gegenteil, Moral kann Gewalt eher noch verstärken, indem sie überhöhte Ziele setzt, die dann keine Kompromisse mehr erlauben: Heiliger Boden, Gott will es, etc. Es ist tatsächlich eher das Gefühl, das ganz einfach sagt: »Das macht man nicht.« Genau dies war die Antwort vieler Deutscher, die Juden im Krieg versteckt haben, auf die Frage, warum sie nicht mitgemacht haben. Die hatten »Mitgefühl«. Und dieses Gefühl, das Mitgefühl, gilt heute zunehmend als »uncool«. Das Gleiche gilt für Schuldgefühle. Bei Serienkillern oder Amokläufern scheinen diese übrigens ganz zu fehlen. Aber selbst Serienkiller halten sich von Leuten fern, die ihnen sehr nahestehen: Mutter, Vater, Bruder, engster Freund. Sie suchen anonyme Opfer. Und das Gleiche scheint bei dem modernen Netzwerk-Stalken auch der Fall zu sein, das seit Jahren von einzelnen Betroffenen beschrieben wird. Man stalkt und quält lieber anonym, über das Internet, über Handys; man ärgert mit Mitteln aus der medizinischen Folterforschung vorbehandelte Personen, die aus irgendeinem Grund zum Mobben oder Stalken freigegeben sind, mit scheinbar harmlosen »Duftstoffen« - oder auch mit den neuen Mikrowellenwaffen, die man von wem auch immer zur Verfügung gestellt bekommt. Auch über normale Stromleitungen ist es heute offensichtlich möglich, nicht nur Internetsignale durchzuleiten oder Stromzähler zu messen. Man kann von außen, sobald ein W-Lan Signal aktiv ist, darüber jeden Körperteil einer Zielperson anvisieren, und ihr dann über die Stromleitungen (oder darin zugeschaltete Geräte) schmerzhafte „Schläge" zufügen. Es scheint wie in einem Computerspiel zu funktionieren. Und: In dem Moment, wo man dem Opfer nicht in die Augen schauen muss, wo einem noch nicht mal ein direktes Motiv nachgewiesen werden kann, man also wirklich anonym scheint, in dem Moment quält es sich viel leichter. (Ein ähnliches Phänomen ist ja auch bei Bomberpiloten bekannt - oder bei Leuten, die aus der Ferne Drohnen zum Einsatz bringen. Drohnen sind eine moderne Antwort auf die Heimtücke von Terroristen, die sich als Zivilisten tarnen. Überhaupt scheint „Heimtücke" eine Eigenschaft zu werden, die heute auf vielen Gebieten sehr attraktiv geworden ist.)

Aus der Folterforschung weiß man zudem, dass die Schmerzen, die man anderen zufügt, systematisch unterschätzt oder heruntergespielt werden. Erst recht, wenn das Foltern bereits Spaß macht. Und dass es Spaß machen muss, das sieht man an all den Bildern aus Folterlagern, die heute bereits vorliegen. Das sieht man aber auch im normalen Alltag, wenn Menschen anderen wehtun und wenn sie andere bewusst bloßstellen und beschämen. Es gibt einen Ausdruck von Häme, der sich unverkennbar im Gesicht der Täter zeigt, bei vielen ganz überdeutlich, bei einigen nur als leichter Anflug im Minenspiel.

Der Spaß am Beschämen hat sich von einigen Randgruppen zunehmend in die Mitte der Gesellschaft bewegt. Dabei geht es m.E. um mehr als um Schadenfreude, denn es werden Menschen bewusst und aktiv geschädigt, so wie bei dem noch harmlosen Terror des »Happy Slapping«, bei dem die Gewalt gegen beliebige Opfer mit dem Handy veröffentlicht wird. Weit brutaler als bei dieser Art der Demütigung äußert sich eine schleichende Verschiebung moralischer Standards im »Organisierten Stalking«, bei dem neben der Schadenfreude noch andere Motive ins Spiel kommen. Handfeste materielle oder politische Interessen können hier eine Rolle spielen. Es kann um einen Arbeitsplatz gehen, der durch einen Konkurrenten »blockiert« erscheint, es kann um eine Wette gehen, es kann ganz generell um »Auftragsstalking« gehen, für das sich »Experten« mieten lassen. Ein reines „Geschäft" also.

(Mehr zu diesem Phänomen unter:

http://www.outube.com/watch?v=G6st39vhfac/ *Man störe sich nicht daran, dass solche Beiträge von denunziatorischen Übertreibungen umstellt werden. Das soll ihre Glaubwürdigkeit herabsetzen, ist aber meist derart primitiv und ausfernd hämisch, dass man die Absicht leicht herauslesen kann.)*

Stalker sind »Identitätsvampire«. Sie hängen sich an fremde Identitäten, z.B. an berühmte Schönheiten oder ganz einfach an Menschen, die sie aus irgendeinem Grund idealisieren. Nicht selten verfolgen sie auch solche, die ihnen in irgendeiner Hinsicht so weit überlegen sind, dass sie deren Standard nie selbst erreichen können. Zurückweisung erleben sie als Kränkung. Und so wollen sie diejenigen, die ihnen nicht zeigen, dass sie sich unterwerfen, zumindest zerstören. Von daher der Spaß daran, anderen ihre Lebensenergie abzusaugen, sie fertig zu machen.

Es scheint auch so, als ob die Schamgrenze hier in den letzten 20 Jahren gesunken ist: Hat man den Mitläufern anfangs noch ein Herumdrucksen angesehen, so schaut ihnen heute eher Häme aus den Augen. Wie bei Serienkillern scheint bei ihnen offensichtlich eine Art Sucht zu entstehen, eine Sucht nicht am Töten, sondern am Quälen, am Quälen von hilflosen Opfern, die sich nicht wehren können. Und so kann Perversität ganz normal neben einer gutbürgerlichen Erscheinung stehen - ganz analog wie bei vielen bekannten Trieb- oder Serientätern.

Die organisierten Mitläufer, die sich bisweilen noch schämen für das, was sie tun, sind in ihren Entscheidungen nicht mehr frei. Man könnte ihren Abhängigkeitsstatus vielleicht mit dem von Angehörigen einer Mafiagruppe vergleichen, selbst wenn sie sich einem bedrohten Mittelstand zurechnen, noch über ein geregeltes offizielles Einkommen verfügen und zwecks eigener Entlastung auf die bösen Politiker schimpfen. Aussteigen geht nicht, wenn einem kein funktionstüchtiger und starker Rechtsstaat beispringen kann. Gegen High-Tech-Stalker, die eigentlichen Manipulatoren, die »Schreibtischtäter«, fehlen dem Rechtsstaat noch öffentlich zugängige Beschreibungen und tragfähige Beweise. Solange diese fehlen, können sich Mitläufer geschützt fühlen. Je näher der Zeitpunkt kommt, in dem solche Netzwerke in der Öffentlichkeit bekannt werden, desto mehr werden sich die Strippenzieher Gedanken machen, wie sie ihre Weste reinhalten und welche Bauernopfer sie aus den Reihen der einfachen Mitläufer liefern.

Bleibt dann noch das Motiv des blinden Gehorsams. Viele Menschen handeln auch heute so, wie es Stanley Milgram in einem erstmals 1961 in New-Haven (USA) durchgeführten psychologischen Experiment nachgewiesen hat. Er hat die Bereitschaft durchschnittlicher Personen getestet, autoritären Anweisungen auch dann Folge zu leisten, wenn sie in direktem Widerspruch zu ihrem Gewissen stehen.

Ähnliche Experimente wurden wiederholt in verschiedenen Ländern angestellt - und immer wieder zeigt sich die Folgebereitschaft, wenn eine glaubhafte Autorität etwas Grausames befiehlt. Im Jahre 2001 kam der erfolgreiche deutsche Psychothriller »Das Experiment« von Oliver Hirschbiegel heraus, in dem willkürlich ausgewählte »Gefängniswärter« auf ebenso willkürlich ausgewählte »Gefangene« losgingen. Und erst kürzlich hat ein französischer Fernsehsender das Folterexperiment erfolgreich wiederholt.

Wie könnte man das Experiment heute erweitern? Die alten Resultate hat man nun. Antwort: Raus aus der Experimentalsituation, rein in das volle Leben. Würde es funktionieren? Würden die Menschen in Deutschland, in Europa mitmachen? Im humanistischen, friedensliebenden Europa, das gegen China und alle möglichen Diktaturen die Menschenrechte einfordert? Würden sie hier Schritt für Schritt, so wie im Milgram-Experiment, Menschen, die ihnen nichts direkt getan haben, auf eine Anweisung hin foltern? Immer ein bisschen mehr, mit stufenweise erhöhter Schmerzdosis?

Raus aus der Experimentiersituation! Das kann man nicht im Irak testen oder in Afghanistan, denn dort kann man den meisten keine Handys zum Orten geben, um zu sehen, wie der »Eingriff« gewirkt hat; dort hat man zu wenig Autos, die den Weg des Verfolgten mit einem Signalchip, wie man ihn auch bei Tieren in der Wildnis anbringt, anzeigen; dort rennen die Gefolterten nicht gleich zum Arzt und liefern verwertbare Ergebnisse. Das kann man nur in einem zivilisierten Land testen, dort wo man die kulturelle Umgebung kennt und die körperlichen und seelischen Auswirkungen verfolgen kann.

Was muss man den Mitläufern an Angeboten machen, damit sie beim Foltern mitmachen und dabei das schlechte Gewissen abbauen oder verlieren? Und welche Mittel kann man ins Feld führen, wenn das Opfer den Mitläufern z.B. klar macht, dass ihre Aktionen illegitim sind und auf Betrug beruhen? Hier kommt die moderne Überwachung ins Spiel: Man hört die Telefonate ab, man überwacht die E-Mails, man verfolgt die täglichen Wege - und plötzlich gibt es nichts mehr, was die psychologisch geschulten Hintermänner und -frauen nicht schon im Voraus mit Gegenargumenten oder neuen Beschuldigungen entkräften können. »Das sagt der ja nur, weil...« usw. usf. Wie harmlos waren zumindest hier noch die Stalinisten oder die Nazis, die immerhin an ihre Ideologie gebunden waren. Heute geht das ohne alle ideologischen Begründungen, postmodern und auf der untersten menschlichen Ebene, noch dazu mit einem enormen Spaßfaktor, so als ob wir alle in einem Computerspiel agieren...

Brutalität und Gewalt kann aber auch ganz rational eingesetzt werden. Dies passiert vor allem in mafiösen Gruppierungen und bei Geheimdiensten. Wo man den Rechtsstaat bewusst beiseite-lässt oder beiseitelassen muss, da müssen - wie bei krankhaft narzisstischen Einzelpersonen auch - Grausamkeit und Rücksichtslosigkeit als Steuerungsmittel eingesetzt werden. Dort gibt es kein Verzeihen und Vergeben, denn das würde falsche Präzedenzfälle schaffen. Ein solches Verhalten ist jedem vertraut, der sich mit der Vergangenheit beschäftigt. So war es, wenn man zurück in die Geschichte schaut, für die Hunnen bei ihren Einfällen in Europa durchaus rational, ganze Städte niederzumetzeln, damit andere sich eher ergeben. Wer sich rechtzeitig ergab und Schutzgelder zahlte, der wurde verschont. Diese Denkweise ist modernen Menschen eher fremd, sie ist aber noch nicht ausgestorben. Man kann dies sehr gut am Vorgehen der »IS« im Irak beobachten, wo eine islamistische Jugendbewegung sich mit Resten des sunnitischen Saddam-Militärs verbunden hat - und eine Art »Beute-Ökonomie« installiert, die auch für nicht integrierte Jugendliche im Westen attraktiv wirkt. Und jede Mafia-Gruppe agiert im Grunde ähnlich.

Durch die Globalisierung und durch Wanderbewegungen aus vordemokratischen Strukturen ist diese Denkweise bei uns auch außerhalb mafiöser Gruppierungen wieder aktuell. Nietzsche lässt grüßen! Für ihn ist jegliche Moral aus Gewaltverhältnissen entstanden. Sie wurde den Menschen eingebläut, eingebrannt - und verstärkt durch grausame Bilder. Erst das Christentum des Neuen Testaments und die bürgerliche Gesellschaft mit ihrer Vorstellung von Menschenrechten und Demokratie habe diese Gewalt, die Empathie und Mitgefühl nur für die eigene Clique, Gruppe oder »Rasse« zulässt, abgeschwächt. Nietzsche, das Muttersöhnchen, sah darin eine Verweichlichung, er wollte den »Übermenschen« hier auf Erden. Aber könnten einige von der Demokratie gelangweilten Mitbürger sich nicht wieder begeistern lassen von einem adaptierten Nietzsche? Will man den Menschen heute wieder auf eine Weise Moral einbläuen, wie das zur Zeit des frühen Absolutismus üblich war, weil es anders heute nicht mehr möglich scheint? Haben hier etwa falsche Lernprozesse stattgefunden, Lernprozesse an den Nahtstellen zu den vordemokratischen Gesellschaften, also dort, wo durch Kriege oder Grenzkonflikte oder religiösen Fanatismus argumentative Auseinandersetzungen irrelevant sind? Und werden die Ergebnisse dieser Lernprozesse jetzt nicht in die Kerngesellschaften der Demokratie getragen, wo es immer noch genügend Anhänger gewalthaltiger Konfliktlösungen gibt?

Wer nur extrinsische, d.h. die äußerliche Motivation kennengelernt hat, wer Gewaltverhältnisse als normal empfindet, für den bedeutet der Freiheitsentzug, wie ihn unser Strafgesetz für gesetzwidriges Verhalten vorsieht, keine wirkliche Bedrohung, denn er ist niemals wirklich frei gewesen und kennt nur Gewalt oder den erzwungenen Konsumverzicht als Strafe. Für den ist aber auch die körperliche Unversehrtheit, wie sie in der Verfassung garantiert wird, kein wirklicher Wert, den es zu verteidigen gilt.

Ich habe den Verdacht, dass viele scheinbar harmlose Computerspiele auf empathische Menschenführung ebenfalls keinen Wert legen. Ich fürchte, dass sie ein brutales, mittelalterliches Weltbild vermitteln, bei dem humane Werte allenfalls in einer verquasten Form von »Ehre« vorkommen, die man gegen andere - oder Clan gegen Clan - verteidigen müsse. Es wird eine brutalisierte Form des Behaviorismus vermittelt, der sich als Denkform unbemerkt in die Gemüter der Spieler einnistet. Der »Circle of pain« wird zum normalen Mittel der Manipulation anderer »Spieler«, er steht unvermittelt neben den äußerlichen Manipulationsmitteln, wie sie die Schönheitsindustrie anbietet.

Und könnte es nicht sein, dass einigermaßen intelligente Spieler sich nach einiger Zeit in den virtuellen Jagdszenen am Bildschirm langweilen, dass sie virtuelle Clangemeinschaften zu harmlos finden, dass sie sich reale Jagdszenen wünschen? So ähnlich, wie es in dem Film »Gamer« *(https://de.wikipedia.org/wiki/Gamer_%28Film%29)* gezeigt wurde? Das klingt dekadent. Aber sind wir nicht längst in vielen Bereichen schon dekadent? Geht es nicht bei vielen Events und Lachkonservensendungen im TV nur noch um Totschlagen der Zeit, um das ironische Spiel mit der »Schadenfreude«, das Zudecken einer immer schneller aufkommenden Langeweile? Ein Gag jagt den anderen - und damit nur ja der Lachreiz ausgelöst wird, wiehert ein virtuelles Publikum im rechten Moment das Lachsignal in die Szene. Wie will man das noch steigern, wenn es nur um äußere Reize geht? Klar! Reale Reize, reale Verfolgungen, Ausdeuten eines Opfers und dann die Jagd...

Wie stark der Suchtfaktor beim risikofreien Netzwerkstalken ist, zeigen Berichte vom Eifer, den Stalker an den Tag legen. In schlecht gedämmten alten Reihenhäusern kann man offensichtlich die Schritte der Stalker hören, die das Opfer durch die Decke orten und ihm auf Schritt und Tritt in jedes Zimmer folgen, bis zu 20 Minuten an einem Stück! Und man hört das schwere Gerät nachrollen, von dem mit einer kleinen Verzögerung ein Mikrowellenimpuls ausgeht. Die Ausdauer und der Eifer lassen den Eindruck aufkommen, die Täter seien irgendwie gerade »läufig« oder »rallig«, jedenfalls in einem stark erregten Gefühlszustand, der an tierisches Verhalten oder das Verhalten von Drogenkonsumenten erinnert.

Aus Nürnberg gibt es einen Bericht von einer frisch operierten Frau, eigentlich nur die Lebensgefährtin eines „Opfers", welche aus der Nachbarschaft immer wieder in der Nacht exakt an der noch wunden Stelle getroffen wurde. Vermutlich soll hier ein schmerzhaftes Ereignis in die Länge gezogen werden. Das entspricht jedenfalls vielen anderen Berichten von gestalkten Personen. Dass die Täter – anders als beispielsweise in den Bürgerkriegen des Nahen Ostens - ihrem Opfer nicht in die Augen schauen müssen, scheint normale moralische Begrenzungen auszuschalten. Man muss kein Psychologe oder Krimi-Kenner sein, um zu wissen, dass das Ausschalten moralischer Begrenzungen oftmals wie ein kurzfristiges Gefühl von absoluter Freiheit empfunden wird.

Es gibt eine simple Methode, Opfer so zu präparieren, dass sie ein jeder gefahrlos attackieren kann: Es gibt toxische Stoffe, die Nervenschmerzen verursachen, aber nicht töten. So hatte man z.B. in einigen afrikanischen Ländern festgestellt, dass die künstlichen Nachbildungen des normalerweise aus der Chrysantheme gewonnenen Insektizids „Pyrethrum", **die Pyrethroide**, genau diese Wirkung haben. Mischt man nun diese leicht toxischen Stoffe mit einem harmlosen Duftstoff zusammen und versprüht die Mischung längere Zeit so, dass ein Opfer sie in die Atemwege bekommt, dann reagiert das Opfer nach einer Zeit allein auf den harmlosen Duftstoff so, als ob der toxische Stoff beigefügt wäre. Und von da an ist es ein Leichtes, dem Opfer gefahrlos Schmerzen zuzufügen. Man muss in seiner Nähe nur den harmlosen Duftstoff verbreiten! *(Auf diese Weise kann z.B. das sogenannte „Brennende Füße Syndrom" erzeugt werden, gegen das man dann teure, aber nutzlose Wässerchen anbietet…)*

Das konnte man sogar bei Autofahrern beobachten, die aus einem präparierten Fahrzeug den allergisch wirkenden Duftstoff verbreiten, wobei sie oft wie unter Drogen gefahrvolle Überholmanöver unternehmen, um vor das Opfer zu geraten - oder sogar in Kauf nehmen, eine Einbahnstraße in der falschen Richtung zu fahren und dabei Fußgänger zu gefährden, wenn sie ein Opfer sichten. In den USA hatte vor einigen Jahren einmal ein Journalist sich in eine Gruppe von Netzwerk-Stalkern eingeschlichen und eine Zeitlang aktiv mitgewirkt beim Stalken. Er konnte beobachten, dass sich die Täter über Funk verständigen, wo gerade ein Opfer fährt und wie man es am besten gerade noch erwischen kann, welche Straßen man dafür benutzt, um am Ende vor dem Opfer herfahren zu können und dabei einen schmerzauslösenden oder irgendwie irritierenden Stoff zu versprühen. Wer dem Opfer zufällig am nächsten fährt, der kann nicht nur, sondern er muss bei der Aktion mitwirken.

In totalitären Strömungen der Geschichte, vor allem im Nationalsozialismus und im Stalinismus taucht der »circle of pain« – wenn auch weitaus offener und direkter als heute - immer wieder auf, wird zum tragenden Element der Disziplinierung der Massen durch Angst und Schrecken. Interessant, dass dieses totalitäre Element heute nicht nur beim »IS«, dem Islamischen Staat, sondern auch im Westen so eine starke Konjunktur hat. Vor allem nach der Wiedervereinigung und dem Auftauchen des islamischen »Terrorismus« als Feindbild, nach 9/11, scheinen hier bei einigen die Dämme gebrochen.

Ist dies der Weg, auf dem wir den Menschen aus vordemokratischen Verhältnissen ein wenig entgegengehen, ein paar Schritte zurück, um dann wieder nach vorne zu schreiten? Oder verlassen wir hier eine Tradition, die uns langfristig stark gemacht hat?

Gewalt wird hierzulande zwar in der Öffentlichkeit abgelehnt, je mehr sie aber versteckt angewandt werden kann, desto mehr Menschen werden versucht sein, mögliche Angebote heimlicher Gewaltanwendung zu nutzen. Wer sich ohnmächtig oder missachtet fühlt - oder wem dies eingeredet wird, der wird die Gelegenheit nicht immer ablehnen, seine Unterlegenheit in ein Macht- oder Überlegenheitsgefühl umzukehren. Bildungsferne Menschen könnten sich heute, wo Bildung allenfalls noch Ausbildung bedeutet, endlich einmal so richtig gegen Intellektuelle ausleben. Nichts Neues, wenn man sich z.B. an den Antikriegsfilm »Im Westen nichts Neues« aus dem Jahre 1930 erinnert, der inzwischen perfekt restauriert immer mal wieder in den öffentlich-rechtlichen Sendern läuft. Unvergesslich der Unteroffizier Himmelstoß, der schärfste Schinder auf dem Kasernenhof, der jede Gelegenheit nutzt, die ihm untergebenen Bildungsbürgerkinder zu schikanieren. Himmelstoß war im Zivilberuf ein einfacher Briefträger.

Man könnte ihn als Archetypus eines ressentimentgeladenen Gerne-groß sehen. Gib so jemandem die Gelegenheit, andere zu quälen und zu schikanieren - und er wird sich in seinem Größenwahn vorkommen wie ein Gott...

Aber es müssen nicht immer die Bildungsfernen sein. Die wirklich üblen Machtspiele verlangen oft sogar eine Menge Grips und gute Sachkenntnisse. Aus der Literatur sind uns viele Beispiele bekannt, bei denen z.b. schlau eingefädelte Psychofolter - nicht selten vermischt mit körperlicher Gewalt - zum Erlangen von Machtpositionen benutzt wird. Ein Klassiker dürfte hier wohl Franz Mohr sein, den Schiller in dem Stück »Die Räuber« gegen seinen Bruder Karl intrigieren lässt. Franz, der als Zweitgeborener nicht erbberechtigt ist, will gleich zu Beginn des Stückes seinen Vater durch Psychoterror in den Tod schicken. Und seinen Bruder schaltet er mit einem Brief aus, in dem er dessen Enterbung vortäuscht. Er bewirkt damit dessen Abgleiten in die Rolle eines Räuberhauptmanns. Franz ist eine durchaus aufgeklärte Figur, allerdings ein Aufklärer ohne oder mit einem nur schwach ausgebildeten Gewissen. Seine Worte könnten auch von einem modernen Sozialdarwinisten stammen. Franz: »Das Recht liegt beim Überwältiger, und die Schranken unserer Kraft sind unsere Gesetze« (1. Akt, 1. Szene; S. 19; Z. 25 – 26). Schiller zeigt sich hier als Meister in der Darstellung von Intrigen und ihrer meist banalen Motive. Allerdings scheitert bei Schiller am Ende auch der Intrigant. Franz erhängt sich, als sein Spiel scheitert...

Die Mittel, jemand in den »circle of pain« zu schicken, sind heute vielfältiger und versteckter als zu Schillers Zeiten, zur Zeit des Ersten Weltkriegs oder zur Nazizeit, vor allem seit es eine Folterforschung gibt, die medizinische, psychologische und moderne elektrotechnische Instrumente kombiniert und in allen möglichen Situationen ausprobiert. Wie z.B. Mikrowellen als Waffe eingesetzt werden, hat Wolfgang Schorlau schon 2008 in seinem Roman »Brennende Kälte« beschrieben. »Einer der intelligentesten und authentischsten Politthriller«. (dpa) Schon einige Jahre früher hat dieses Phänomen eine technisch unbedarfte ältere Frau namens Marianne Wenzel in ihrem - schwer lesbaren - Buch »Der geheime Strahlenangriff. Nachbar Biedermann als Erbbeschleuniger« beschrieben. (1. Aufl. - Berlin: Frieling, 2002 ISBN3-8280-1688-X) Überhaupt schien es anfangs oft ältere Frauen oder alleinlebende Sozialhilfeempfänger zu treffen; an denen konnte und kann man leicht mit Mikrowellen experimentieren, da sie wenig Hilfe erwarten können und die Folgen der Experimente wenig überprüfbar sind. Je länger dieses »Experiment« unentdeckt geblieben ist, umso mehr ist es offensichtlich ausgeweitet und technisch verbessert worden.

Zu diesem Thema gibt es ein interessantes Buch mit dem Titel »Strahlenfolter«. Autorin ist Felicitas Klara Hope; Verlag Books on Demand GmbH Norderstedt/ ISBN: 978-3-8391-5488-5. Das Buch ist über den Buchhandel erhältlich und kostet 11,80 €. Die Bösen sind hier wie in vielen Folterdarstellungen Männer.

Es müssen aber nicht immer Männer sein, die foltern, wie Frau Hope suggeriert. Lynndie England, bekannt aus dem Folter-Lager Abu-Ghuraib, ist eine Frau. Und schon bei den Nazis haben sich oft Frauen auf eine nicht sehr korrekte Weise »emanzipiert«. In dem Roman »Der Vorleser« (1995) von Bernhard Schlink wird Hanna Schmitz als KZ-Aufseherin charakterisiert, die einen Job suchte, in dem sie als Analphabetin nicht auffällt. Ihre Kolleginnen, vermutlich keine Analphabetinnen, kommen vor Gericht zwar besser weg als Hanna, beim Leser des Romans erscheinen sie aber weitaus verachtenswerter. In diesem Zusammenhang fällt mir ein Bericht meiner 2004 verstorbenen Mutter ein, die am Ende des Zweiten Weltkrieges aus Pommern geflohen war. Polen, denen sie zur Nazizeit Briefe an Verwandte im Gefängnis auf Deutsch übersetzt hatte, hatten sie zum Dank versteckt und ihr auf der Flucht nach Westen geholfen. Und immer, wenn die Fliehenden damals auf russische Truppen gestoßen waren, kamen sie in Bedrängnis, wenn eine Frau, eine Rotarmistin, kontrolliert hatte. Männliche russische Soldaten drückten eher mal ein Auge zu und ließen sie passieren. Frauen wollten eher beweisen, dass sie zu 110 Prozent dem Apparat die Treue hielten. Und so kann es auch heute sein, dass die vielen Berichte zum »Netzwerkstalking« stimmen, in denen Frauen auftauchen, die bei der Verfolgung von Opfern beteiligt sind...

Natürlich gibt es auch eine Menge Frauen, die auf der Rechtsstaatsseite kämpfen und Heimtücke ablehnen, wie man zurzeit in Russland und Belarus sehen kann, aber auch in Indien oder in einigen afrikanischen Ländern. Überhaupt scheinen auf dem afrikanischen Kontinent Frauen heute das tüchtigere und verlässlichere Geschlecht zu sein.

Wenn man im Internet die vielen Berichte über Psychofolter sieht, dann fällt inzwischen auf, wie geschickt die Opfer ausgewählt werden: Räumlich auseinanderliegend, ohne direkten Kontakt zueinander, relativ leicht isolierbar, Ausweichbewegungen suchend, also selbst nicht aggressiv, weshalb die Mitläufer wenig Angst vor Rache haben müssen. Welch ein Angebot für Feiglinge!

Was noch auffällt: Es wird oft eingebrochen, in Wohnungen, in Häuser - und nichts fehlt! Selbst die teuersten Sicherheitsschlösser schützen nicht. Kommt die Polizei, dann gibt es nichts, was man als gestohlen angeben könnte. Was die Polizei dann aber nicht mehr aufnehmen kann, ist der Terror, der danach bei den Opfern beginnt. Nach dem Einbruch bekommen sie zu spüren, wozu man im technischen und medizinischen Bereich heute in der Lage ist. Es sind dieselben Schmerzen, die man auch den Gefangenen in Guantanamo angedroht hat, wenn sie reden. Als ob sich alles, was auf dem Gebiet der Folterforschung heutzutage entwickelt wird, wie in einem System kommunizierender Röhren sofort verbreitet, weltweit. Als gäbe es auf diesem Gebiet ein dunkles Netzwerk – entweder von kriminellen Gruppen, Geheimdiensten oder einfach nur von Perversen, die sich durch geschickte Verstellung das Wissen und die Techniken modernster Folterforschung angeeignet haben. Umzug nützt nichts. Es wiederholt sich alles nur immer wieder. Umzüge schaden nur, denn wenn jemand die Umgebung wechselt, dann gibt er den Gerüchtemachern nur immer wieder neue Arbeitsfelder, denn was ein richtiger Gerüchteprofi ist, der findet überall offene Ohren. Wie Gerüchte lanciert werden, das ist inzwischen gut erforscht - und wenn früher empfängliche Personen eher intuitiv herausgepickt wurden, so kann man heute die Umgebung der zu terrorisierenden Person quasi scannen, Telefongespräche abhören, E-Mails abfangen und alle Möglichkeiten der modernen Überwachung ausnutzen. Das dauert zwar meist einige Wochen - und die Opfer berichten in der Regel, sie hätten für einige Zeit das Gefühl gehabt, in Ruhe gelassen zu werden. Das Terrornetzwerk zeigt aber genügend Ausdauer, um das Spiel dann am neuen Ort wieder fortzusetzen. Auch werden die Gerüchte nicht auf einen Schlag an die gesamte Umgebung weitergegeben. Man weiß offensichtlich von der Verfallsdauer eines Gerüchts, denn normalerweise ebbt der von außen erzeugte Hass nach drei Monaten wieder ab. Weiht man Teilgruppen - zum Beispiel in einem Betrieb, einem Kollegium, einem Stadtteil oder in einem Dorf - dagegen nacheinander ein, dann hält die Abneigung wesentlich länger, und die jeweils neue Gruppe wird durch die vorhergehenden in der induzierten Einschätzung bestätigt: Da wird schon was dran sein. Zudem erleichtern die heute zunehmend multikulturellen Gesellschaften das Spiel der

Gerüchtemacher mit latenten Vorurteilen, wie sie trotz gegenteiliger Behauptungen fast überall noch immer herrschen.

Über die Methoden bisheriger Diktaturen hinaus reichen vor allem Hinweise auf psychologische Druckmittel, wie man sie bei dem Phänomen »Stalking« beobachten kann. Seit 2001 scheinen sich auch in Westdeutschland, in den alten Bundesländern, Formen des »organisierten Stalkings« zu verbreiten. Also nicht nur verschmähte Liebhaber, die einer Angebeteten nachsteigen, sondern kollektive Aktionen, bei denen gezielt Foltermethoden eingesetzt werden.

(Wichtige Informationen konnte man lange Zeit unter der Seite http://www.organisiertes-stalking.de/ finden. Die Seite ist nicht mehr auffindbar, aber ähnliche Informationen gibt es auch unter der Seite http://www.stasiopfer-selbsthilfe.de/ Wie langfristig Netzwerkstalking ablaufen kann, das zeigt hier der Fall Irina Singhuber:

http://www.stasiopfer-selbsthilfe.de/pages/posts/ueberleben-statt-leben-c-j.ellsworth09.11.2009900.php.

Wichtig wäre aber die Ergänzung um die Darstellung der nachweislichen Versuche, hier im Westen Konkurrenten mit Stasimethoden auszuschalten, denn gerade die freie Konkurrenz fachlich kompetenter und zugleich ehrgeiziger Menschen ist ja auf funktionierende Vertrauensverhältnisse angewiesen. Diese kann nur der Rechtsstaat sichern. Fallen die Vertrauensverhältnisse weg, entwickeln wir uns in Richtung der Zustände, wie sie in der ehemaligen DDR geherrscht haben.)

Das Gefährliche dabei ist, dass die neuen Foltertechniken, die zunächst Schmerzen bereiten und nicht töten sollen, auch der organisierten Kriminalität zugänglich sind - und unter bestimmten Umständen von Leuten toleriert werden, die das offen nie zugeben würden. Hier zeichnen sich Koalitionen ab, die vor einigen Jahren noch undenkbar schienen.

Vielleicht lassen sich diese Techniken wieder einhegen – so wie es Anfang dieses Jahrhunderts mit den weitreichenden Laserpointern geschehen ist, mit denen man sogar Busfahrer oder Piloten irritieren konnte, wie es auch mit den der Polizei versprochenen elektromagnetischen Geräten zum Stoppen von Automotoren geschehen ist. Techniken, die kaum beherrschbar und rechtlich nicht einzuhegen sind, sollten nicht in falsche Hände geraten...

Gerade für uns Deutsche aber ist das Festhalten am Rechtsstaat unerlässlich, denn nur der verhindert das Abgleiten in den Kampf aller gegen alle, wie ihn schon Thomas Hobbes beschrieben hat, oder auch in das Abgleiten in eine Diktatur. Das genau hat die große Philosophin Hannah Arendt nach den Erfahrungen mit dem Faschismus erkannt: »Die große Bedeutung der Rechtsprechung liegt darin, daß sie ihre Aufmerksamkeit auf die Person des Einzelnen richten muss, und das selbst im Zeitalter der Massengesellschaft, wo jeder der Versuchung unterliegt, sich nur als ein Rädchen in einer Art von Maschinensystem zu sehen - sei es in den gut geölten Maschinen von großen bürokratischen Unternehmen im gesellschaftlichen, politischen oder beruflichen Bereich oder in dem chaotischen, schlecht eingestellten Zufallsmuster von Umständen, unter denen wir alle unser Leben irgendwie leben. [...] Ganz egal, was die wissenschaftlichen Moden der Zeit vorschreiben, egal wie sie die öffentliche Meinung durchdrungen und so auch die Praktiker des Rechts beeinflußt haben mögen, die Institution ihrerseits setzt sich über sie hinweg und muß das tun oder aus dieser Welt verschwinden. [...]

In einer perfekten Bürokratie - welche, im Rahmen der Staatsformenlehre, die Herrschaft des Niemand ist - wäre die Gerichtsverhandlung überflüssig. Man müßte lediglich untaugliche Rädchen gegen besser taugliche austauschen. Als Hitler sagte, er erhoffe sich den Tag, an dem es in Deutschland für eine Schande gehalten würde, ein Jurist zu sein, sprach er mit großer Folgerichtigkeit von seinem Traum einer perfekten Bürokratie.« (Hannah Arendt, Über das Böse. Eine Vorlesung zu Fragen der Ethik. S. 21/22)

»Tiefenstaat« –
Gefahr für die Demokratie oder notwendiges Übel?

»In steter Notwehr / gegen arge List / bleibt auch das redliche / Gemüt nicht wahr - / das eben ist der Fluch / der Bösen Tat, / dass sie, fortzeugend, immer / Böses muss gebären.« (Schiller, Die Piccolomini)

Wo bei den staatlichen Sicherheitsapparaten zu sehr gespart wird, da vergrößern sich leicht rechtsfreie Räume. Das heißt aber nicht, dass hier gar keine Regeln gelten, es gelten nur andere Regeln, meist entsprechend der Kräfteverhältnisse von rivalisierenden Großfamilien, Clans, Gangs oder Jugendgruppen. Wer in solchen rechtsfreien Räumen überleben will, muss sich den jeweiligen Machtverhältnissen anpassen. Was aber, wenn sich innerhalb der vom Rechtsstaat nicht mehr kontrollierbaren Bereiche eigene Rechtsstrukturen entwickeln, die überregional koordiniert werden? Dann entsteht das, was man aus autoritär regierten oder vom Militär kontrollierten Staaten auch kennt: Ein »Tiefenstaat«, der parallel zum Rechtstaat ein Eigenleben führt. Das klingt nach Verschwörung – und in einer Zeit, in der jemand, der so etwas im Westen vermutet, beinahe <u>automatisch</u> als Spinner denunziert wird, muss man dies erläutern:

Wer heute viel Geld besitzt, muss sich absichern, egal ob er sein Vermögen legal oder illegal erworben hat. Für Sicherheit wird, wenn der Staat aus welchem Grund auch immer nicht mehr Schutz garantieren kann, früher oder später ein Markt entstehen. Eine Zeitlang helfen noch bessere Schlösser, Kameras oder Alarmanlagen. Mit der Zeit wird es aber nicht mehr ohne den Einsatz von Profis gehen. Je besser man sich technisch absichern kann, desto mehr wird auch die Szene, gegen die man sich absichert, technisch aufrüsten. Wo früher Vertrauensverhältnisse für Sicherheit sorgten, breitet sich Misstrauen aus. Man muss nun in Sicherheit investieren, wenn man angstfrei leben und arbeiten will - und wenn der »Markt« erst einmal da ist, dann schafft er sich vermutlich selbst eine steigende Nachfrage. (Im militärischen Bereich läuft dieses Spiel ja schon im großen Maßstab.) Der Sicherheitsmarkt ist aber kein normaler Markt, denn er greift ein in Schutzbedürfnisse, die eigentlich der Staat absichern muss. Der scheint aber heute damit überfordert zu sein. Und so entstehen - zumeist in abgeschotteten Sprachgruppen – private Sicherheitsstrukturen, die Schutz versprechen und beinahe wie ein Staat im Staat funktionieren. Hier herrscht allerdings ein »ungeschriebenes Gesetz«,

Drohpotentiale gewinnen an Bedeutung und werden in Verhandlungen von Fall zu Fall zur Sprache gebracht. Seit Ende der 90er Jahre haben sich so neben dem ehemaligen Gewaltmonopol des Staates parallele Gewaltzentren gebildet, die teilweise der Exekutive des Rechtsstaates zur Hand gehen – und daher zunächst da willkommen sind, wo dieser aufgrund sprachlicher oder kultureller Hürden nicht hinreicht. Diese Gewaltzentren gewinnen aber zwangsläufig im Laufe der Zeit ein Eigengewicht und können m.E. nicht mehr zurückgedrängt werden. Dafür sind sie bereits zu erfolgreich – und zwar auch im Sinne der Konfliktregelung in Gebieten, in denen dafür der Rechtsstaat zuständig ist. Langfristig müssten diese privaten Gewaltzentren in den staatlichen Sicherheitsapparat integriert und damit der verfassungsmäßig garantierten Legalität angepasst werden.

Aber auch viele Betriebe greifen auf private Schutzgesellschaften zurück. Der Staat selbst, allen voran die USA, lagert militärische und geheimdienstliche Dienste aus - und schafft dadurch Grauzonen hin zur organisierten Kriminalität. Auch Russland ist davor nicht gefeit. Russland wurde in den 90er Jahren vom Westen im Stich gelassen und in die Enge gedrängt. Die NATO rückte dem Land immer näher an die Grenze, begleitet von überheblich klingenden Reden westlicher Politiker. Dadurch wurde in Russland indirekt die Macht der Militärs, der Geheimdienste und einiger Oligarchen gestärkt – und es wurden unnötig Ängste geschürt. Mir ist bis heute unbegreiflich, wieso man im Westen in den 90er Jahren die reelle Chance nicht wahrgenommen hat, sich Russland zum Freund zu machen. Und hat nicht die Entwicklung um 9/11 gezeigt, dass Russland auf den Westen zugehen wollte?

Dass wir im Westen schon sieben Jahrzehnte in einer Demokratie leben, muss heute nicht allzu viel heißen. In diesen Jahrzehnten wurde zwar kontinuierlich der Wohlstand ausgebaut, wurden Krisen immer so weit abgefedert, dass eine Mehrheit sich wieder aufrappeln konnte und in einer relativ solidarischen Gesellschaft Tritt fassen. Dies scheint sich heute aber zu ändern – und nicht wenige träumen von einer neuen »Elite«, die die Verhältnisse bei uns neu regelt. Diese »Elite« müsste, wenn sich der Anteil bildungsferner Unterschichten in unserer Gesellschaft erweitert, fast zwangsläufig autoritär und zentralistisch sein, müsste »Führung« für die anbieten, die nicht selbst entscheiden wollen – oder die dies nicht mehr oder noch nicht können. Ich teile die Skepsis unseres altersweisen Exkanzlers Helmut Schmidt: »Unter uns gesagt: Mein Vertrauen in die Kontinuität der deutschen Entwicklung ist nicht sonderlich groß. Die Deutschen bleiben eine verführbare Nation.«

(http://www.zeit.de/2010/08/Gespraech-Helmut-Schmidt-und-Fritz-Stern-Vorabdruck)

Aber nicht nur die Deutschen. Gerade innerhalb von ethnisch und sprachlich zusammenhängenden Einwanderergruppen bilden sich parallel zum deutschen Rechtsstaat eigene Rechtsgemeinschaften, z.B. über die Einrichtung islamischer »Friedensrichter«, die als »Schlichter« in Konflikten oft mehr Akzeptanz finden als der offizielle Rechtsstaat. Maximilian Popp berichtet darüber im »Spiegel« vom 29.8.2011 und zitiert aus einem Arbeitspapier der Bremer Polizei: »Der Rechtsstaat wird verachtet. Eine Integration findet nicht statt und ist auch nicht beabsichtigt. Die Familie steht über dem Gesetz«. (S. 59).

Wenn einer überlasteten Polizei Arbeit abgenommen wird, die durchaus gefährlich ist, dann wäre es doch auch verständlich, wenn man »Hilfe« annimmt. Es gibt doch bereits auch in Deutschland Stadtteile, in die sich Polizisten kaum noch hineintrauen. Und ich vermute, unsere »Verfassungsschützer« haben durch ihren Tunnelblick auf »Fundamentalisten« innerhalb des Islam die eher weltliche Variante demokratiefeindlicher Gruppierungen übersehen. Und hoffentlich nur übersehen. Denn aus den »Tiefenstaaten« heraus wird den »Opfern« - anders als bei der „Mafia" - noch nicht einmal gesagt, was sie anders machen könnten, um in Zukunft verschont zu werden. Wäre es nicht denkbar, dass exekutierende Spezialtruppen der Geheimdienste, von trickreichen »Hilfstruppen« auf eigene Gegner oder Konkurrenten gehetzt werden? Man weiß doch, wie die Taliban bisweilen Gegner, insbesondere Anhänger des dortigen Rechtsstaates, ausschalten, indem sie diese dem US-Geheimdienst als hochrangige Taliban-Führer melden...

Der »Minimalstaat«

Im Jahre 1974 wurde der amerikanische Philosophieprofessor Robert Nozick weltberühmt mit seiner Publikation »Anarchy, State and Utopia«. Vor allem seine Idee des Staates fiel bei den später zur Macht gelangten Neoliberalen auf fruchtbaren Boden: Der Sozialstaat mit seiner Bürokratie und seinen vielen Regulierungen wurde als hinderlich für die wirtschaftlich freien Bürger gesehen, die lediglich auf das staatliche Schutzangebot angewiesen seien. Schließlich habe sich der Staat als die stärkste von zunächst konkurrierenden

Schutzorganisationen aus einer Art anarchischem Urzustand herausentwickelt. Danach sei er über das notwendige Maß hinaus gewuchert. Von einem Abbau des Staates würden sowohl die Ober- als auch die Unterschichten profitieren, da die Wirtschaft insgesamt effektiver gestaltet werden könnte. Ein faszinierender Gedanke, bei Nozick glänzend formuliert, der aber voraussetzt, dass bei einem Rückzug des Staates lauter wohlerzogene und faire Bürger die minimalen Regeln und Gesetze des Staates auch akzeptieren. Nozick, der 2002 im Alter von 63 Jahren viel zu früh gestorben ist, hat am Ende seines Lebens Selbstkritik geübt. Seine Gedanken leben aber weiter und finden Anklang. Fragt sich nur, ob sie in der Form, wie er sich das vorstellte, umgesetzt werden können. Was vielleicht im Rahmen eines antiken Stadtstaates denkbar scheint, sieht heute in der globalisierten Welt ganz anders aus. Heute gibt es neben dem Staat bereits so starke, nicht demokratisch legitimierte Mitspieler, dass bei einem Rückzug des Staates m.E. die zivilisierte Welt rasch zusammenbrechen würde. Die in der Aufklärung begründeten Gedanken der Demokratie hängen damit zusammen, dass alle Bürger ein auch wirtschaftlich fundiertes Selbstbewusstsein entwickeln können. Wenn sich nach oben gutverdienende Gruppen vom Rest abkoppeln können, dann wird die Demokratie auf Dauer nicht haltbar sein. Dann wird noch nicht mal der Schutz der Bürger staatlich geregelt bleiben, vielmehr werden die staatlichen Schutzfunktionen zunächst der Polizei und dann auch der Justiz von außen usurpiert werden. Schutz wird es nur noch gegen Unterwerfung und ohne Begründung in den Menschenrechten geben. Das Vokabular der Nazis wird man mit Sicherheit meiden, aber die aus der Demokratie übernommenen Begriffe werden ihre Bedeutung verändern.

Angry young men

Dass junge Leute auf Veränderung aus sind, das ist normal. Dass sie als Generation etwas Neues in Gang setzen wollen, worauf sie stolz sein können, das ist auch normal. Dass sie mit dem im Grunde defensiven Begriff der Toleranz oft nicht viel anfangen können, ist nachvollziehbar. Dass sie mit innovativen Ideen, die systemkritisch sind, die Mehrheit der so genannten »Normalen« erreichen, die eher konservativ denken, das ist allerdings nicht normal. Umstürze gelingen aber nur so.

Wie könnte heute so eine Koalition zwischen »Angry young men« und Durchschnittsbürger entstehen, wo wir doch in einer lange etablierten Demokratie leben, in der es allen noch recht gut geht?

Am unteren Ende der Gesellschaft finden wir heute »prekär« Angestellte, Zeitarbeiter, Praktikanten oder in irgendwelchen Fortbildungen versteckte Arbeitslose. Leute, die Angst haben, aber nur die Faust in der Tasche ballen – oder von der expansiven Unterhaltungsindustrie stillgelegt sind. Ein riesiges Potential an Mitläufern. (Dazu kommen jetzt auch noch Teile der kurzfristig nicht integrierbaren männlichen Flüchtlinge, für die wir in Europa nicht schnell genug ein Angebot schaffen können.) Ohne das Angebot einer öffentlichkeitswirksamen Idee, nur mit dem stampfenden Rhythmus der Boxen im Auto, mit dem immer neuesten Smartphone und allem elektronischen Schnick-Schnack, der zum Mithalten in der Konsumwelt zwingt, werden sie ihre Lage nicht ändern. Schulden, Angst, aber auch Langeweile auf hohem Niveau wirken auf Dauer gesehen bedrückend. Könnte es nicht sein, dass in so einer Lage schon das maschinenähnliche Funktionieren als Mitläufer so etwas wie Stolz liefert? Ich funktioniere, also bin ich. Immerhin ein Anflug einer Idee - und diese halbe Idee passt doch einigermaßen in die kurzatmige digitalisiert-vernetzte Welt, die kaum noch Zeit zum Nachdenken lässt. (Den Spaß am »Funktionieren« hat Hannah Arendt anhand von Mitläufern des Nazi-Regimes beschrieben. Diesen »Spaß« zeigen aber auch die Figuren in dem Roman »Der Circle«, der 2014 erschienen ist; Dave Eggers beschreibt hier, wie auch in der digitalisierten Welt der Gegenwart totalitäre Tendenzen durchschlagen.)

Sicher, ein kleiner Teil der Betroffenen stellt sich auch in der Krise die Frage, wie er individuell reagieren kann und reflektiert seine Lage als Bürger eines Rechtsstaates entlang der Fragen: Wer bin ich? Woher komme ich und wohin will ich gehen? Für die Mehrheit aber, vor allem für die wachsende Zahl der Menschen aus bildungsfernen Schichten, stellen sich existenzielle Fragen eher so: Zu wem gehöre ich? Welcher Gruppe kann ich mich zuordnen?

Das war schon früher so – und das hat sich bis heute nicht geändert.

Aktiv werden vor allem die **»angry young men«**, wie sie z.B. Gunnar Heinsohn in Ländern mit hoher Geburtenrate sieht, wo die Aussichten auf Familiengründung durch Mangel an Arbeitsplätzen oder Korruption behindert sind. (Gunnar Heinsohn, »Söhne und Weltmacht: Terror im Aufstieg und Fall der Nationen«; Verlag: Orell Fuessli,

2006) Sie können zudem auf religiöse Versatzstücke zurückgreifen, eine Haltung, die wir schon verabschiedet haben. Was Heinsohn jedoch nicht sieht, sind die »angry young men« bei uns, die als Wahlvolk in die Minderheit geraten gegenüber den bereits etablierten älteren Erwachsenen und Rentnern. Wie viele Junge werden bei uns aus Angst um den Job an der Familiengründung gehindert? Wie viele würden gerne eine Familie gründen und Kinder kriegen? Vor allem für jüngere Deutsche, die weniger auf ethnische (familien- oder clanähnliche) Bindungen zurückgreifen können, sieht die Lage auch dann schlecht aus, wenn sie sich als Einzelkämpfer über Bildung und Ausbildung nach oben boxen wollen. Netzwerke bestehen hier, anders als in der Nachkriegszeit und während des Bildungsbooms in den 60er Jahren des 20. Jahrhunderts, hauptsächlich für diejenigen, die Eltern in der Oberschicht haben oder für ethnisch gut organisierte Minderheiten. Welche Netzwerke könnten sich aber für den unteren »Rest« anbieten? Darüber sollte man einmal ohne Vorbehalte nachdenken. Und auch darüber: Haben wir, die über 60-Jährigen, sie nicht im allgemeinen Multi-Kulti Getümmel im Stich gelassen, wo sie, die Jugendlichen, im darwinistischen Cliquen-Gerangel mit ein paar humanistischen Ideen allein nicht bestehen können? Gibt es nicht schon eine andere, fremdgesteuerte Jugendbewegung, die »Stärke« anbietet und der sich deutsche Jugendliche in ihrer Not anschließen? Jugendliche wollen auch Räume in Besitz nehmen, nicht nur virtuelle Räume im Internet. *(Vielleicht spiegelt sich dieser Wunsch ja in der Occupy-Bewegung, in Initiativen wie die gegen »Stuttgart 21« usw. Aber auch die kämpferischen Auseinandersetzungen in den Fußballstadien und in den Vorfeldern der Stadien spiegelten den Wunsch nach Besetzung von Räumen.)* Und wer eine Radikalisierung nach rechts verhindern will, der muss in der Mitte Räume und mitreißende Ideen für die Jugend anbieten. Der muss - wie im Fußball - zeigen, dass die Jugend, egal mit welcher Herkunft, das Land in Besitz nehmen kann und dann sagen: Das ist unser Land, unser Deutschland. Und vielleicht reicht es dann auch einmal für ein: »Das ist unser Europa!«

Goebbels ist heute out. Wir mögen keine Marktschreier als Anführer mehr. Die Gedankenwelt der Nationalsozialisten steht zudem nicht mehr zur Verfügung. Sie war aufgebaut auf eine frühere Form von Spießertum, das heutige Spießertum sieht anders aus, einerseits hedonistischer, was den Lebensstil betrifft - und andererseits eher ängstlich als offen aggressiv, was die politischen Äußerungen betrifft.

Vor allem in Deutschland fällt diese Mischung aus geschichtlich bedingter Unsicherheit und nur latenter Aggression gegen alles, was zu erzwungener PC (political correctness) führt, deutlich auf. Wer könnte hier Entlastung, ein Ventil anbieten? Und wie würde er dies anstellen?

Eine putschistische »Elite« müsste auf alle Fälle leninistische Elemente enthalten. Welche Strategien und Taktiken würde aber ein neuer Lenin heute formulieren, wenn er in einem so reichen und offenen Land operieren wollte, das sich in seiner Verfassung und in der medialen Öffentlichkeit auf die parlamentarische Demokratie festgelegt hat? Welche Gruppen oder Träger der demokratischen Gesellschaft könnte er in einer ersten Phase der Destabilisierung gegeneinander ausspielen? Ich denke: Ostdeutsche gegen Westdeutsche, Westdeutsche gegen Ostdeutsche, Rechte gegen Linke, Polizei gegen Justiz (, die zu lasch sei und großkriminelle Betrüger bisweilen weniger hart bestraft als Kleinkriminelle), Junge gegen Alte, Konservative gegen neuerdings wieder hochstilisierte »68er«, denen viele früher Frustrierte es gerne nachträglich heimzahlen würden. Dann (organisierte) Ausländer gegen Deutsche – hier vor allem Menschen, die ressentimentgeladen sind, d.h. solche, die ihr Selbstbewusstsein durch Abwertung eines anderen erhalten oder gar steigern müssen, weil sie es aus sich selbst heraus nicht entwickeln können. Dabei scheint mir insbesondere die latente Verachtung demokratischer Verhaltensweisen als »schwach« sehr gefährlich, wie sie bei Teilen von Minderheiten auf beinahe überhebliche Weise gegen (noch) rechtsstaatlich denkende Deutsche entwickelt wird. Toleranz und kommunikative Lösung von Problemen werden als Schwäche gedeutet und in der Öffentlichkeit allenfalls als taktische Mittel eingesetzt. Auch bei jungen Deutschen nimmt die Haltung zu, die es schon einmal - wenn auch harmloser als heute - gegeben hat und an die sich mancher unter der Parole: »Legal, illegal, scheißegal« erinnert. Wer z.B. in seiner nahen Umgebung merkt, dass Toleranz und Rücksichtnahme nur Teil von taktischem Geschwätz sind, in der Realität aber fast immer das Recht des Stärkeren gilt, wer merkt, dass die Vorleistung von Vertrauen oft ausgenutzt wird, der sucht irgendwann auch für sich nach Gruppen, die Stärke vermitteln, egal wie. Und so könnten auch rechtsradikale Gruppen Zulauf bekommen. Das Drama der rechtsradikalen Gruppen aber ist, dass sie von »Stolz« und »Ehre« reden, ihrem Land aber schaden, indem sie es spalten und die Entwicklung von Vertrauensverhältnissen unmöglich machen. Vielleicht werden sie aber auch nur von außen „benutzt". (Allerdings sehe ich heute, dass mit dem, was wir »Ehre« nennen, bei uns etwas verloren gegangen ist, das im Zusammenleben der Menschen unterhalb der Ebene des Staates immer eine Rolle gespielt hat.) Leider bieten sie den rassistischen Flügeln einiger Tiefenstaaten ein Einfallstor für Verbrüderungsaktionen. Eroberer suchen fast immer nach dem »schwächsten Kettenglied« im gegnerischen Lager. Das schwächste Kettenglied im Westen ist die Jugend, die heute oft nicht weiß, warum dieses demokratische System seine Berechtigung hat, wenn es an allen Ecken die eigene Zukunft verspielt. Und welcher Jugendliche möchte nicht stolz sein, nicht Teil von etwas ganz Großem? Wer noch nicht die Last der Verantwortung gespürt hat, ist hier leicht einzufangen.

Der im Juli 2012 (nach einer seltsamerweise lange übersehenen Erkrankung) verstorbene Historiker Dieter Groh hat einmal den komplizierten Begriffskomplex »Negative Integration und revolutionärer Attentismus« geprägt. Was wollte er damit verdeutlichen? Es ging ihm um die Sozialdemokratie zur Kaiserzeit. Sie gewann immer mehr Mitglieder wegen der rasanten Industrialisierung und der aufkommenden Arbeiterschaft, die ihre Rechte forderte. Dadurch, dass die damalige SPD aber vom politischen Alltag im Kaiserreich weitgehend ausgegrenzt wurde, konnte sie keine Verantwortung lernen und entgegen aller reformerischer Praxis einen radikal-idealistischen Marxismus vertreten, der dann allerdings - anders als erwartet - durch Lenin und die »Bolschewisten« im industriell zurückgebliebenen Russland an die Macht kam. Für Marx undenkbar! Viele Intellektuelle im Westen hat dies zu dem Glauben verführt, in der Sowjetunion sei der Sozialismus verwirklicht und der Weg zum Kommunismus gebahnt... Also: Gruppen, die zunehmend Mitglieder gewinnen, aber, so wie die deutsche Sozialdemokratie vor dem Ersten Weltkrieg, offen keine Verantwortung übernehmen dürfen oder wollen, die neigen zu einer Radikalität, die das Vorstellungsvermögen des Normalbürgers übersteigt. »Wir wollen alles!« - dieser Gedanke kann sich außerhalb der politischen Alltagswelt enorm steigern. Könnte sich so etwas nicht auch heute in den diversen »Tiefenstaaten« entwickeln, die sich im Westen etabliert haben? Und wie viel Gegendruck würde die etablierte Demokratie entwickeln? Würde sie Gegendruck entwickeln, wenn die monströsen Entwicklungen in den »Tiefenstaaten« gar nicht erst ins öffentliche Bewusstsein kommen? Und falls diese Entwicklungen doch öffentlich werden: Würde sie Gegendruck entwickeln, wenn sich die »Tiefenstaaten« in einer zunehmend ängstlichen Gesellschaft mit Schutzversprechen einführen?

Ostdeutschland - Westdeutschland

Problematisch erscheint mir auch das Ressentiment vieler Ostdeutscher gegen die »Besserwessis«, die nach der Wende den Osten quasi aufgerollt haben. Nicht alles in der DDR war schlecht - und viele Deutsche haben dort wichtige Erfahrungen von Freundschaft und Solidarität gemacht. Dennoch war die DDR eine Diktatur mit einem straff organisierten Geheimdienstapparat, der auch die BRD auf breiter Front infiltriert hatte. Viele Traditionen aus dem »Dritten Reich« wurden dort in leicht abgeschwächter Form fortgesetzt: Folter und Menschenrechtsverletzungen aller Art waren üblich. Gerade weil man den Faschismus nur als Folge des Kapitalismus sah, der in Westdeutschland eine Fortsetzung gefunden habe, blieben faschistische Spuren in der DDR verdeckt. Bis heute werden die Ähnlichkeiten der Stasi mit der Gestapo nicht gesehen. Die Stasi war, wenn man von den reinen »Funktionären« absieht, ein Magnet für skrupellose Männer und Frauen, die oft willkürlich gegen Mitbürger vorgehen konnten und auf Menschenrechte keine Rücksicht nehmen mussten. Was ist mit all den Leuten, welche die üblichen Hemmschwellen gegenüber fremden Privatsphären abgelegt haben, was ist aus denen geworden, die sich irgendwelche Erklärungen tief im Inneren verankert haben, wieso Menschenrechte Firlefanz sind? Werden die so einfach zu rücksichtsvollen Demokraten? Und nicht zu vergessen: Die Nazi-Diktatur dauerte nur 12 Jahre, die etwas abgeschwächte Diktatur der SED dauerte 40 Jahre! Der Zwangsapparat mit seinen Schutzversprechen für die »Arbeiter und Bauernklasse« konnte sich viel länger in den Seelen der Beteiligten einnisten.

Stärker als im Westen musste man sich mit der eigenen Meinung wegducken, stärker als im Westen kam es in der Arbeitswelt weniger auf Leistung als auf »Vitamin B« an, stärker als im Westen wurde Denunziantentum gefördert. Wer eine Machtposition im Staatsapparat hatte, entwickelte mehr Hochnäsigkeit als im Westen. Diese spießige Form der »Autorität« konnte man immer wieder an den Grenzübergängen feststellen. Zugegeben, das ist die Außenperspektive, die Perspektive, die man vom Westen aus einnehmen kann. Aus der linken Binnenperspektive beschreibt Jörn Schütrumpf in dem 2010 erschienenen Taschenbuch »Freiheiten ohne Freiheit. Die DDR -

historische Tiefendimensionen« (Dietz-Verlag, Berlin, 2010) sehr präzise die Entwicklung Ostdeutschlands. Diejenigen, die aus politischen Gründen gegen das SED-Regime waren, bildeten jedenfalls eine Minderheit. Man kehrte der Politik den Rücken, ließ die SED machen, dafür wurden Freiheiten in der Arbeitswelt zugestanden. Wer sich aus der Politik raushielt, dem wurden kleine Freiheiten zugestanden. Als ich vor der »Wende«, in den 80er Jahren einen Cousin in Dresden besuchte, war ich verwundert darüber, dass sich dieser während der Arbeitszeit so einfach mit mir verdrücken konnte. Das waren die »kleinen Freiheiten« einer entpolitisierten Bevölkerung, die sich in der Diktatur eingerichtet hatte.

Anders im Westen: Nach 1945 wurden hier viele Träger und Mitläufer der Nazi-Diktatur unter dem bedrohlichen Eindruck des hochgerüsteten kommunistischen Gegners in die parlamentarische Demokratie eingegliedert. Sie durften noch einige Zeit von einem »kleinen Hitler« träumen, den man angeblich brauche, waren aber so lange zur Mimikry gezwungen, bis sie sich schließlich an die Demokratie gewöhnt hatten. Unter deren Herrschaft fand ein ungeahnter wirtschaftlicher Aufstieg statt, der allen Arbeit und Brot brachte. Vor allem die USA hatten uns damals die Demokratie in Verbindung mit Wohlstand gebracht. Und sie hatten uns auch vor dem Kommunismus bewahrt, also davor, aus einer Diktatur in die nächste zu rutschen. Wer jetzt annimmt, alle alten Nazis hätten sich nur eine Maske aufgesetzt, der täuscht sich. Sie spielten tatsächlich ein neues Spiel, akzeptierten ihre neuen Rollen, wenn diese auch noch durchsetzt mit alten Formen der Autoritätshörigkeit waren. (Allerdings war der unterschwellige Antisemitismus noch latent vorhanden, wie wir als Kinder immer wieder hören konnten - in Witzen, in dummen Sprüchen, halb spaßhaft, halb ernst. Erst in den 60er und siebziger Jahren des letzten Jahrhunderts versandete dieses Ressentiment allmählich.) Eine Renaissance der Aufklärung wurde, wenn auch verzögert, auf breiter Front möglich, sobald die noch autoritär geprägte Generation aus Altersgründen wichtige Positionen in Politik, Wirtschaft und Gesellschaft aufgeben musste. Die nun folgende kurze humanistische Renaissance wurde sowohl von geisteswissenschaftlicher als auch von naturwissenschaftlich-technischer Elite getragen.

Wie aber steht es heute mit der Aufklärung, wenn die Generation abtritt, die »mehr Demokratie wagen« (W. Brandt) wollte? Wie stark ist heute der Druck, demokratische Verhaltensweisen zu stärken oder auch nur beizubehalten? Terrorismus und Globalisierung bringen den zutiefst verunsicherten Westen in Versuchung, auch ehemalige Gegner demokratischer Abläufe in die westlichen Geheimdienste, die wachsende Schutzindustrie und in die Grauzone zwischen Geheimdienst und organisierter Kriminalität einzugliedern.

Im Übrigen hatte schon die CIA, lange vor dem Niedergang der DDR, gute Verbindungen zur Stasi, wie man am 2.6.2007 in »Focus-Online« nachlesen konnte. Interessant für westliche Geheimdienste könnte vor allem die Erfahrung der Stasi nach der Verabschiedung der »Schlussakte« der Konferenz von Helsinki im Jahre 1975 gewesen sein. Dort wurde unter anderem die »Achtung der Menschenrechte und Grundfreiheiten, einschließlich der Gedanken-, Gewissens-, Religions- oder Überzeugungsfreiheit« gefordert. Alle Anführer der Ostblockstaaten hatten unterschrieben. Daraufhin wurden die Maßnahmen der Stasi gegen Dissidenten zunehmend indirekt, versteckt gewalttätig und psychologisch fundiert. Folter wurde so weiterentwickelt, dass man sie weniger leicht nachweisen konnte. Genau dies könnte aber auch heute bei uns gefragt sein.

Die Stasi hatte ursprünglich für die frühere östliche Supermacht gearbeitet, dann rechtzeitig gemerkt, dass der Kommunismus zusammenbricht - und frühzeitig Kontakte zur westlichen Supermacht aufgenommen, der dann die Namen ihrer Mitarbeiter in Deutschland übergeben wurden. Vom demokratischen Deutschland fühlte man sich nach 1990 nur gedemütigt, allenfalls ungerecht behandelt, denn man habe ja nur Befehle ausgeführt und nach DDR-Gesetzen gehandelt. Eine ehemalige Elitetruppe, der schon lange vor dem Fall der Mauer klar war, dass sie sich neu orientieren muss, was wird die sich für eine Gedankenwelt zurechtzimmern? Sie hatte in der Politik und in der Wirtschaft genügend unerkannte Helfer im Westen und genug Gelder zum Aufbau neuer Netzwerke. Und zuletzt: Sie wurde zwecks friedlichen Übergangs aus der Diktatur in das westliche System mit Samthandschuhen angefasst – und für so gut wie nichts bestraft! Das könnte sich heute rächen, wenn sie mit dem alten Bewusstsein der Überlegenheit amoralischen Handelns westliche Sicherheitsdienste und Teile der Polizei infiltriert.

Einwand: Wäre es nicht wünschenswert, in einer Lage, in der Deutschland mehrere nichtdeutsche »Tiefenstaaten« und ein breites Spektrum organisierter Kriminalität (OK) beherbergt, gegen die ein einzelner nicht die geringste Chance einer Gegenwehr hat, einen **eigenen deutschen Tiefenstaat** zu schaffen, für den uns nun die ehemalige Stasi zur Verfügung steht? Auf den Verfassungsschutz mit der alten Besetzung würde sich heute kaum einer noch verlassen wollen. Da waren die ostdeutschen Schlapphüte, die ja immer auch selbst Polizeifunktionen wahrnehmen konnten, weit bessere Spieler. Zudem hatten sie gelernt, Menschen im großen Maßstab zu manipulieren, also aktiv einzugreifen in gesellschaftliche Zusammenhänge, während der Verfassungsschutz nur beobachten sollte. Sogar Freunde und Ehepartner hatte die Stasi gegeneinander ausgespielt, hatte in Privatsphären reinregiert, ohne dass die Opfer es merken konnten. Wer wollte nicht, dass in einer unübersichtlichen Lage, wo die Gefahren so vielfältig sind, dass man sie kaum überblicken kann, starke und schlaue Helfer zur Verfügung stehen? Ein verlockender Gedanke, wenn man bedenkt, wie überbehütet Westdeutschland unter der Käseglocke des NATO-Schutzes gewesen war und wie naiv man hier auf das automatische Weiterbestehen der freiheitlichen Demokratie in einer zunehmend bedrohlichen internationalen Lage mit all den unklaren Fronten vertraut hat. Wir wollten doch aller Welt nur noch zeigen, wie gut wir im Herzen sind, dass wir keine bösen Menschen mehr sind, wie sehr unsere Politik von Menschlichkeit und Diplomatie und nicht von Interessen getragen wird - und jetzt sind wir mitten in einem Getümmel von Interessensgeflechten, in dem viele »Spieler« nach außen ein Gesicht zeigen, das mit ihren wirklichen Absichten oft nicht übereinstimmt. Tricksen und Täuschen werden auf einmal salonfähig.

Aber selbst wenn man sich auf diese Gedanken einlässt, dann bleibt doch unklar, ob die möglicherweise weiter existierenden Stasi-Netzwerke, deren Spieler früher auf diesem Gebiet sehr stark waren, wirklich unabhängig sind - oder nur Puzzlesteine im Spiel größerer Mächte, die sich ihrer bedienen. Ich verweise hier nur auf den dubiosen Weg, den die »Rosenholz-Dateien« nach dem Zerfall der DDR genommen hatten, bevor sie mit vielen geschwärzten Namen wieder zurück nach Deutschland gekommen sind. Wer wären dann aber die größeren Mächte? Sind sie demokratisch kontrolliert, dann bräuchte man wenig Angst haben. Wenn nicht, dann könnte es sein, dass einige bei uns nicht mehr unabhängig agieren können. Jedenfalls haben sie nichts mit der Partei »Die Linke« zu tun - sie wäre das falsche Feindbild. Denn ehemalige Stasi-Mitarbeiter, die sich im Westen tarnen wollten, würden in ihrer Mehrzahl nicht in »Die Linke« eintreten, wo man sie zuerst vermuten würde. Zudem lässt ein Vergleich mit anderen ehemaligen Ostblockstaaten doch eher die Vermutung aufkommen, die »Wendehälse«, die das Elend des Kommunismus schon früh wahrgenommen und die sich schon im Einigungsvertrag von 1990 finanziell abgesichert hatten, könnten sich nationalistisch und damit »rechts« einordnen. Wäre es dann nicht sinnvoll, alle ehemaligen Stasi-Mitarbeiter zu entkriminalisieren, um sie auf der deutschen Seite, auf der Seite des Rechtsstaates zu halten? Wenn der Rechtsstaat in der multikulturellen Gemengelage zu schwach wäre, seine Bürger oder auch nur sich selbst zu schützen, bräuchten wir dann nicht clevere Leute aus der ehemaligen Staatssicherheit der DDR? Sie waren unserem Verfassungsschutz in punkto Cleverness zu jeder Zeit haushoch überlegen. Überwachungstechniken alleine, seien sie noch so ausgefeilt, werden uns nicht schützen, wenn nicht clevere Leute dahinterstehen, die sie benutzen. Zudem: Die Demokratie, wie wir sie im Westen jahrzehntelang gewöhnt waren, wird von zugewanderten Jungmännern oft für ein Konstrukt von Schwächlingen gehalten, das leicht zu unterwandern scheint. Wehrhaft sieht unsere Demokratie gerade für Jungmänner aus patriarchalischen Gesellschaften heute nicht aus. Polizei und Geheimdienst hatten sich hier lange Zeit in Sicherheit gewähnt, weil wir in erster Linie »Rückzugsraum« für Kriminelle waren, die Agenten diverser Geheimdienste sich gegenseitig in Schach hielten und weil wir der Unterstützung der westlichen Siegermächte aus dem Zweiten Weltkrieg gewiss waren. Auf die neuen Gefahren einer multikulturell parzellierten Gesellschaft ist unser Sicherheitsapparat nicht vorbereitet. Ohne die USA und ihre Sicherheitsapparate wären wir immer noch aufgeschmissen.

Machtspiele

Einer der besten Kenner der Geheimdienst-Spiele in Deutschland während des Kalten Krieges ist John Le Carré. Westdeutschland war unter dem Sicherheitsschirm der USA zum Wirtschaftsriesen erstarkt. Politisch eher provinziell, war es dennoch durch die Grenze zum Kommunismus in gewisser Weise die Weltbühne der Schlapphüte und Rückzugsort für die OK geworden. »Marionetten« heißt Le Carrés 21. Roman, der 2008 erschienen ist, und er spielt in Hamburg. Deutschland ist seit 1990 vereint und ein souveränes Land. Der Kommunismus ist weggefallen und hinterlässt eine tiefe und breite Lücke im Geschäftsfeld der Geheimdienste. Nun kommt aber der »Krieg gegen den Terror« ins Spiel und mit einiger Verzögerung gibt es ein neues Betätigungsfeld für unsere Schlapphüte. Zwar scheitern sie jämmerlich, wenn es ernst wird - wie bei 9/11, dafür finden sie aber immer wieder leicht erreichbare Opfer (»Leos«), wie das Le Carré in seinem Roman am Beispiel eines angeblichen Terroristen zeigt. An dem Beispiel so eines Opfers, eines 23-jährigen tschetschenischen Moslems namens Issa Karpow zeigt Le Carré, dass heute selbst die Puppenspieler Marionetten in den Händen von anderen Spielern sind und diese wiederum auch nur Fantasmen nachjagen oder auf Biegen und Brechen irgendwelche Erfolge nachweisen müssen. Bei dem von Le Carré skizzierten »Krieg gegen den Terror« zeigt sich aber, dass wir Deutschen am Ende wieder zum Vasallen Amerikas werden, kaum wirklich souverän geworden sind. Unseren Geheimdiensten bleibt auf dem eigenen Territorium nichts Anderes übrig, als die transatlantischen Kollegen walten und schalten zu lassen. Die deutschen Schlapphüte sind Marionetten von Marionetten. Und das hinterlässt einen bitteren Beigeschmack.

Ohne die Begrenzungen einer verbindlichen Öffentlichkeit und des Rechtsstaates kann man heute aus der Grauzone von Geheimdiensten oder finanzstarker Netzwerke verschiedene Gruppen gegeneinander ausspielen, kann so vorgehen, wie es Herta Müller von der Securitate beschrieben hat: Hier kann man dieses Stereotyp als Vorwurf nennen, dort das Gegenteil behaupten. Und da die verschiedenen Gruppen sich nicht über den Weg trauen, werden sie beide völlig widersprüchliche Aussagen als real annehmen und Personen mobben oder jagen, die man ihnen als »Gegner« serviert.

Und wie lockt man die mittleren Ebenen von Hierarchien an, wie zieht man sie heraus aus dem System des Rechtsstaates? Vielleicht hin und wieder mit Geld. Aber viel eher mit dem Rohstoff Information, der vor allem in der Schattenwelt der Geheimdienste leicht zu haben ist. Hierarchien beruhen auf Informationsvorsprüngen. Wer diese anbieten kann, der bietet Sicherheiten für Menschen, deren Position nie ganz sicher ist. Fallen aber die mittleren Hierarchien z.B. im demokratischen Kontrollsystem weg, dann hat der Mob freie Bahn, dann heißt es: Frechheit siegt!

Und ist es nicht eine Riesenentlastung, ein erhebendes Gefühl, einmal den Druck und die Beschränkungen der Zivilisation aufgeben und »die Sau« raus lassen zu können? Zivilisation bedeutet immer auch Zwang, Selbstzwang. An Fasching, an Kerwe Festen und anderen Feiern wird man zeitweilig aus diesem Zwang entlassen. Was, wenn eine Macht hierfür auch außerhalb der regulierten und zeitlich begrenzten Feste den Freiraum schafft - so, wie bei der einfachen und braven Soldatin Lynndie England im Irak oder bei den biederen Mitläufern der Stasi oder den Biedermännern der OK? Würde dann nicht der von seiner andauernden Korrektheit überforderte Spießbürger auch mal gerne zuschlagen? Und was ist mit dem Mann, der eine keifende Frau zu Hause ertragen muss, der von ihr abhängig ist, weil sie das Haus geerbt hat und ihm nichts gehört? Er braucht ein Ventil für die angestaute Wut, die aus dem Ärger mit seiner Xanthippe stammt. Und wieso sollte dann nicht, wenn sowieso sehr viele mitmachen, der eine oder die andere sich sagen: Warum darf ich nicht auch mal ein bisschen foltern? Nur eine Voraussetzung müsste gegeben sein: Es kommt nicht heraus!

Wer aber kann das absichern? Die Macht, welche dies absichern - oder zumindest den Schein davon erwecken könnte, muss Furcht erzeugen. Und die Furcht muss mit dem Eindruck verbunden sein, dass niemand widerstehen kann, dass kein Ausweg bleibt. Der aus der Mafia bekannte Kult der Unerbittlichkeit, eine Art Kitt für illegale Netzwerke, ist offensichtlich noch steigerbar. Es ist ein Spiel mit der Hybris des Menschen, gottgleich zu sein oder zu werden; ein Spiel mit dem gefährlichsten Feind, den der Mensch auf dieser Erde hat, dem Feind, der in seiner eigenen Veranlagung steckt und in dem Auftrag, sich die Erde untertan zu machen. Vor diesem Größenwahn, eine Erbschaft, mit der wir leben müssen, die wir auch nie ganz abschalten können, kuscht natürlich der unpolitische Normalbürger, wenn er damit konfrontiert wird. Er kuscht, wenn er keinen Rückhalt mehr in der zivilisierten Welt spürt, im Rechtsstaat, der stark genug ist, die Menschenrechte jederzeit zu verteidigen.

Hierzu kommt noch ein Trend, der auf den ersten Blick nicht auffällt. Biedermänner und Biederfrauen in einer saturierten Konsumgesellschaft sind zwar bisweilen wortradikal, aber meist feige, wenn es darauf ankommt, offen zu einer Meinung zu stehen. Das hatte schon Platon für seine Zeit entdeckt.

Siehe: http://www.die7todsuenden.info/acedia/feigheit.html

(War es Feigheit oder Schwäche, als man Edward Snowden in Deutschland kein Asyl gewährte, wo er doch einen Diskussionsprozess mit offenem Ausgang über die Arbeit der Geheimdienste in Gang gesetzt hat. Sind wir eine feige, alte Gesellschaft geworden, in der nun auch die Jugend schon greisenhaft wirkt und sich nicht mehr offen zu sagen getraut, wofür sie steht? Gerade das war doch immer eine wichtige Eigenschaft

der Jugend: Der Mut, offen zu einer eigenen Meinung zu stehen, auch wenn dies unbequem und gefährlich war.)

Nun wird aber der Stress in der Gesellschaft erhöht, die multikulturelle Gesellschaft schafft mehr Reibungsflächen, während zugleich das Dauerwachstum der Wirtschaft in Frage gestellt wird. Wie reagieren ängstliche und feige Menschen, deren Aggressionen zunehmen, die aber das Bild von Anständigkeit nach außen aufrechterhalten müssen? Wie reagieren Sie, wenn zu allen Übeln auch noch der im Kern heimtückische »Terrorismus« als Bedrohung dazukommt? Ein Terrorismus, der auf alle Fairness gegenüber Unbeteiligten pfeift. Wie reagieren sie, wenn China als Großmacht aufsteigt und sich auf einigen Gebieten nicht an die Grenzen der Fairness hält, kopiert und zunehmend High-Tech ins eigene Land bringt?

Heute, im Zeitalter des Internet, schmuggeln sogar befreundete Geheimdienste Wirtschaftsdaten aus unserem Land, ja aus ganz Europa, um die heimische Industrie zu fördern. So schrieb die konservative österreichische Zeitung die Presse im Jahr 2000: »Der Affront ist einzigartig. Da munkelt man seit Jahren über ein US-Abhörsystem in Europa, rätselt, warum europäische Firmen Aufträge an US-Firmen verloren haben, lässt Experten monatelang die Möglichkeit der Existenz eines solchen Abhörsystems untersuchen - und dann schreibt der ehemalige CIA-Direktor in einem Gastkommentar frank und frei: 'Ja, liebe Freunde, wir haben euch ausgehorcht.' Die Lauschangriffe dienen einzig dazu, US-Firmen einen Vorteil gegenüber ihren europäischen Konkurrenten zu verschaffen. Das hat nichts mit der in den USA so gern strapazierten 'nationalen Sicherheit' zu tun, sondern ist schlicht und einfach Industriespionage - staatlich sanktioniert und finanziert.« (Zit. Nach »Spiegel-Online«, 31.3.2000. http://www.spiegel.de/netzwelt/web/grosse-ohren-echelon-spionage-unter-freunden-a-71135.html)

Die klaren Fronten, wie sie noch zur Zeit des Kalten Krieges geherrscht haben, sind vorbei. Ich würde jede Wette abschließen, dass sie, die Ängstlichen und die Feigen, heute jederzeit das Prinzip der Heimtücke für sich übernehmen, wenn man ihnen dafür die Deckung verspricht, - ich würde wetten, dass Heimtücke bei feigen Menschen die Reaktionsform der Zukunft ist, wenn es keine großen Kriege mehr gibt. Gerade die aggressiven Formen politischer Korrektheit, wie sie in der zweiten Hälfte des 20. Jahrhunderts aufgekommen sind, erleichtern den Übergang in heimtückisches Verhalten, bei dem man ein korrektes Gesicht für die Öffentlichkeit – und ein anderes für die Intriganten-Gemeinde zeigt, von der man sich die innere Stärke leiht. In Michel de Montaignes Werken aus dem 16. Jahrhundert gibt es einen Essay mit dem Titel »Feigheit ist die Mutter der Grausamkeit«. Selbstverliebte Menschen, bei denen Anerkennung durch andere nicht zu einem stabilen Selbstwertgefühl führt, weil irgendein seelischer Defekt vorhanden ist, sind oft feige. Besonders derart feige Menschen, denen man Macht über andere gibt, z.B. narzisstische Anführer in mafiösen Organisationen, reagieren auch heute oft in einer Weise grausam, dass es das Vorstellungsvermögen des Durchschnittsmenschen übersteigt. Dafür werden sie dann wiederum von den reinen Mitläufern, also den gewöhnlich feigen Menschen, bewundert. Wenn sich jetzt neuartige Waffen wie Mikrowellenstrahler weiter verbilligen und ausbreiten, wenn die technischen Möglichkeiten der Überwachung und Ausforschung einzelner »Opfer« immer besser werden, dann müsste man m.E. dem feigen Mob, also den Mitläufern, nur die Technik in die Hand geben und ohne tiefschürfende Erklärung ein Opfer ausdeuten – und scheinbar ehrenwerte Bürger würden so grausam reagieren, wie es Montaigne für den Bürgerkriegs-Mob beschrieben hat.

Wolfgang Sofsky hat 2006 in einem Essay für den Deutschlandfunk sehr gut den Zusammenhang von Feigheit und Grausamkeit geschildert: »Die unerfreulichste Folge der Feigheit ist ihr Hang zur Grausamkeit. Mit besonderer Vorliebe tobt sie sich an Schwachen und Außenseitern aus. In der Horde der Prügler, in der Masse der Johlenden finden viele Feiglinge zusammen. Gemeinsam fühlen sie sich stark, und oft tut sich unter dem Schutzschirm der Vielen derjenige besonders hervor, der es allein niemals wagen würde, auch nur den Arm zu heben. In der Menge gleicht der Feigling fehlende moralische Willenskraft durch brutale Körperkraft aus. Ein großer Haufen Hasenfüße, sagt ein chinesisches Wort, vollbringt niemals eine Heldentat; aber unter ihresgleichen, so muss man hinzufügen, vollbringen Angsthasen jede Schandtat.«

Was Sofsky nicht erwähnt oder unterschätzt: Prügler gebrauchen immerhin noch eigene Körperkraft und zeigen dem Opfer meist ihr Gesicht, Netzwerkstalker verlassen sich eher auf Heimtücke und moderne Technik; und Grausamkeit kann »Spaß« machen, wie man in den aktuellen Kriegsgebieten und in Gefängnissen sehen kann – auch in ganz normalen Gefängnissen außerhalb der Kriegsgebiete. Würden nicht auch Deutsche gegen Deutsche losgehen, wenn ein kleiner Vorteil oder die Vermeidung einer Bedrohung winken? Vielleicht sogar gerade Deutsche gegen Deutsche, denn ich kann mir kaum vorstellen, dass sich die vielen Angstbürger heute noch gegen Mitglieder von inzwischen gut organisierten Mafia-Gruppen aus fremden Ethnien oder bei uns fest etablierte Geheimdienste irgendetwas trauen würden. (Es ist leichter, die aus einem Ohnmachtsgefühl entstehende Wut gegen einen harmlosen Nachbarn oder eine schrullige Nachbarin zu richten.)

Es gab mal eine Spießertruppe innerhalb der terroristischen Szene in Heidelberg, die nannte sich »SPK« (Sozialistisches Patientenkollektiv). Dort kursierte folgende Parole: »Aus der Krankheit eine Waffe machen!« Was würde der heutige Biedermann, vor allem die heutige Biederfrau unter dieser Parole verstehen? Was würden sie heute darunter verstehen, wo doch die Gesundheit in einer alternden und saturierten Gesellschaft so hoch im Kurs steht? Er oder sie würde verstehen: Machen wir unsere Gegner krank, das setzt sie unter Druck! Der »Circle of pain« als härtere Variante des »Nudgings«, des Anschubsens als Mittel der Menschensteuerung? Meist sind es nur die Schmerzen, die dem Opfer bleiben, es wird im »Circle of pain« gehalten und dient damit zur Abschreckung für potenzielle Abweichler in den eigenen Reihen: Seht, so geht es jedem, der nicht mitmacht und somit zum Gegner wird. Die notwendigen Informationen für die heimtückischen Aktionen liefern die digital gespeicherten ärztlichen Daten, Blutwerte, Schwachpunkte im Organismus der Opfer, die sich aus ärztlicher Anamnese ergeben, etc. Schließlich müssen die biochemischen Attacken eine gewisse Plausibilität haben, um nicht aufzufallen. Das passt zum Thema Heimtücke und zum Thema »Feigheit ist die Mutter der Grausamkeit«. Klingt schrecklich, könnte aber gut in die heutige Zeit passen, wo an allen Ecken Gewissensbindungen gelockert werden. Was denkbar und machbar ist, wird irgendwann auch ausprobiert. War es früher ein Privileg der Kunst, Tabus zu brechen, so ist dies heute doch beinahe Teil des Alltags, zur Gewohnheit geworden, nichts Besonderes mehr. Nur echtes Foltern, natürlich aus dem sicheren Hinterhalt, könnte noch eins draufsetzen. Die Vorstufe liegt m.E. in der endemischen Ausbreitung des Mobbings.

Neue Waffen - Mikrokriege

Was sich heute auch verändert hat, sind die Entwicklungen im Bereich der neuen biologisch-chemischen oder elektrotechnischen Waffen. Gib jemandem eine Waffe – und er wird sie irgendwann benutzen, gib jemandem biochemische Mittel, die nur auf vereinzelte und vorbehandelte »Opfer« wirken, was heute ja medizintechnisch möglich ist, dann wird er seine Macht womöglich nutzen und den Spaß am Demütigen genießen. Krankheiten können provoziert werden, wenn man die Erkenntnisse der Medizin umkehrt und nicht zum Heilen, sondern zum Schädigen nutzt. Gerade die Erforschung der Berufskrankheiten liefert hier eine Menge Wissen, das zum Bösen hingewendet werden kann. Dem Opfer kann man, wenn es sich gegen das provozierte Leiden wehrt und es öffentlich macht, dann sogar noch »Paranoia« unterstellen. Gib jemandem neu entwickelte Mikrowellenwaffen in die Hand, die keine Hinweise auf Täter zulassen - und er wird sie irgendwann nutzen. Durch Türen, Fenster und sogar Wände gehen die Strahlen, die einen Missliebigen schädigen können. Wer macht sich schon Gedanken, wenn es immer mehr und zunehmend junge Schmerzpatienten gibt, wenn die Zahl der Herzinfarkte bei völlig gesunden Menschen zunimmt oder die Zahl der Schlaganfälle, die man mit Mikrowellenwaffen erzeugen kann.

(Siehe: http://www.mikrowellenterror.de)

Wie leicht schon heute variierte Mikrowellengeräte benutzt werden können, das zeigt ein Blick in ein scheinbar harmloses Gebiet: Am 18. April 2009 berichtete Jürgen Backhaus von der Genfer Erfindermesse über eine bahnbrechende Erfindung gegen Holzwürmer, die ganz leicht auch gegen Menschen angewandt werden kann. Der Ingenieur Eckehart Rieth aus Reinholterode (Eichsfeldkreis) hat 2009 die Goldmedaille der Erfindermesse für eine Gerätekombination im Kampf gegen Holzwürmer gewonnen.

»Mit Erfolg wendet er seit Jahren beim Trocknen von Mauern sowie dem Abtöten von Hausschwamm und anderen Schädlingen spezielle Mikrowellen-Geräte an, für deren Handhabung er ausgebildet ist. Für diese Innovation, die die Anwendung giftiger Chemikalien in Gebäuden erübrigt, erhielt er 2008 eine Auszeichnung auf der Nürnberger Erfindermesse.

In unseren Breiten gibt es einen Schädling, der ebenfalls heimlich in der Bausubstanz nagt, bis er entdeckt wird: den Holzwurm. Der Termiten-Sensor als Massenware ist Zukunftsmusik, aber die Grundlage gibt es bereits. Es ist das Holzwurm-Radar, das Dr. Ing. Jürgen Sachs und Marko Helbig von der Technischen Universität Ilmenau zusammen mit dem Holzschutzgutachter Klaus Renhak aus Benshausen und Eckehart Rieth entwickelt haben. Die Tüftler schufen ein Gerät, das im Holz verborgene Schädlinge anhand ihrer Fraßbewegungen mit einem empfindlichen Ultra-Breitband-Sensor und Computersoftware aufspürt. Renhak hatte dazu angeregt, weil es inzwischen ein Georadar gibt, das verschüttete Personen durch ihren Herzschlag findet. »Nickt die Made, sehen wir sie«, erklärt Rieth. Er testet den Prototyp, der äußerlich seinen Mikrowellen ähnelt, aber kleiner ist und kaum Energie verbraucht.

Wo die Maden lokalisiert sind, kann die Mikrowelle angreifen. Und mit dem Radar kann er endlich auch nachweisen, ob die Radiowellen die Schädlinge getötet haben – giftfrei durch »Denaturalisierung« des Eiweißes. Das bereits patentierte und ISO-9001-zertifizierte Verfahren heißt 'umweltneutrale Detektion und Bekämpfung von Schädlingen mittels Radiowellen'. Zusammen mit seiner Frau Angelika hat Eckehart Rieth diese Weltneuheit aus der »Denkfabrik Thüringen« im Namen der ganzen Erfindergruppe Anfang April auf der Internationalen Erfindermesse in Genf präsentiert. Mitgebracht haben sie eine Goldmedaille. Jetzt sind sie auf der Suche nach einem Unternehmen, das das Holzwurm-Radar in Serie baut – möglichst in Thüringen, um hier Arbeitsplätze zu schaffen.«

Aus: http://www.holzschutz-renhak.de/pdf/zcth118.pdf

Was hier so nützlich daherkommt, kann natürlich auch für heimtückische Aktionen gegen missliebige Personen genutzt werden. Die Waffenindustrie wird so eine interessante Entwicklung mit Sicherheit nicht verschlafen. Was im »Bodenkampf« funktioniert, wird nun auch im großen Stil getestet. Am 24.10.2012 berichtet »heise-online« über einen Waffentest der Firma Boing, bei dem durch Mikrowellenstrahlung alle elektronische Systeme in einem Gebäude ausgeschaltet worden seien. Der Programmverantwortliche Keith Coleman wird mit dem euphorisch klingenden Satz zitiert: »Heute haben wir aus Science-Fiction Science Fact gemacht.« (http://www.heise.de/newsticker/meldung/Boeings-Counter-Electronics-Rakete-schaltet-Computer-aus-1735801.html)

Und für den »Bodenkampf« gibt es inzwischen kostengünstige Ortungsgeräte, mit deren Hilfe man Personen durch Wände hindurch exakt orten kann. Wenn es bereits Anfang 2012 einen Prototyp mit den Abmessungen eines Koffers gab (Siehe:

http://www.trendsderzukunft.de/neues-mobiles-radarsystem-ermog-licht-es-personen-durch-wande-zu-orten/2012/08/04/),

dann dürfte sich dieses Gerät bald rasch verbreiten, denn man kann es leicht mit den Mikrowellenwaffen verbinden, die ebenfalls Hauswände durchdringen.

Früher oder später werden diese Erfindung auch die technisch noch rückständigen, mit Explosivstoffen operierenden Terroristen mitbekommen - oder Länder wie der Iran der Mullahs. Nicht Atomwaffen sind die Waffen der Zukunft, es sind die Mikrowellenwaffen. Der Terror kann damit noch heimtückischer werden als er es schon ist - und er kann, wenn man es richtig anstellt, anfangen Spaß zu machen. Auch bei uns, wenn wir erst einmal mit dieser Art von »Spaß« infiziert sind. Und das schon jetzt, wo es »nur« gegen zufällig ausgewählte Einzelne geht. Wir leben in einer Spaßgesellschaft, in der Schadenfreude ein Hauptspaß zu sein scheint. Man braucht nur die Soaps für Kinder und Jugendliche anschauen, die von den privaten Sendern am Nachmittag verbreitet werden - und man sieht, worin heute die Gags bei der Fast-food-Unterhaltung liegen: In der Schadenfreude. Das ist zunächst harmlos. Sicher. Wer sich aber irgendwann einmal beweisen muss, dass er kein Kind mehr ist, ein ganzer Kerl vielleicht, der könnte auf härtere Formen der Schadenfreude Appetit bekommen. Die zahllosen Bilder aus Foltergefängnissen zeigen am Ende doch eines - und das ist wirklich erschreckend: Foltern macht Spaß. Aus der Grauzone des Antiterrorkampfes ist dieser Spaß möglicherweise zum Teil der Zivilgesellschaft geworden. Wir brauchen keine KZs mehr, wenn wir jede Wohnung (vor allem in Mehrfamilienhäusern) zu einem kleinen KZ machen können. Wie bei einem Videospiel kann man Nachbarn heute schädigen, ohne deren Schmerzen direkt sehen zu müssen und Verantwortung zu übernehmen.

Erschreckend war für mich, was die Familie S. in Baiertal bei Wiesloch schon vor einigen Jahren zu berichten hatte. Er, ein Telekom-Mitarbeiter, sie ist Hausfrau. Beide biedere, ehrliche und fleißige Menschen, die klar argumentieren und denken konnten. Er wurde im Beruf und zu Hause mit Mikrowellen attackiert, sie nur im Haus, dies aber auch tagsüber. Um dem Mikrowellenterror zu entgehen, fuhr sie oft stundenlang sinnlos mit öffentlichen Verkehrsmitteln in der Gegend herum. Dass ihr Untermieter, der direkt über ihnen wohnte, der

Täter sein konnte, haben sie nie in Betracht gezogen. Dabei sind die heimlichen Mittäter bei uns meist unauffällige, äußerlich fast übertrieben nette Personen.

Möglicherweise werden sich Nachrichten wie diese wiederholen, für die keine Erklärungen angeboten werden. Sie werden rasch wieder vergessen. Weil man keine Erklärung findet, blendet man solch ungewöhnliche Fälle weg. Da ist eben jemand gestorben, Schluss. Daniel Kahneman nennt dies »Wysiati-Prinzip«: »What you see is all there is«.

> „Mysteriöser Todesfall in Hotel
> Unter mysteriösen Umständen ist der Rektor der französischen Elitehochschule Sciences Po, Richard Descoings, am Dienstag in einem New Yorker Hotel gestorben. Der 53-Jährige sei gegen 13.00 Uhr tot in seinem Hotelzimmer gefunden wurden, teilte die Polizei mit. Der renommierte Akademiker lag nackt auf seinem Bett, sein Handy und Laptop wurden laut US-Berichten vier Stockwerke tiefer unter seinem Fenster entdeckt.
> Die New Yorker Polizei leitete Ermittlungen ein.
> „Wir schließen nichts aus", sagte Kommissar Paul Browne. Anzeichen für eine Verletzung seien aber nicht gefunden worden."

RNZ, 5/6. April 2012

In diesem Zusammenhang tauchen Berichte auf, die von einem ungewöhnlich ansteigenden Bluthochdruck nach der Einnahme eines scheinbar harmlosen Getränkes berichten. Und genau in diesem Moment, in dem der Blutdruck ansteigt, beginnt eine vermutlich über Mikrowellen ausgelöste »Attacke«. Die Angriffe zeigen also sowohl gute medizinische Kenntnisse als auch eine gehörige Portion negativer Fantasie. Auf zweierlei Weise werden die Attacken, wie man aus verschiedenen Quellen hört, ausgeübt: Zum einen kann eine nadelstichartige, punktuelle Attacke auf eine bestimmte Körperstelle erfolgen. Es ist, als ob eine plötzliche Entladung aus einer Quelle erfolgt, die irgendwo in den Wänden oder in einem angrenzenden Nachbarhaus installiert ist. Diese Vorrichtung braucht vermutlich nicht mal eine große Kraftquelle, also weniger Energie als z.B. ein Mikrowellenherd, der ja dauerhaft laufen muss, um Wirkung zu zeigen. Die blitzartige Entladung löst etwas aus, was locker eine Wand oder dickes Weißblech durchschlägt. Die übliche Strahlenabwehr, die man durch Spezialwandfarbe oder teure Spezialstoffe erwerben kann, nützt hier nichts. Zum anderen kann einen eine schwächere, aber dauerhafte Bestrahlung treffen, die Schmerzen an der Stelle auslöst, die jeweils getroffen wird. Und es scheint, als ob gezielt immer wieder ganz bestimmte Körperstellen getroffen werden sollten. (In der Rhein-Neckar-Zeitung vom 29.9.2011 wurde auf der Seite 3 ein Forschungsprojekt vorgestellt, das scheinbar ohne Grund auftretende Schmerzen untersuchen will. Bei den Opfern von Mikrowellenattacken taucht genau dieses Phänomen häufig auf, wenn die Attacken längerfristig angelegt sind: »Wenn sie [die Schmerzen] sich örtlich und von einem Körperteil zum nächsten ausbreiten, spricht man von Generalisierung.«) - Zudem wird darauf geachtet, dass die Opfer am Schlaf gestört werden, damit sie auch am Arbeitsplatz schlecht dastehen, unkonzentriert und fahrig wirken. Dies war nicht nur bei der Familie S. in Baiertal der Fall, es lässt sich überall beobachten, wo die gut organisierten Täter zuschlagen. Von beiden Seiten, privat und beruflich, unter anderem auch an Schulen, baut man ein Stalking-Netz aus, das die Opfer schädigen und sozial ausgrenzen soll. Dabei kann es vorkommen, dass Mitläufer, die z.B. auf eine bestimmte Art aktiv beteiligt sind, auf eine andere Art selbst geschädigt werden. Nun könnte man sagen, wieso sind die so dumm, überhaupt mitzumachen, wenn sie sich damit den Anstiftern ausliefern, von denen sie irrtümlich annehmen, sie seien langfristig stark und bereits fest im deutschen Staat verankert? Aber wer denkt schon langfristig, wenn ein kleiner Spaß oder ein Vorteil winkt? Und wenn dieser Vorteil auch nur darin besteht, dass jemand, der mitmacht, darauf hoffen darf, selbst nicht Opfer zu werden, - was übrigens beim »Mobbing« ein lange schon bekanntes Motiv ist.

Was allerdings auffällt, das ist die gezielte Auswahl der »Opfer«. Es sind meist harmlose Einzelgänger, Intellektuelle, Menschen, die anderen nie etwas Böses antun könnten. Nie sind es Anführer von Rockergruppen oder Streetgangs, wie sie Stefan Schubert in seinem Buch »*Gangland Deutschland. Wie kriminelle Banden unser Land bedrohen*« beschreibt. Nie sind es Kriminelle aus dem Rotlichtmilieu, Drogen- oder Menschenhändler. Es sieht so aus, als hätten die eine Art Schutzversprechen seitens der Netzwerkstalker erworben. Vielleicht besteht aber auch ein Interesse daran, dass dieses Bedrohungsszenario durch Rocker- oder Streetgangs vorherrscht, damit anderweitige »Schutzversprechungen« aufrechterhalten werden können?

Seit 2002/2003 werden »Attacken« nicht nur außerhalb der eigenen Wohnung, auf der Straße, im Kino, im Zug durchgeführt (sogar in

Kirchen während des Gottesdienstes oder danach an der Eingangstür), sondern die Opfer auch gezielt in den eigenen vier Wänden angegriffen und damit zermürbt. Zersetzungsarbeit ist leichter als Aufbauarbeit, man braucht dafür keine mittlere Reife, kein Abitur und keinen Hochschulabschluss, Destruktion ist leichter als Konstruktion – und vielleicht sind wir ja in einer Phase der Destruktion, bevor eine neue Generation wieder auf das öffentliche Argumentieren und das Prinzip der Aufklärung setzt. Nur muss jetzt schon jeder, der heute bei den Aktionen außerhalb des Rechtsstaates mitmacht, wissen, dass die gleichen Mittel, die er mit einer gewissen Schadenfreude heimlich anwendet, jederzeit auch gegen ihn selbst verwendet werden können, ohne dass er dann die Möglichkeit hat, beim Rechtsstaat Schutz zu suchen. Wie so etwas gelegentlich abläuft, kann man bei der organisierten Kriminalität genauso wie bei terroristischen Gruppen beobachten. Man hat jemanden in der Hand, wenn man seine »Leichen im Keller« kennt. (Das gilt auch für die verschiedenen Geheimdienste untereinander und für einzelne von ihnen, die Leute aus der Unterwelt für ihren Antiterrorkampf einbinden.)

Wer einen Umsturz anstrebt, der muss den zunächst noch überlegenen Gegner schwächen und wichtige, bzw. starke Verbündete suchen. Lenin würde heute auf die technokratische Intelligenz setzen, auf Netzwerker im Computerbereich, auf Menschen mit praktischer Intelligenz, die überall Zugang haben und sich gerne ein Zubrot verdienen, teilweise aber auch auf den Mob, den man nicht mit schönen Worten, sondern nur mit verbindlichen Aufgaben disziplinieren kann. Nach dem Systemwechsel, nach der Überwindung der parlamentarischen Demokratie, würde dieser Mob wieder entmachtet wie die SA im Jahre 1934. Das Bündnis zwischen Mob und Elite, wie es Hannah Arendt für den Nationalsozialismus beschreibt, kann nicht auf Dauer funktionieren. Wohl aber bei einem Umsturz, in der Zeit des Systemwechsels.

Ein neuer Lenin würde der Jugend die Teilhabe an modernsten Techniken versprechen, ihnen Macht über missliebige oder allzu kritische Erwachsene geben, er würde sie in Bewegung halten mit kleinen Aufgaben und er würde jedem versprechen, ein wichtiges Glied in einer großen Familie, einer klandestinen Gemeinschaft zu sein, auf die der Rechtsstaat keinen Zugriff hat. Wie heißt es in dem berühmten Film »Die Welle« (1981/2008)? »Stärke durch Gemeinschaft. Stärke durch Disziplin. Stärke durch Aktion.« Was ehedem kritisch gemeint war, was am Ende des Filmes kritisch gewendet wurde, was aufklären sollte, kann heute, vielleicht mit irgendwelchen verquasten Rückgriffen auf Nietzsche oder sozialdarwinistischen Ideen durchaus positiv gesehen werden.

Für die einfachen Mitläufer braucht man aber keine großen Ideen. Jeder kann etwas beitragen. Einen Schlüsseldienst aufmachen, das dürfte nicht so schwer sein. Damit hätte man schon einmal sichergestellt, dass man in alle Häuser und Wohnungen kommt. Wer z.B. die Hohlräume in Häusern kennt, durch die man Leitungen legen kann, wer Mikrobohrungen vornehmen kann, wenn der Haus- oder Wohnungsbewohner nicht zu Hause ist, wer Mauern heutzutage mit Mikrowellen trockenlegen kann und diese Technik von daher beherrscht, wer gut im Öffnen von Türschlössern ist, wer sich in der Mikroelektronik auskennt und entsprechende Geräte bedienen kann, die man für Zersetzungsarbeiten braucht, der wird vermutlich anerkannt und bekommt das Gefühl, jede Krise überleben zu können, weil er zu den Mächtigen gehört. Die ideologischen Versatzstücke, die er braucht, um etwaige Gewissensregungen zu unterdrücken, werden ihm oder ihr von Spezialisten geliefert. Zudem wird die Umgebung des jeweiligen »Opfers« mit passgenauen Gerüchten befeuert, was die Hemmschwelle sinken lässt, Mittäter oder Unterstützer zu finden.

Man darf sich den Unterbau tiefenstaatlicher Netzwerke nicht zu kompliziert vorstellen. Sie, die Netzwerke, arbeiten nach dem Prinzip der »Clans«, die man aus vorindustriellen Gesellschaften (oder aus Computerspielen) kennt. Jeder ist Teil einer Großfamilie, bekommt Schutz gegen Unterwerfung. Auch der kleine Clan-Soldat bekommt das Gefühl vermittelt, er sei wichtig, genauso wichtig wie die Clan-Führung. Gehorchen sei etwas Positives. Auch der unterste Eckensteher kann heute mit einem Knopfdruck auf der Handytastatur Meldung machen. Wer die Szene schon länger beobachtet hat, der weiß, dass dies vor einigen Jahren noch unbeholfener aussah: Da wurde nervös auf der Tastatur herumgetippt, wenn sich ein »Opfer« näherte. Da sah man weit aufgerissene Augen, die zwischen Handy und Zielperson hin und her schwenkten. Da sah man Männer oder Frauen, keine Geheimdienstler oder Kriminelle, sondern ganz offensichtlich »Laien«, die sich im parkenden Auto beim Herannahen eines Opfers ganz tief wegduckten. Da kam es schon mal vor, dass ein Zehnjähriger an einer Bushaltestelle Wache schieben musste – und anzeigte, wenn das offensichtlich als gefährlich dargestellte Opfer näherkam. Da sah man einen Obdachlosen, der mit einer Flasche Wein (als Belohnung?) in der Hand neben der anfahrenden S-Bahn herlief und wie wild auf das in der Bahn sitzende Opfer deutete, während die Führungsperson im Hintergrund die Lage eher peinlich fand. Das hat sich bis heute geändert. Die Hass-Produzenten sind lernfähig und clever genug, ihre »Soldaten« zu schulen und ihnen Verhaltensregeln mit auf den Weg zu geben. (Orwell lässt grüßen!) Dennoch wirken die Mitläufer manchmal eher komisch, so z.B., wenn sie Filmszenen nachspielen, Mann und Frau vor einem Hauseingang stehen und sich erst nur gelangweilt gegenüberstehen – und dann, wenn sich das »Opfer« nähert, sich plötzlich umarmen, danach aber wieder genauso abrupt auseinandergehen, wenn »die Zielperson« um die Ecke verschwunden ist. Und das, obwohl sie wissen, dass vom Opfer überhaupt keine Gefahr ausgeht, hinter ihm keine Macht steht, dass sie die Spannung also nur simulieren. Und was soll man sich denken, wenn ein Opfer gelbe Müllsäcke vor die Türe stellt – und noch vor der Müllabfuhr kommt ein PKW vorbei: jemand steigt aus und schnappt die Säcke, um damit gleich rasch weiter zu fahren. Hat da etwa ein großer Guru im Hintergrund wie in einem Hollywood-Film den Befehl gegeben: »Ich will alles über ihn wissen, durchsucht auch seinen Müll!«? Lachhaft, oder? Überhaupt hat es den Anschein, als erfüllten die Verfolgungsaktionen ein gewisses - wenn auch dekadentes - Unterhaltungsbedürfnis und orientierten sich an medialen Vorbildern.

Die Waffenindustrie will vor allem verdienen, ideologische, politische und religiöse Netzwerke sind ihr vermutlich gleichgültig. Wer Strahlenwaffen herstellt, vor allem im Bereich der »non lethal weapons« (nicht tödliche Waffen), der muss diese erst einmal testen. Er braucht »Mitläufer«, die mit Geld, Gerüchten oder Zwang (pull oder push) dazu bewegt werden können, ausgedeutete »Opfer« zu schädigen. Wie sich die Schädigungen dann auswirken, das kann man an den abgefangenen Daten ärztlicher Untersuchungen herausfinden. Das passende Szenario kann man sich leicht vorstellen. (Vermutlich hat es anfangs etliche Todesfälle gegeben, als einige kerngesunde und sportliche junge Männer nach 2001 plötzlich ohne erkennbaren Grund tot aufgefunden wurden – so nahe der alten Brücke in Heidelberg oder auf einem Parkplatz an der Autobahnraststätte der A6 bei Sinsheim.) Aber auch ins Land der potenziellen Gegner wird man seine Produkte liefern, eventuell über Umwege, über Mittelsmänner und Mittelsfrauen. - Wie das geht, das hat bereits der Kanonenkönig Krupp im Ersten Weltkrieg gezeigt. - Siemens und Nokia haben ihre

Stammsitze in demokratischen Staaten, dem islamistischen Iran aber Abhöranlagen gegen aufmüpfige Blogger geliefert, die auf Demokratie setzen. Vom Iran werden diese Anlagen dann nach Syrien weitergeleitet, von einer Diktatur in die nächste. Und sogar in Israel, einem Land, das von allen Seiten bedroht ist, wird Spionagesoftware produziert, die dann auf eine Weise exportiert wird, die nicht mehr zu kontrollieren ist. (SWR 2, „Wissen" vom 25.1.2021) Geschäft ist Geschäft - und ein wenig mag man sich hier an den zynischen Spruch Lenins erinnern, der sagte, »Kapitalisten« würden auch noch den Strick verkaufen, an dem sie aufgehängt werden.

Wie sieht das aber bei der Schutzindustrie und der Halbwelt zwischen Geheimdiensten und privaten Söldnertruppen aus? Militärische und geheimdienstliche Jobs werden zunehmend privatisiert und damit zugänglich für Kräfte, die nicht durch den Rechtsstaat gezügelt sind. Von den 180 000 Mitarbeitern privater Sicherheitsdienste, die jahrelang allein im Irak tätig waren, wurde kaum einer für irgendetwas zur Verantwortung gezogen. (Auch wenn sich das jetzt geändert hat, so wird es doch keine rückwirkende Anwendung rechtsstaatlicher Mittel geben) Die Übergänge von staatlichen Institutionen zur Privatwirtschaft werden fließend. Noch durchlässiger werden, so hat es den Anschein, die Übergänge von beiden Bereichen zur organisierten Kriminalität. Vor allem, wenn sich Gewaltmärkte etablieren wie in einigen Gebieten des zusammengebrochenen Jugoslawien, aber auch in anderen Krisengebieten. Überall dort, wo staatliche Gewaltmonopole zerfallen und eine völlig deregulierte Marktwirtschaft hineindrängt, entstehen die von Georg Elwert beschriebenen »Gewaltmärkte« (1997), bei denen Schutzgeld, Korruption und Erpressung zur Normalität gehören. Der destruktiven Fantasie werden heute, vielleicht gerade **wegen** der offiziellen »politischen Korrektheit« (PC) in den Medien, kaum Grenzen gesetzt. Wie auch, wenn finanziell starke Kräfte die »dunkle Seite« der Macht finanzieren können. Wenn der Angstpegel in der Gesellschaft steigt, tendiert nicht selten das moralische Niveau nach unten, dorthin, wo die Bosheit krankhafter Narzissten sich immer schon bewegt.

Einwand: Brauchen wir nicht schlaue Leute, die mit der Halbwelt zwischen Legal und Illegal vertraut sind, wenn der Gegner gerade dort anzusiedeln ist? War es nicht der geniale Vidocq, ein Krimineller, der durch seine Aktivitäten zum Vater der modernen Kriminalistik wurde, weil er sich in der Unterwelt auskannte? Es war Vidocq, der 1813 offiziell Chef der Französischen Sicherheitspolizei wurde. Und später eröffnete er eine Privatdetektei, die wahrscheinlich die erste der Welt war, womit er als der erste moderne Detektiv angesehen werden kann. Und etwas weiter in der Gegenwart: Hat uns nicht alle Leonardo Di Caprio in seiner Rolle als Frank William Abagnale Junior in dem Film »Catch me if you can« (2002) gefallen, als er am Ende im Betrugsdezernat des FBI bei der Aufklärung von Scheckbetrügereien mithilft, und zwar deshalb so gut, weil er einfach die Gegenseite kennt? Jeder staatliche Geheimdienst braucht Kontakte zur Halb- und zur Unterwelt. Der Rechtsstaat darf sich dabei aber am Ende nicht als der Schwächere erweisen. Er muss das Heft in der Hand behalten und: Die Rechte der Bürger, vor allem die Menschenrechte müssen erhalten bleiben. Sonst besteht die Gefahr, dass der Staat von Kriminellen usurpiert und dabei totalitär wird.

Eine schleichende Korruption hat es wohl schon immer gegeben, z.B. bei städtischen Verwaltungen, wo es um Auftragsvergaben, Baugenehmigungen usw. geht. »Vitamin-B«-Zulagen waren nicht nur in Griechenland üblich. Sie werden aber gefährlich, wenn sie allmählich den gesamten Staatsapparat ergreifen, wo die großen Lobbyisten immer mehr Macht bekommen, wie dies z.B. Wolfgang Schorlau in dem Roman »Die letzte Flucht« bezüglich der Pharmaindustrie beschrieben hat. Noch gefährlicher wird es, wenn Teile der Exekutive zu den »Tiefenstaaten« überlaufen. Totalitär kann eine Gesellschaft auch mit einer demokratischen Staatsfassade werden.

Bei Hitler und Stalin kann man streng genommen noch nicht von einer »totalitären« Herrschaft reden. Der historische Faschismus hat - wie der Stalinismus - allerhöchstens versucht totalitär zu sein, er war es aber (noch) nicht. Es gab immer noch Nischen, in die man ausweichen konnte oder man konnte auswandern und war dann nicht mehr erreichbar. Erst heute sind die technischen und mentalen Voraussetzungen für eine totalitäre Herrschaft ausgereift, liegen für den Zugriff bereit, wenn wir es - womöglich schrittweise - zulassen. Zuerst geht es um Macht und Einfluss. Allmählich aber um totalitäre Herrschaft, Herrschaft, die - für eine gewisse Zeit - keine Nischen mehr zulässt. Die Versuchung ist sicherlich riesengroß, und was möglich ist, wird irgendwann auch ausprobiert. Geködert werden muss der Teil der jungen Generation, der sich von Technik faszinieren lässt. Denn auf technischem Gebiet, vor allem im digitalen Bereich, war der Generationengap noch nie so groß wie heute. Nur werden die Technik-Freaks allenfalls Ausführungsorgane sein, so ungefähr wie dies in dem amerikanischen Action Thriller »Staatsfeind Nr. 1« gezeigt wurde: Alles funktioniert wie in einem Computerspiel, nur eben real und damit mit einem höheren Spannungsfaktor. Ein »Gegner«, ein »Feind«, zugeschnitten auf das eigene Vorurteilsmuster, wird angeboten. Und nun darf man offiziell zum Jäger werden. Mit GPS-Ortung - wie bei dem bekannten Geocaching-Spiel - und Verständigung über Mobilfunk wird dann das vorgegebene Opfer gejagt, das einem selbst nicht gefährlich werden kann. Dafür sind Absprachen und ein gehöriges Maß an Koordinierung notwendig, eine Herausforderung im realen Leben, nicht nur auf dem Bildschirm. Es sind reale Menschen, denen ich wehtun kann, keine Avatare oder Pixel-Bösewichter. Im »Spiel« selbst zählen dann nur noch die Aufgaben: Wann fahre ich los, damit ich mit meinem Auto genau vor ihm ankomme und auf den Knopf drücke, um den Stoff unter dem Rücksitz nach außen freizusetzen? Welche Strecke nimmt das Opfer, welche muss ich dann nehmen? Wie dosiere ich die Schmerzen, die ich zufüge, ohne dass das Opfer stirbt? Wen informiere ich, falls ich das Opfer verpasse? Ist man erst mal der Jäger, hat man die Rolle akzeptiert, dann handelt man wie mit einem Tunnelblick: Schaffe ich es oder schaffe ich es nicht? Mehr zählt nicht. Ob das allergieauslösende Mittel, mit dem ich ausgedeuteten »Opfern« Schmerzen zufüge, irgendwann auch Zusätze enthält, mit denen ich »präpariert« werde, das kann ich als einzelner Mitläufer nie wissen, das merke ich zwangsläufig erst hinterher. Gerade das »Präparieren« von Opfern scheint ein Haupttrend bei der Vorbereitung von Netzwerkstalken zu sein. (Einige Arten der Präparierung sind heute bereits bekannt – und könnten der Vorbereitung neuartiger militärischer Operationen dienen.)

Totalitäre Machtansprüche kommen nicht von Computerfreaks oder Geocaching-Spielern, sie haben einen anderen Hintergrund, wie man bei Hitler, Stalin etc. sehen konnte. Sie könnten ausgehen von Gruppen, die sich in Ihrer »Ehre« gekränkt fühlen, angeleitet von narzisstischen Charakteren, die es ja zu jeder Zeit gibt. Es sind Menschen, die Unsicherheiten bei anderen instinktsicher erkennen, die glaubhaft vorgeben können, integer zu sein und von alten Zwängen, von Unterdrückung, Korruption und allem Möglichen an äußeren und inneren Hemmungen zu befreien, die dann aber in einer zweiten Stufe, wenn sie andere an sich gebunden haben, als die wahren Teufel auftreten und jeden Rest von Freiheit unterdrücken. Sind wir noch in einer von der Mehrheit akzeptierten Demokratie? Oder ist diese nur noch Fassade, eine überlieferte, aber nicht aktiv unterstützte Form?

Wer sich auch nur ein wenig an Stammtischen und in Vereinsheimen auskennt, wer bei Friseurgesprächen oder in Kneipen aufmerksam zuhört, der wird sicher wissen, dass Volkes Stimme oft nicht mit der veröffentlichten Meinung übereinstimmt. Mitläufer gäbe es genug. Erst recht dann, wenn die technischen Mittel zur Ausübung **versteckter** Gewalt immer weiterentwickelt werden. Und erst recht dann, wenn die **heimlich** ausgelebten Aggressionen die polizeiliche Gewalt-Statistik so verändern, dass dort weniger Gewaltkriminalität auftaucht. Das beruhigt alle, die an Mediendaten glauben. Die vielen Mitläufer aus dem Kleinkriminellen-Milieu werden insofern diszipliniert, als sie jetzt nicht mehr klauen oder mit Drogen dealen dürfen, sondern genau umrissene Bosheiten ausführen, für die sie von »oben« die Erlaubnis erteilt bekommen. Sie würden fürs Stalken und Foltern nur dann entlohnt, wenn sie nicht stehlen. Falls sie doch etwas mitgehen lassen und dies rauskommt, werden sie selbst gefoltert - so wie Franz und Willem in Kafkas Roman »Der Prozess«. Aus der Differenz zum Stehlen entstünde eine Art »Ehrenkodex« um das Foltern herum. Der Schutz des Eigentums wäre damit ohne alle Ideologie und Moral abgesichert.

Inquisition

»... dass nichts so erfinderisch macht wie die Lust an der Grausamkeit.« (http://www.theologe.de/LInquisition.htm)

Die historische Inquisition war eine Einrichtung der Kirche, die im 13. Jahrhundert gegen Abweichler, gegen Häretiker ins Leben gerufen worden war. Sie wirkte bis ins 18. Jahrhundert, bis zur Aufklärung. Die Verfahren waren oft grausam und erpresserisch. Sie haben die Fantasie vieler Menschen in eine sehr destruktive Richtung geführt. Die Wasserfolter, Verstümmelungen, die »eiserne Jungfrau«, die »Judaswiege«, die »Ketzergabel«, Säge und Pfahl, Scheiterhaufen, das »Rad«, - man könnte Seiten füllen mit den vielen Varianten, die Menschen eingefallen sind, um andere Menschen zu foltern. Und wer sich über den Eifer der kleinen Mittäter wundert, die im Nationalsozialismus ihre Opfer auch dann noch verfolgt haben, wenn ihnen kein Vorgesetzter etwas Zurückhaltung übelgenommen hätte, der braucht nur mal in die Geschichte der Inquisition zurückschauen. Mit der gleichen Energie, wie hier Folterinstrumente und Folterverfahren entwickelt wurden, hätten Unmengen an nützlichen Dingen geschaffen werden können.

Es waren aber nicht die kleinen Mitläufer, die hier die Hauptschuld tragen. Zwar haben sie schon immer und zu allen Zeiten doppelten Eifer gezeigt, wenn es gegen ausgedeutete Opfer ging. Wie sonst sollte man die Taten der Zugbegleiter erklären, die zur Nazizeit flüchtende Häftlinge mit aller Konsequenz verfolgten, obwohl ihnen niemand ein Weiterfahren übelgenommen hätte. Zu allen Zeiten aber kam es auf die Führungsleute an, wenn die Tür zur Hölle aufgemacht wurde. Das ist bekannt. Dazu ein Originalton aus der Inquisitionszeit, hier von Papst Paul III. (1468-1549), dem Eröffner des Konzils von Trient: »Wenn mein eigener Vater Häretiker wäre, würde ich selbst das Holz zusammentragen, um ihn verbrennen zu lassen.« Worte eines Brandstifters, der Vorbild für andere war.

Autoritäre politische Systeme aller Art haben hier abgeschaut: Man bezieht sich auf ein Set von »richtigen Aussagen«, die eine Gruppe oder ein Volk zusammenhalten sollen - und wer davon abweicht, der wird zuerst unter Druck gesetzt, dann in irgendeiner Weise gefoltert und am Ende, wenn er seine Aussagen nicht zurückzieht, umgebracht.

Wenn sich nun so eine Einrichtung wie die Inquisition stabilisiert und fest mit ihr zu rechnen ist, dann passiert in der Regel auch Folgendes: Private Streitereien oder Begierden auf das Gut eines Mitmenschen - heute z.B. auf eine Erbschaft, eine günstige Wohnung oder auf die angrenzende Doppelhaushälfte - führen dazu, dass völlig harmlose Leute denunziert und damit in das Räderwerk der Inquisition geschoben werden. So etwas hat es auch bei den Nazis gegeben, allerdings mit dem Unterschied, dass jemand, der nicht ins »Programm« gehörte, z.B. der falschen »Rasse« zugerechnet wurde oder der falschen politischen Richtung, nicht mal die Chance hatte zu widerrufen.

Aber auch heute, unter dem Dach der Demokratie, zeigt sich zuweilen der Spaß am Foltern. Man muss nur genau hinschauen und nicht gleich wegblenden, weil man eh nicht helfen kann. Ganz gut beschrieben ist z.B. der Fall Bernd Decker im Siegerland unter dem Titel »Die Sadisten von Hilchenbach« in der ZEIT vom 22. Juli 2010, S. 11-13. Vier Bauarbeiter hatten einen behinderten Kollegen jahrelang gefoltert - und ein ganzes Städtchen schien empört, dass dies aufgedeckt worden ist und den »guten Ruf« gefährdet. Interessant an diesem Fall scheint mir zu sein, dass es dem Umfeld vor allem darum geht, dass nichts rauskommt. Die Tragik des gefolterten Opfers scheint nur wenige zu interessieren. (»Opfer« ist heute zu einem

Schimpfwort geworden, wie man auf fast jedem Schulhof hören kann) Und von allen Personen, die über für sie allergene Stoffe oder Mikrowellen in einen »circle of pain« getrieben werden, hört man die immer gleiche Geschichte: Die Mitläufer entwickeln einen Eifer, der kaum zu erklären ist. Sie scheinen wie aufgedreht und wollen die bösen Aktionen wie verbissen zu Ende bringen, nur um einem fremden Menschen ein klein wenig Schmerz zuzufügen. Es ist haargenau der gleiche Eifer, den auch die Mitläufer der Nazis gezeigt haben, als alles schon verloren war – und sie die Opfer hätten laufen lassen können. Man sollte sich hier nicht durch den äußeren Rahmen täuschen lassen – es sind die gleichen typischen Reaktionen, für welche die Wissenschaft noch eine Antwort schuldig ist. Es gibt aber einen Zusammenhang, den man heutzutage bei den Mitläufern immer wieder beobachten kann: Je weniger Menschen mit sich selbst anfangen können, je weniger Selbstbewusstsein sie zeigen, je ängstlicher sie sind, desto eifriger und ausdauernder machen sie beim heimlichen Foltern mit, wenn es von »oben« abgesegnet ist. Und wenn auch christliche, islamische oder jüdische Bürger mitmachen, denen solch ein abscheuliches Handeln von ihrer Religion verboten sein müsste, dann merkt man sehr schnell, dass sie ihre Religiosität nur als Maske benutzen, die ihre Niedertracht vor den wirklich Gläubigen, die noch in der Mehrheit sind, verbergen soll.

Und wenn die Geschichte eines lehrt, dann ist es dies: Eine Foltermaschinerie, wenn sie einmal existiert, wird immer wieder mit Opfern gefüttert, die durch primitive Denunziationen ins Räderwerk geraten und nicht die Mittel haben, sich zu verteidigen. Habgier oder Rache, aber auch Langeweile sind hier die stärksten Motive. Und diese Motive finden wir heute genauso wie im Mittelalter - oder in allen Zeitaltern und Kulturen, die uns menschliche Verhaltensweisen überliefert haben.

Rachegefühle sind leicht zu wecken, scheinen bisweilen aus dem Nichts zu kommen oder an längst vergangene Konflikte anzuknüpfen. Und für jeden, der sich mit Schmerz oder Ungerechtigkeit quält, sind die Sätze aus dem kürzlich erschienenen Buch »Der Sohn« von Jessica Durlacher nachvollziehbar: »Rache heißt der Abschnitt in meinem Kopf, wo ich mich am wohlsten fühle. Dort ist Leben und dämmert Hoffnung, das Versprechen der Heilung von meiner unbändigen Wut. Denn – ich sage es noch einmal und ohne Stolz – der Gedanke an Vergeltung macht den Schmerz erträglicher.«

Und das Traurige ist: Vergeltung und Rachegefühle lassen sich leicht manipulieren und gegen beliebige Mitmenschen lenken. Hat das nicht im März 2012 der »Volkszorn« in Emden gegen einen unschuldigen 17-Jährigen im »Mordfall Lena« bewiesen? Nicht nur direkt vor der Polizeistation, auch auf »Facebook« hatte sich rasch ein rachsüchtiger Mob gebildet. Und hätte die Polizei den jungen Mann nicht geschützt, so wäre er jetzt nicht mehr am Leben. Ein Lynchmob hätte mit ihm kurzen Prozess gemacht. (Siehe: http://www.welt.de/vermischtes/article106143992/Die-Hetzjagd-gegen-Unschuldigen-bleibt-haengen.html) Hätte die blitzschnell entstandene Rache-Gruppe bereits über moderne Mikrowellenwaffen verfügt, so würde der 17-Jährige entweder nicht mehr leben oder zumindest üble Schmerzen zugefügt bekommen haben.

Einmal angenommen, eine nur von der Geldreligion, dem »Tanz ums goldene Kalb« getragene moderne Elite, für die alle anderen Religionen nur Firlefanz und für die Menschenrechte Papiertiger sind, würde heute die Macht ergreifen und Gesetzbücher vor allem als Feigenblatt benutzen..., dann wäre doch eine Welt, wie sie George Orwell in seinem Roman »1984« beschreibt, durchaus denkbar. Zwar wäre das Konsumniveau heute höher und nicht – so wie bei Orwell – mit dem von Nordkorea zu vergleichen. Die totalitären Momente könnten heute aber mit all den medialen und waffentechnischen Möglichkeiten noch viel lückenloser sein als in der 1948 veröffentlichten Geschichte.

Und es müsste nicht mal das Geld sein, das Machtmenschen dazu bringt, brutal zu werden. Vor allem dann nicht, wenn sich eine neue Elite aus den Verbindungen mit den Geheimdiensten ergibt. O'Brien, der in Orwells Roman zur Parteielite zählt, gibt dem unter der Folter gedemütigten Winston am Ende der Geschichte seine wahren Motive bekannt:

»Das Wohl anderer interessiert uns nicht; uns interessiert einzig die Macht. [...] Die deutschen Nazis und die russischen Kommunisten reichten in ihren Methoden nahe an uns heran, aber es fehlte ihnen der Mut, ihre eigenen Motive anzuerkennen. Sie gaben vor, sie glaubten es vielleicht sogar, dass sie die Macht widerwillig und nur für begrenzte Zeit ergriffen hatten und dass gleich um die nächste Ecke ein Paradies liege, in dem die Menschen frei und gleich sein würden. Wir sind nicht so. Wir wissen, dass niemand die Macht je in der Absicht ergreift, sie wieder abzugeben. Macht ist kein Mittel, sondern ein Endzweck. Man errichtet keine Diktatur, um eine Revolution zu garantieren; man macht die Revolution, um die Diktatur zu errichten. Das Ziel

der Folter ist die Folter. Das Ziel der Macht ist die Macht. Begreifen Sie nun allmählich?« (S. 315/16)

O'Brien erläutert dem gepeinigten Winston Smith die abstrakten Motive von Machtmenschen, wie sie auch heute noch auftauchen könnten:

»Wie behauptet ein Mensch seine Macht über einen anderen Menschen, Winston?«

Winston überlegte: »Indem er ihn leiden lässt«, sagte er.

Genau. Indem er ihn leiden lässt. Gehorsam reicht nicht. Wenn er nicht leidet, wie kann man da sicher sein, dass er unserem Willen gehorcht und nicht seinem eigenen? Macht bedeutet, Schmerz und Demütigung zufügen zu können. Macht bedeutet, den menschlichen Geist zerpflücken und dann nach eigenem Gutdünken in neuer Gestalt wieder zusammensetzen zu können. Sehen Sie jetzt, was für eine Art von Welt wir erschaffen? [...] Die alten Zivilisationen behaupteten, auf Liebe und Gerechtigkeit gegründet zu sein. Unsere ist auf Hass gegründet.« (S. 319/20)

Soweit die am Ende pessimistische Sicht von G. Orwell. Hans Magnus Enzensberger hat im SPIEGEL vom 26.3.2012 versucht, Orwell zu widerlegen, indem er zunächst darauf hinweist, dass Orwell insofern Unrecht hat, dass sich manche Ziele des »Großen Bruders« »vor allem die Überwachung aller Bürger, auch ohne Gewaltanwendung erreichen lassen; dass es dazu keiner Diktatur bedarf; dass auch eine Demokratie in der Lage ist, sie auf zivile, um nicht zu sagen pazifistische Weise durchzusetzen.« (S. 142) Auch mit dem auf Lüge basierenden »Neusprech« habe Orwell Recht. »Die neue ‚Gesundheitskarte' ist in Wirklichkeit eine elektronische Krankenakte, die einzusehen keinem Hacker schwerfallen dürfte, und die ‚sozialen Netzwerke' machen sich den Exhibitionismus ihrer Anhänger zunutze, um sie gnadenlos auszubeuten.« (S. 143) Aber am Ende seines Essays wird Enzensberger dann überaus optimistisch, wenn er behauptet:

»Überaus erfreulich ist es festzustellen, dass bislang alles, was unsere freiwillige Knechtschaft herbeiführt, auf unblutige Weise durchgesetzt worden ist. [...] Die tolerante Haltung unserer Aufseher beruht auf einer schlichten Kosten-Nutzen-Rechnung. Der Aufwand für das Aufspüren der letzten Widerspenstigen steigt nämlich ins Aschgraue, je näher man dem Idealzustand kommt. Man gibt sich deshalb mit einer 95-prozentigen Überwachung zufrieden. [...] Fünf Prozent, das sind immerhin vier Millionen Leute. Also: Nur keine Panik!« (S.

143) Nun könnte Enzensberger aber nach zwei Richtungen hin falsch liegen:
Zum einen ist auch ein Großteil derer, die ihre Privatsphäre preisgeben, gegen eine heimliche Überwachung durch staatliche oder privatwirtschaftliche »große Brüder«. Und zum anderen kann sich auch das glückliche unvernetzte Fünf-Prozent der Bevölkerung nicht mehr sicher sein, seine Privatsphäre zu erhalten, wenn 95 Prozent, also über 76 Millionen Menschen sich mit einer Totalüberwachung abgefunden haben. Der Anpassungsdruck »steigt nämlich ins Aschgraue«. Und es gibt heute weniger nicht überwachbare Nischen auf unserem Planeten als 1948 oder in der Zeit vor 1989.

Der bloße Blick auf die Technik führt sowieso in die Irre. Die narzisstisch gestörten Anführer totalitärer Organisationen interessieren einzig und allein der Machtgewinn und die permanente Ausweitung der Macht. Für alle, die der Suggestion und der hypnotischen Kraft expansiver Machtsysteme nicht erliegen, scheinen deren Motive bisweilen absurd und grotesk. Das wollte Orwell zeigen – und das zeigt auch Terry Eagleton in »Das Böse«: »Zu den besonders grotesken Merkmalen der nationalsozialistischen Vernichtungslager gehörte die Art und Weise, wie nüchterne, penible und utilitaristische Maßnahmen in den Dienst einer Operation gestellt wurden, die überhaupt keinen praktischen Zweck hatte. So, als wären die Einzelschritte des Projektes sinnvoll gewesen, nicht aber die Gesamtoperation. Auf die gleiche Weise können wir bei einem Spiel zweckbestimmte Züge innerhalb einer Situation machen, die keine praktische Funktion hat.« (S. 121) Wie bei O'Brien, der seiner Sterblichkeit durch das Aufgehen in einer möglichst ewig bestehenden Partei überwinden wollte, so wird es vermutlich auch heute machthungrigen Menschen gehen, die ihre Größe aus dem Unterjochen anderer beziehen.
Eagleton: »Es ist diese schmerzliche Leere, die mit Fetischen, moralischen Idealen, Reinheitsphantasien, besessenem Wollen, dem absoluten Staat oder der phallischen Führerfigur ausgefüllt werden soll. Darin gleicht der Nazismus anderen Spielarten des Fundamentalismus. Die obszöne Lust an der Vernichtung des anderen wird zur einzigen Möglichkeit, sich davon zu überzeugen, dass man noch existiert. Das Nichtsein im Kern der eigenen Identität ist, unter anderem, ein Vorgeschmack des Todes; und eine Möglichkeit, den Schrecken der menschlichen Sterblichkeit abzuwehren, ist die Liquidation derer, die dieses Trauma verkörpern. Auf diese Weise beweist man, dass

man Macht hat über den einzigen Gegner – den Tod -, den man noch nicht einmal im Prinzip besiegen kann.

Macht verabscheut Schwachheit, weil diese sie an die eigene geheime Hinfälligkeit erinnert. [...] Doch wie lässt sich das Nichts vernichten? Und woher weiß man, dass man erfolgreich war? Ist die Vorstellung nicht völlig absurd, dass man die Furcht vor dem Nichts in seinem Innern ersticken kann, indem man noch mehr davon um sich herum erzeugt? [...] Die Vorstellung absoluter Vernichtung kann ein diabolisches Vergnügen bereiten. Mängel, Unvollendetes und grobe Näherungen kann das Böse nicht ertragen. Das ist ein Grund für seine natürliche Affinität zur bürokratischen Mentalität. Gutsein dagegen lebt in einer liebevollen Beziehung zur bunten, unvollendeten Beschaffenheit der Dinge.« (S.125-27)

Auch gute Menschen sind keine Engel, aber sie akzeptieren ihre Schwächen, sie akzeptieren die Verschiedenheit der Menschen, sie akzeptieren das Altern und den Tod, der am Ende auf jeden wartet – Jugendwahn hin, Jugendwahn her. Und was nach dem Tod kommt, das überlassen wir besser dem Glauben. Und da haben wir doch zumindest im Christentum, im modernen Judentum und auch im Islam eine Menge erreicht, was vom Fundamentalismus oder einer rigiden Inquisition wegführt. Die Mehrheit der Religionen bei uns akzeptiert den Rechtsstaat und die Menschenrechte. Ob das auch bei der atheistischen Mehrheit und all denen noch so ist, die nur zum Schein einer Kirche angehören, die ihr Leben zu großen Teilen dem Hedonismus weihen, da bin ich mir nicht sicher.

Die Gier - Oder: Wer ist käuflich?

In seiner Monographie »Hitlers Volksstaat. Raub, Rassenkrieg und nationaler Sozialismus« aus dem Jahre 2005 diskutierte Götz Ali die These von der Bestechlichkeit der Deutschen - nicht nur der Militärs - durch die Gewinne in Folge der Ausplünderung besetzter Staaten und der jüdischen Bevölkerung Europas. Der Nationalsozialismus sei eine »umverteilende Gefälligkeitsdiktatur« gewesen. Eine heikle These. Sie könnte aber zumindest ein wenig ins Blickfeld geraten, wenn wir die Frage stellen, wem heute eine Gefälligkeit auf Kosten von wem getan werden könnte - und wie dies geschehen müsste. Schon seit Jahren fällt mir auf, dass sehr viel mehr Menschen als früher mit der Inbrunst tiefster Überzeugung bestätigen: »Jeder ist käuflich, es kommt nur auf den Preis an!« Und das Schlimme ist: Man findet heute kaum einen moralischen Gegenpol mehr, alle scheinen diesen Spruch zu akzeptieren. Aber zurück zu den Nazis:

Auch wenn ein großer Teil von uns das nicht wahrhaben will - es muss wohl so gewesen sein, dass viele einfache Leute von der Sozialpolitik der Nazis profitiert haben. Ich erinnere an das Lehrlingsgehalt, an den 1. Mai als Feiertag, an die Krankenversicherung für Rentner. Die Nazis hatten den Wahlspruch:»Gemeinnutz geht vor Eigennutz«. Das sieht auf den ersten Blick gut aus, wenn man davon absieht, dass das, was der eigenen Sippschaft und den Verbündeten gegeben wurde, irgendjemandem abgenommen werden musste. Keine Neuigkeit in der Geschichte. Das war schon bei den Römern so, das war so im Mittelalter, das war so im Osmanischen Reich, das war so bei Napoleon etc. Für das Fußvolk fiel immer etwas ab, wenn autoritäre Systeme sich absichern wollten. Aber wehe den Gegnern.

In der demokratischen Bundesrepublik wurde nach 1949 vieles von der früheren Sozialpolitik fortgesetzt, was dann auch Loyalität gegenüber dem neuen System geschaffen hat. Diesmal allerdings nicht auf Kosten von Minderheiten und von »Sündenböcken«. Und wenn man alle, die arbeiten und sich anstrengen wollen (wie es ja in Deutschland lange Zeit der Fall war), mit in die soziale Sicherung einbezieht, dann ist das nicht zu vergleichen mit der exklusiven Rassenpolitik der Nazis. Der Ausbau der Sozialpolitik in der Nachkriegszeit knüpft vielmehr an die »innere Reichsgründung« Bismarcks an, diesmal allerdings unter der Mitwirkung der organisierten Arbeiterbewegung, der SPD und der Gewerkschaften.

Mit Sicherheit hat auch die Existenz des konkurrierenden sozialistischen Parallelstaats zum Ausbau des Sozialsystems im Westen beigetragen, hat verhindert, dass Arm und Reich sich allzu weit auseinanderentwickelten. (So hat z.B. der »Sputnik Schock« bewirkt, dass unser Bildungssystem demokratisiert wurde.) Seit den 80er Jahren wird aber der »Sozialstaat« selbst zum Problem, denn er schafft Gewohnheiten, die seine eigentliche Schutzfunktion untergraben. Wenn immer mehr Menschen bewusst mit ihm kalkulieren oder wenn immer mehr Menschen die Integration in den Arbeitsmarkt aufgrund fehlender Bildung und Ausbildung nicht mehr schaffen, dann bricht ein wichtiger Pfeiler unserer Demokratie so langsam weg. Wer aber wird diesmal die Unzufriedenen einsammeln, wenn der demokratische Staat es – zumindest finanziell – nicht mehr kann?

Der Staat hat sich verschuldet und von Krise zu Krise verschuldet er sich mehr. Aber nicht nur der Staat. Auch die private Verschuldung hat zugenommen, wodurch ein Einfallstor für Geldwäsche vergrößert wurde. Und vor einigen Jahren geisterten Schlagzeilen über Handyschulden von Jugendlichen durch den Blätterwald. (Man hört nichts mehr davon) Der Mittelstand, der den großen Lobbys nichts entgegensetzen kann, hat sich stark verschuldet und wirkt verunsichert. Wäre das nicht eine hervorragende Angriffsfläche für die »Tiefenstaaten«? Wäre Deutschland käuflich, vielleicht leichter als Länder wie der Irak oder Afghanistan? Wenn immer mehr sagen, jeder sei bestechlich, dann würde ich den Krieg gegen Deutschland oder Europa auf der Finanzebene anfangen und nicht Bomben legen. Geld genug wäre da, wenn man es gezielt einsetzt. Und so schwer ist es doch nicht, herauszufinden, wer dringend Geld braucht. Man kann auch nachhelfen, damit die richtigen Leute Geld brauchen...

Erinnert sich da noch der eine oder die andere an das sarkastische Stück, die »tragische Komödie« von Dürrenmatt, die im Jahre 1956 uraufgeführt wurde? Das Stück heißt »Der Besuch der alten Dame« und war zu einem Welterfolg geworden, der Dürrenmatt finanzielle Unabhängigkeit brachte. Claire Zachanassian, geb. Klara Wäscher, das war die »alte Dame«, die sich nach 40 Jahren an ihrem ehemaligen Liebhaber rächte. Rache kann einen langen Atem haben. Die verstoßene Klara Wäscher hatte nach ihrer Vertreibung aus Güllen mehrere superreiche Männer geheiratet und sich mit dem ererbten Geld in ihren alten Heimatort begeben, um die Güllener bloßzustellen und ihren ehemaligen Geliebten zu töten. Die Ungeheuerlichkeit bei Dürrenmatts Stück liegt am Ende darin, dass die Bürger der Stadt gegen den anfangs hochverehrten Ill zur Mörderbande werden und sich dabei – trotz der offensichtlichen Bestechung durch die reiche Frau Zachanassian – noch als Vertreter der »Gerechtigkeit« stilisieren.

Und woher kämen heute die Gelder? Auf dem offiziellen Weg, steuerfinanziert oder versteckt in einem leicht einsichtigen Geschäft wäre der Kauf von Mitläufern zu gefährlich, leicht zu entdecken. Es muss dafür schwarze Kassen geben, die für den Staat nicht erreichbar sind. Eine Geldquelle sind vermutlich die Drogenströme aus Afghanistan, von denen die Afghanen selbst wohl am wenigsten haben. (Siehe dazu: »In Afghanistan verschwindet Geld kistenweise«, in: WELT-Online vom 28.06.2010) Vielleicht spielen hier auch Manipulationen bei Glücksspielen wie dem Lotto oder den Sportwetten eine Rolle, die bereits Schüler in den Pausen auf dem Handy nutzen.

Die Frage, woher all das Geld kommt, mit dem man sich Menschen gefügig machen kann, die dann für einen am Rechtsstaat vorbei agieren, ist hier nicht zu beantworten. Eher schon die, was mit dem Geld passiert: Es wird investiert, teils in die Erhaltung des eigenen Netzwerkes und zum Ankauf von Mitgliedern, zum größten Teil aber da, wo es möglichst viel zurückbringt, wo es sich also »vermehrt«. Das geht nur begrenzt im illegalen Raum, im Drogenhandel, im Waffenschmuggel oder im Rotlichtmilieu. Das geht vor allem an der Börse, wo es als Investmentkapital »arbeiten« kann. Dort ist das, was man gemeinhin »Gier« nennt, der Motor für die rasche Geldvermehrung. (Und man kann in diesem Bereich regelrecht süchtig werden, wie man selbst bei einem so netten Kerl wie Uli Hoeneß hat sehen können.)

Einwand: Sind denn nicht alle raffgierig, auch die Horden an den Wühltischen oder auf dem Rabattmarkt? Wo ist da der Unterschied zu den Raffkes im großen Geldgeschäft? Kann man nicht die Gier des so genannten »kleinen Mannes« vergleichen mit der der Reichen oder Superreichen? Kann man nicht die Schnäppchenjäger bei E-Bay vergleichen mit den Jägern an der Börse?

Natürlich hinkt der Vergleich. Der ärmere Teil der Bevölkerung ist gezwungen, sein Geld gleich wieder in den Warenkreislauf zu schicken und damit Menschen in der Wirtschaft zu beschäftigen. ... Und auch die am Wühltisch oder bei E-Bay gekauften Waren müssen irgendwo produziert werden, erfordern Arbeit und schaffen damit wieder Nachfrage. Anders bei den Reichen und Superreichen, die sich heute einen immer größeren Anteil vom Volksvermögen gönnen. Wer schon alles hat, was er zum Leben braucht und nur ein Bruchteil seines Geldes für Kleider und Essen ausgeben muss, wer mehrere Häuser besitzt, ein Segelboot, mehrere Staatskarossen, wohin steckt der sein steigendes Vermögen? Na, wohin wohl? Dorthin, wo noch mehr Geld winkt, in den Investment-Bereich, der seit den 80er Jahren auch auf das Sparkapital von Otto-Normalverbraucher zugreifen kann.

Dazu ein Blick zurück in die Geschichte: 1929 war durch die geplatzte Finanzblase in den USA eine Weltwirtschaftskrise entstanden, die den Traum vom ununterbrochenen Aufstieg des Finanzkapitals jäh unterbrochen hat. Damit so eine Krise nicht wieder entstehen kann, wurden Investmentbanken per Gesetz vom normalen Bankensystem getrennt, denn die Gelder der Sparer und die Rücklagen der Industrie sollten geschützt werden. In den 80er Jahren des 20. Jahrhunderts wurde dies, zunächst in den angelsächsischen Ländern, dann mit ca. 15 Jahren Verspätung auch bei uns, wieder rückgängig gemacht. Mit der Aufhebung des »Trennbankensystems« wurde es nun wieder möglich, die bei normalen Geschäftsbanken angelegten Gelder für immer größere Spekulationen zu benutzen. (Auch die aus dem Boden schießenden privaten Rentenfonds trugen indirekt zur wuchernden Spekulationsmasse bei!)

Ebenfalls seit den 80er Jahren veränderte sich die soziale Zusammensetzung des Politikbetriebs rapide zugunsten der Oberschichten. Waren nach dem Zweiten Weltkrieg starke Gewerkschaften entstanden und vielfach Arbeiterkinder in höchste politische Positionen gelangt, so begann nun ein Prozess der Elitenrekrutierung fast nur aus der Oberschicht. Entsprechend änderte sich auch die Steuergesetzgebung: Spitzensteuersätze, Erbschaftssteuer und andere Steuern wurden zugunsten des finanzkräftigeren Teils der Bevölkerung gesenkt. Zugleich entwickelte sich der Lobbyismus als »Fünfte Gewalt«, die massiv in die Gesetzgebung eingreifen konnte und es zunehmend weiterhin kann.

Wenn nun der exklusive Kreis der Reichen, der Geldadel, in West und Ost und eigentlich fast überall auf der Erde sich von der arbeitenden Bevölkerung ablöst und damit auch Loyalitäten und Vertrauensverhältnisse verspielt, dann ist er irgendwann gezwungen, sich seine Sicherheit mit Geld zu erkaufen, mit dem Geld, das man in einer langfristigen Entwicklung von unten nach oben verteilt hat. Schauen wir einmal kurz zurück: Dadurch, dass die nach dem Krieg verarmte Bevölkerung rasch wieder Nachfrage schaffen konnte, weil sie Arbeit fand und ihre Löhne relativ schnell stiegen, ist Westdeutschland zum »Wirtschaftswunder« gekommen. Unternehmer waren meist eng mit ihrer Arbeiterschaft verbunden – und wenn sie mehr verdienten, entstand dadurch kaum Neid, weil das erwirtschaftete Geld immer eng mit dem Betrieb verbunden blieb. Wenn der Chef mehr verdient hat, dann hat er seine Belegschaft an den steigenden Gewinnen beteiligt. Das konnte ich noch als Schüler bei Ferienarbeiten in mehreren Betrieben beobachten, wo ich mich jeweils ein wenig umgehört habe. (Die damaligen »Kapitalisten«, wie ich sie erlebt habe, stehen für mich im Rückblick moralisch weit höher als viele heutige »Manager«, deren Lernprozesse zunehmend aus dem angelsächsischen Raum geprägt sind.)

Zurück in die Gegenwart: Wir leben in einer Gesellschaft, in der sich Arm und Reich auseinanderentwickeln. Zugleich wird unsere Gesellschaft immer komplizierter, anonymer und auch verletzlicher! Natürlich kann man sich heute leicht von den zunehmenden Gefahren ablenken, natürlich kann man sich mit dem vielen Geld, das ganz oben angehäuft wird, einige »Prätorianer«-Gruppen kaufen, die den Reichtum schützen, natürlich kann man nachhelfen, dass die Armen sich in einem Kleinkrieg untereinander verzetteln und dadurch nicht an Systemfragen denken, natürlich kann man mit allen möglichen Spektakeln von der grob ungleichen Verteilung ablenken und natürlich kann man mit allen möglichen Talentshows suggerieren, dass ein jeder vielleicht einmal »entdeckt« wird... Aber wird man sich je wieder so sicher sein können wie in der Zeit des »Wirtschaftswunders«? Wird man sicher sein können, dass nicht innerhalb der Prätorianer, der privaten Schutzgesellschaften unkontrollierbare Machtansammlungen entstehen, die irgendwann einmal die Systemfrage neu stellen? Und wird man sich sicher sein können, dass die allgemeine Unzufriedenheit, das sich verbreitende Gefühl der Ungerechtigkeit nicht zu Kurzschlussaktionen führt, die dann alle wahllos treffen?

Oder schlittern wir in eine Gesellschaft hinein, wie sie Stephen King in seinem 1991 im Verlag Hoffmann und Campe erschienenen Roman »In einer kleinen Stadt« beschreibt? »Needful Things« heißt der englische Titel, der die Handlung weitaus besser beschreibt: Ein ortsfremder Herr namens Leland Gaunt eröffnet in der fiktiven Kleinstadt Castle Rock ein Geschäft, in dem jeder etwas findet, was eine Schwäche oder eine verborgene Sehnsucht anspricht. Der Preis wird von Gaunt nach Gutdünken bestimmt, meist unter dem vom Kunden geschätzten Wert, sodass jeder, ist das Begehren einmal geweckt und stetig am Wachsen, sich seinen Wunschgegenstand leisten kann. Das Ganze hat nur einen Haken: Er - oder sie - muss nun einem Mitbürger, gegen den sowieso eine Animosität zu schwelen scheint, einen »Streich« spielen: Zunächst geht es nur um das Einschmeißen von Fenstern, das Verbreiten von Gerüchten, dann aber auch um das Aufstechen von Autoreifen und zunehmend um mehr. Die Streiche erscheinen den einzelnen Bürgern zunächst harmlos, sie vertiefen nur die in der Stadt sowieso schwelenden Konflikte. Der Horror entsteht hier nicht durch plötzlich auftretende brutale Exzesse eines Irren oder durch die Rache einer »alten Dame« (wie bei Dürrenmatt), sondern durch die Steigerung latenter Konflikte, wie sie überall vorkommen - hin zu einem Alptraum von Hass und Gewalt, als Gaunt immer mehr Stadtbewohner gegeneinander aufhetzt und Intrigen spinnt, die den Hass steigern und am Ende zu Mord und Totschlag führen. Das Buch ist nicht nur für »Horror«-Fans lesenswert, und wem die über 800 Seiten des Buches eine zu große Hürde bereiten, der kann den 1993 erschienenen Film ansehen, den man inzwischen preisgünstig als DVD erwerben kann. Auch hier versteht man das teuflische Prinzip der Gier, das mit ein wenig Menschenkenntnis bei fast jedem in Gang gesetzt werden kann...

Vieles von dem, was über das Schicksal der Menschen entscheidet, spielt sich im Dunkeln ab. Die Medien sind - wie der Großteil der Bürger - so sehr im Tagesgeschäft verstrickt, dass sie langfristige Trends nicht wahrnehmen. Mit dem Hintergrund jahrhundertelanger Erfahrung könnten Religionen aber Gefahren, die in der menschlichen Natur angelegt sind, oft früher erkennen als der Normalbürger. Vor allem, da sie die Auswüchse ihrer eigenen Fundamentalismen aus der Geschichte bereits kennen, da sie wissen, wie sehr das Streben nach Macht auch religiöse Menschen überwältigen kann und für die eigenen Prinzipien blind macht. Früher oder später kommt alles auf den Tisch, nichts lässt sich auf Dauer geheim halten: »Nichts ist verhüllt, was nicht enthüllt wird, und nichts ist verborgen, was nicht bekannt wird. Deshalb wird man alles, was ihr im Dunkeln redet, am hellen Tag hören, und was ihr einander hinter verschlossenen Türen ins Ohr flüstert, das wird man auf den Dächern verkünden.« (Warnung vor der Heuchelei der Pharisäer, Lukas-Evangelium, 12,2-3) Aus den unterschiedlichsten Motiven werden schlimme Geheimnisse am Ende doch preisgegeben.

Der »Investigative Journalismus« ist inzwischen fester Bestandteil der vernetzten Welt. (Wikileaks hat dies bewiesen.) Und wo dessen Antennen nicht hinreichen, da spielt irgendwann einmal Kommissar Zufall seine Rolle: So z.B. bei der Aufdeckung der Verbrechen des hochangesehenen US-Mediziners John Charles Cutler (1915-2003), für dessen Untaten an harmlosen Menschen in Guatemala sich Präsident Obama im Namen der USA entschuldigen musste. (Welt-Online, 3.10.2010) Und die Veröffentlichungen von Edward Snowden, die noch auszuwerten sind, werden auch noch das eine oder andere Geheimnis lüften.

Jeder Mensch, auch der boshafte, will sich normalerweise irgendwann mitteilen, will eine innere Balance herstellen. Die Unzufriedenheit mit der Unterdrückung von Gewissensregungen wird in eine neue, eher aufbauende Denkrichtung führen. Vermutlich regt sich irgendwann doch noch ein Rest von Gewissen und man will selbst, dass alles ans Licht kommt.

Das ist nicht nur bei den meisten bekannten Serientätern der Fall. Das passiert bisweilen bei der auf »Omerta« aufbauenden Mafia, das passiert von Zeit zu Zeit auch bei abtrünnigen Mitarbeitern von Geheimdiensten oder militärischer Gruppen, die sich wenig um Moral scheren.

Der »Faschismus« ist ein veraltetes Konstrukt

Historisch ist der Faschismus eine autoritäre Bewegung innerhalb verhältnismäßig rasch industrialisierter Staaten gegen den aufkommenden Kommunismus, der auch im Westen Fuß gefasst hatte. Er greift auf gemeinschaftsstiftende Traditionen und Symbole aus vorkapitalistischen Zeiten zurück, die so gut wie jeder verstehen konnte.

Den Kommunismus gibt es nicht mehr – und der Kapitalismus ist im Westen weitgehend sozial abgefedert, so dass die regelmäßig auftauchenden Krisen nicht so stark durchschlagen wie nach 1929.

»Faschismus« war lange Zeit ein linker Kampfbegriff, wurde aber auch von Hinz und Kunz zur Beschreibung aller möglichen autoritären politischen Systeme benutzt. Für uns Deutsche hat dieser Begriff insofern negative Auswirkungen, als er über Generationen hinweg eine Art Betriebsblindheit gegenüber den überall üblichen kulturellen Traditionen und der identitätsstiftenden Symbolik von Nationen erzeugt hat. Wie Kaninchen auf die Schlange haben wir seit den 70er Jahren des 20. Jahrhunderts immer wieder auf die Ungeheuerlichkeiten des Nationalsozialismus gestarrt, was aber nur den gebildeten Schichten ein Gefühl der Selbstvergewisserung gegeben hat. In einer Zeit, in der die (auch moralischen) Errungenschaften der Aufklärung und die Anerkennung von Bildung als identitätsstiftend stark abgenommen haben, nimmt auch die Zahl derer ab, die mit dem Blick auf den Nationalsozialismus noch viel anfangen können.

Was den Faschismus für uns heute allenfalls interessant macht, ist die Erkenntnis, dass sich auch in zivilisierten Staaten menschenverachtendes Verhalten durchsetzen kann, das in einer radikalisierten Form (wie dem Nationalsozialismus) bis zu fabrikmäßigem Töten von »Sündenböcken« und Außenseitern führt. Genau das aber lässt sich unter den Augen einer medial vernetzten Weltöffentlichkeit nicht mehr so einfach durchsetzen, jedenfalls nicht im staatlichen Rahmen und nicht mit öffentlicher Rechtfertigung.

Psychologisch sind Menschen immer dann leicht in autoritäre Massenbewegungen zu integrieren, wenn sich irgendwo das Gefühl ausbreitet, dass die Welt einen ungerecht behandelt, sich gegen das eigene Land oder die eigene Gruppe verschworen hat. Das war in Deutschland nach dem Ersten Weltkrieg so – und das wurde nach dem Zweiten Weltkrieg dadurch verhindert, dass Deutschland vom Westen wieder akzeptiert wurde.

Nun sieht die Welt heute aber ganz anders aus als Mitte des 20. Jahrhunderts. Es ist nicht ein einzelnes Land, das in den Schmollwinkel gedrängt wird - und der »Westen« insgesamt kann es auch nicht sein. Eine dem Faschismus ähnliche, offen-autoritäre »Bewegung« gibt es länderübergreifend nicht, dafür sind die nationalen Traditionen zu verschieden. Und wieso sollte man den Westen als Ganzes an den Pranger stellen? Er hat der Welt nicht nur Schlechtes gebracht: Technik, Medizin, Agrarwirtschaft, aber auch das System der Demokratie und des Rechtsstaates, das alles entstammt den westlichen Industriegesellschaften. Fehlerhafte Entwicklungen haben die westlichen Länder - wenn auch manchmal mit Verzögerung - zumeist selbst am härtesten kritisiert. Der Westen hat der Welt bis heute mehr geholfen als geschadet. Nur führt diese Hilfe dazu, dass andere aufholen und weltweit in eine Mehrheitsposition zu geraten scheinen. Das führt bei uns zu Ängsten, an den Rand gedrängt und irgendwann abgehängt zu werden. Und wenn bedrohlich wirkende »Erzählungen« dazu kommen, dann können die sich übel auswirken. Menschen in größeren Gemeinschaften brauchen Erzählungen mehr als logische Begründungen. Was aber sind die aktuellen Erzählungen, die politische Gemeinschaften motivieren?

Als der Kalte Krieg beendet war, wurden neue Geschichten erzählt, im Osten stärker nationalistisch gefärbt als im Westen und in einigen Ländern teilweise mit mafiösem Einschlag. (Arbeitslos gewordene Geheimdienstler wären hier – nach Misha Glenny – zu erwähnen.)

Überhaupt scheint die Organisierte Kriminalität ein – insbesondere in Deutschland – unterschätzter Geschäftszweig zu werden. Das fällt vor allem erfahrenen Mafia-Jägern aus Italien wie Antonio Ingroia auf: »Ich möchte niemanden beleidigen, aber leider muss ich sagen: ja! Ich war kürzlich auf einer Tagung in Stuttgart, wo mir ein deutscher Kollege sagte: ‚Die Mafia ist wie ein Hai, er braucht das Wasser in dem er schwimmt. In Deutschland hat er es nicht.' Ein schlimmes Missverständnis: Er glaubte, dass die Macht der Mafia immer noch allein von einer süditalienischen, sizilianischen Mentalität abhängt. Gerade in Deutschland schwimmen die Mafiahaie ja genau in dem Wasser, das sie heute brauchen – und zwar in einer funktionierenden Wirtschaft, wo sie ihre Verdienste investieren können. Sie investieren überall, häufig auch in große Supermarkt- und Restaurantketten, aber besonders in Immobilien.«

(Aus: Welt-Online, 26.09.12. »Wer klagt schon gerne einen Verwandten an«

http://www.welt.de/politik/ausland/article109481850/Wer-klagt-schon-gerne-einen-Verwandten-an.html)

Erste Erfolge im Kampf gegen die Organisierte Kriminalität zeigen sich offensichtlich in der seit 1998 ausgebauten »Europol«, die in Den Haag angesiedelt ist. Dort scheint man die internationalen Verflechtungen der OK eher zu erkennen als in Deutschland. Michael Jürgs beschreibt dies sehr gut in seinem Buch »BKA, Europol, Scotland Yard. Die Jäger des Bösen.« Er zeigt aber auch auf, wie stark und weit verzweigt heute der Gegner arbeitet:

»Verbrecher aller Länder haben sich in kriminellen Vernunftehen vereinigt. So kooperieren die kalabresische 'Ndrangheta und die neapolitanische Camorra mit chinesischen Triaden über alle fünf Hubs [= regionale kriminelle Drehkreuze, D.Z.] hinweg. Rumänen, Bulgaren und Nigerianer haben sich auf das Geschäftsfeld des Menschenhandels konzentriert, übernehmen aber auch Auftragsarbeiten von anderen europäischen OK-Banden. Kommerzielle Produzenten von Kinderpornografie sind in Weißrussland und in der Ukraine aktiver als anderswo. Hersteller von Falschgeld oder gefälschten Arzneimitteln stammen etwa aus Ungarn oder Litauen oder Marokko. Der Rauschgifthandel über spanische Häfen oder westeuropäische Flughäfen wie Amsterdam, Brüssel, Frankfurt wird nach wie vor finanziert von Kartellen in Südamerika.

Das Organisierte Verbrechen kommt mir vor wie ein Supermarkt, in dem es in verschiedenen Regalen und auf verschiedenen Ebenen alles gibt, was an der Kasse Gewinn macht. Rauschgift, illegale Einwanderer, Betrug, Prostitution, Pornografie mit Kindern, Waffen. Sobald der Verkauf einer bestimmten Ware nachlässt, Heroin zum Beispiel, nehmen die Besitzer des Supermarktes andere Waren in ihr Sortiment auf, etwa Kokain. Wenn ein Konkurrent ihre Preise unterbietet, überlegen sich die Bosse geeignete Maßnahmen, mit billigerer Ware den wiederum vom Markt zu drängen. Es geht eigentlich zu wie in der legalen Wirtschaft. In der bewegen sich unauffällig wie Fische im Wasser inzwischen auch viele Kriminelle.« (a.a.O., S. 244/45)

In Italien und den USA sieht man die Lage weit realistischer als in Deutschland – und hat von daher auch die besseren Mittel um dagegenzuhalten.

»Das internationale Verbrechen hat sich im Zeitalter des Internet zu einem Kraken mit grenzübergreifenden Armen entwickelt. Die Jäger mussten zumindest strategisch gleichziehen, besser wäre es, denen von der anderen Seite stets einen Schritt voraus zu sein. Aber das ist in der Praxis nicht so einfach. Die Guten, um es mal simpel auszudrücken, sind gebunden an rechtsstaatliche Grundsätze, und das ist wirklich gut so, die Bösen aber nicht. Eine Strategie zum Beispiel, die in den USA erfolgreich angewendet wird, nämlich bei Mitgliedern des Organized Crime Business deren Besitz zu konfiszieren — Autos, Häuser, Bankkonten —, ist dort aufgrund des anderen Rechtssystems möglich, ist erfolgreich, in Europa jedoch — abgesehen von Italien — flächendeckend schwierig. Alle aber, die sich im Organisierten Verbrechen auskennen, wissen um die Wirksamkeit solcher Maßnahmen. Vermögensabschöpfung trifft die Gangster da, wo es ihnen wehtut.« (a.a.O., S. 241)

Aus Regionen wie dem »Nahen Osten« kommen Menschen, welche die Religion in den Mittelpunkt ihres Lebens stellen. Sie scheinen vor allem im politisierten Islam ein Kontrastthema einzuführen. Der Islam ist nicht nationalistisch, er ist nicht rassistisch, und dennoch wurde er zum Politikum, wurde zur Folie für kontrastreiche und kämpferische Weltbilder. Das ist an sich noch kein Problem, das wird aber zum Problem, wenn einzelne Gruppen Religion als Mittel zur Gewinnung von Macht benutzen, entweder dazu, einen Machtrückstand aufzuholen oder dazu, Machtbestände auszubauen.

Nationalismus

Mit dem Niedergang des Kommunismus hat zuerst einmal eine Art nachgeholter Nationalismus zugeschlagen. Man erinnere sich an die Balkankriege. Die alten kommunistischen Eliten haben die Pferde gewechselt und sind Nationalisten geworden, haben in der Geschichte nach alter Größe gesucht: Historized People. Serbien kann hier als ein Musterbeispiel genommen werden - und Srebrenica (1995) hat gezeigt, wie schnell alte Geschichten reaktiviert werden können. Aber auch in Russland hat man den Nationalismus als Nachfolger des Kommunismus akzeptiert. Die nationalen Geschichten werden meist noch durch religiöse Besonderheiten unterfüttert. So kam es nicht zufällig zu einem Aufschwung der orthodoxen Kirche. Viele, die gerade noch Atheisten waren, wurden »fromm« und zeigten sich mit den Vertretern der Kirche.

Aber auch wenn die Geschichte sich zu wiederholen scheint, auch wenn der Nationalismus und der Rassismus, vermischt mit ein paar religiösen Zutaten, als Nachzügler nochmal zuschlagen, sie werden nicht erfolgreich sein. Die Wiederholungen haben das Ziel, an alte Stärke zu erinnern und Menschen einzufangen, sie laufen aber fast immer in die Irre. Das hatte Marx schon im 19. Jahrhundert wahrgenommen: »Hegel bemerkte irgendwo, dass alle großen weltgeschichtlichen Tatsachen und Personen sich sozusagen zweimal ereignen. Er hat vergessen, hinzuzufügen: das eine Mal als Tragödie, das andere Mal als Farce.« (Der achtzehnte Brumaire des Louis Bonaparte, K. Marx. 1852)

Der Nationalismus war der dunkle Schatten des Nationengedankens. Von Anfang an. Ohne die Vorstellung von einer gemeinsamen Nation hätte sich aber die Idee der modernen Demokratie nie durchsetzen lassen. Das Volk musste eine gemeinsame Sprache sprechen, musste verstehen, was seine Anliegen sind, wo sich Bündnisse und wo sich Kompromisse ergeben. Und es musste die Elite, die zur Wahl stand, jeweils kennen, musste ihre Sprache und ihre Gedankenwelt verstehen. Und die jeweilige Elite musste sich in einer gemeinsamen Kultur verwurzeln. Dafür waren sie gut: Schiller, Goethe, Kleist, die Bildhauer, die Architekten, die Musiker, die Vertreter der verschiedensten Kunstrichtungen. Und wenn sich all die verschiedenen Träger der Kultur noch so sehr zerstritten, sie waren doch immer Vertreter einer gemeinsamen Kultur. Die größten Errungenschaften der unter dem Dach einer Nation versammelten Kultur lagen zum einen in dem Aufbau und der Stärkung eines inneren Zusammenhaltes, der weiter gefasst ist als der, den tribale Gesellschaften erzeugen können. Zum anderen wurden innerhalb der Nationen Regeln für alle Beteiligten ausgearbeitet, die bis heute dem Prozess der Zivilisation dienen.

Das hatte sich mit dem Faschismus schlagartig verändert. Er war ein Kultur- und Zivilisationsbruch, sprach in gewisser Weise alte, tribale Fantasien an; die Besten wurden vertrieben oder im Krieg verheizt, die Traditionen wurden verkitscht und banalisiert. Eine lebendige und offene Streitkultur wurde nicht mehr zugelassen. Und kaum hatte man nach dem Krieg versucht, an bessere Zeiten anzuknüpfen, da traten andere Kulturen auf den Plan, die der USA im Westen – und die der UDSSR im Osten. Sie waren im Grunde aus der europäischen Kultur entstanden, die USA mehr als die UDSSR, aber über die Jahre waren beide in eine andere Richtung gegangen. In den USA auf eine hemdsärmelige Weise individualistisch und zugleich mit einem - gut gemeinten - imperialen Selbstverständnis. (Ihre Rolle als »Weltpolizist« hatte ja nicht nur negative Auswirkungen. Sie hat uns in Westdeutschland vor einem »Kommunismus« bewahrt, wie er sich in der DDR und Osteuropa gezeigt hat. Und in vielen Konflikten oder Katastrophen – so wie im November 2013 auf den Philippinen – stünde die Weltgemeinschaft ohne die USA ziemlich hilflos da.) In der UDSSR auf autoritäre Weise zentralistisch, bürokratisch und ebenfalls imperial. Beide Kulturen passten nicht so recht nach Europa, boten den Nährboden für Entwicklungen, die man einigermaßen dort, aber nicht so leicht bei uns bändigen kann. Wie unterschiedlich rechtliche und moralische Vorstellungen von US-Amerikanern und Europäern sind, hat Gret Haller eindrucksvoll in ihrem 2002 erschienenen Buch »Die Grenzen der Solidarität. Europa und die USA im Umgang mit Staat, Nation und Religion« beschrieben. Erst Jahre nach dem Wegfall des Kommunismus in Europa zeigen sich – trotz vieler Gemeinsamkeiten - die transatlantischen Differenzen. So richtig selbst bestimmen können wir in Europa immer noch nicht, wenn größere Probleme auftauchen. Die Geheimdienstaffären der NSA und der englischen GCHQ (Government Communications Headquarters) haben vor allem uns Deutschen gezeigt, wie hilflos wir ohne die USA sind und wie sehr wir unsere zentralen Sicherheitsinteressen von den westlichen Siegermächten des Zweiten Weltkrieges vertreten lassen. „Trittbrettfahrer" wurden wir mit Recht genannt! Wir sind noch nicht einmal in der Lage, einzelne Bürger, auf die fremde Geheimdienste oder mit ihnen verbundene private »Schutzfirmen« zugreifen, rechtsstaatlich zu schützen. Kein deutscher Polizist würde sich trauen, einen deutschen Bürger zu schützen, wenn er wüsste, er käme dadurch in das Folterprogramm eines Geheimdienstes, einer mit jenem Dienst verbundenen »Firma« (oder einer starken Mafiagruppe). Gerade nach dem Ende des »Kalten Krieges« zeigt sich, dass wir mehr **Souveränität** wagen sollten, um endlich ernst genommen zu werden.

Allerdings wäre es fatal für den »Westen«, wenn sich die Deutschen politisch von den USA isolieren ließen. Über die Jahre weg sind so viele Gemeinsamkeiten gewachsen, die dem von Gret Haller beschriebenen Gegensatz entgegenstehen, dass wir nicht so schnell die Flinte ins Korn werfen sollten. Und von den Unkenrufen über den Niedergang der Weltmacht sollte man sich nicht täuschen lassen: Es mag bisweilen schlechte Regierungen in den USA geben, es mag Kriminalität und Verfehlungen in den Geheimdiensten und an deren Rändern geben, aber es gibt auch immer wieder das andere Amerika, ein Amerika, das Fehlentwicklungen erkennt und sich wieder aufrappelt; ein Amerika, das seinen Optimismus und sein Selbstbewusstsein erneuert und mit den positiven Werten der Demokratie verbindet.

Mit dem Ende des Nationalsozialismus waren wir in Deutschland kulturell zunächst orientierungslos - und dankbar für jede neue Anregung. So allmählich fügte sich ein neues Puzzle zusammen. Der »kalte Krieg« sorgte für eine Trennung Deutschlands in zwei ideologisch aufgeladene Lager.
Kulturell war 40 Jahre lang in der DDR etwas Anderes entstanden als in der BRD. Bis in die Sprache hinein haben sich andere Traditionen entwickelt. Es wurden andere Geschichten erzählt. Im Westen war die wichtigste Zweitsprache Englisch, im Osten Russisch. Was die Menschen im Osten am Westen interessiert hat, dürfte das höhere Konsumniveau gewesen sein. Für das politische System der parlamentarischen Demokratie hat sich vermutlich nur eine Minderheit interessiert. »Kommt die D-Mark nicht, dann kommen wir!«, so ungefähr lautete eine bekannte Parole kurz vor der Wiedervereinigung. Was war anders in der DDR? Eine Partei, die SED, die sich praktisch mit dem Staat gleichsetzte, herrschte mehr oder weniger diktatorisch. Man gewöhnte sich daran. Die Stasi sicherte das undemokratische System nach innen ab. War das Konsumniveau in Ordnung, dann fanden sich die meisten mit dem System ab, mit einem System, das

am Ende ökonomisch auf tönernen Füßen stand und auf westliche Finanzspritzen angewiesen war. Insgesamt waren die Menschen, soweit ich das beurteilen kann, um einige Grade spießiger als im Westen, jedenfalls nach den 60er Jahren. Opposition war und blieb eine kleine Minderheit, solange, bis in der Sowjetunion und in Osteuropa der Druck auf die DDR größer wurde, auch etwas mehr Demokratie zu wagen. Innerhalb der DDR war der Schutzraum der Kirchen wichtig, um oppositionelle Ideen auszudrücken.

Nach 1990 sind viele – vor allem junge – Menschen aus den neuen Bundesländern in den Westen gezogen. Es gab mehr Jobs und man verdiente hier besser. Nach einer Gewöhnungszeit von einigen Jahren musste man sich mit den hiesigen Problemen auseinandersetzen, mit Arbeitslosigkeit, mit Zuwanderung, mit der Einbeziehung Deutschlands in die Weltpolitik - auch mit militärischen Auslandseinsätzen. (Die DDR hatte das 1968 allerdings auch schon in der damaligen Tschechoslowakei geübt)

Viele Ostdeutsche sahen die neugewonnene Freiheit bedroht durch Migration aus anderen Kulturen. Für sie hatte der Nationengedanke, der durch die „kommunistische" Ideologie zwangsweise überdeckt war, eine höhere Bindungskraft als für Westdeutsche. Minderheiten bei uns mit ausländischen Wurzeln mögen sich dadurch stärker als zuvor gefragt haben: Wer sind dann wir eigentlich, wenn hier der Nationalismus wieder angeheizt wird? Kein Zufall, dass nach den ausländerfeindlichen Attacken in den 90er Jahren, also nach der Wiedervereinigung, von Lehrern aus verschiedenen Städten berichtet wurde, dass Schüler damals wie unter Zwang mitten im Unterricht dazwischenriefen: »Ich hasse die Deutschen!« Und kein Wunder, dass manche sich damals gegenüber nicht betroffenen Ausländergruppen ideell gegen Deutsche profilierten, als wollten sie Bündnispartner sammeln...

So sehr Ausländer im Osten als bedrohlich gesehen wurden, so sehr wurden auch die »Wessis« zunächst abgelehnt, wurde ihnen Überheblichkeit unterstellt. Vor allem fehlte das kulturelle Bindeglied der Religion, das nach dem Zweiten Weltkrieg viele Flüchtlinge in Westdeutschland integriert hatte. Der Osten war bis auf kleine religiöse Inseln atheistisch und der Westen tendierte auch hin zum Atheismus, verstärkt durch die Zuwanderung aus dem ehedem kommunistischen Osten. Erst allmählich bauen sich heute die Vorurteile zwischen Ossis und Wessis ab. Sehr verdienstvoll ist hier der Sport, der sich fast überall zu einem der wichtigsten Kulturträger entwickelt hat, wie man z.B. 2010 an der WM in Südafrika sehen konnte. Wenn man heute überall die deutsche Flagge zeigt, die Nationalhymne singt und hinter der deutschen Fußballmannschaft steht, dann hat das nichts mit dem alten Nationalismus zu tun. („Deutschland über alles!" „America first!" etc.) In einer zunehmend globalisierten Welt kann der **alte** Nationalismus zur Farce werden, wie man nicht nur in den USA sehen kann. Damit ist aber noch nichts über den <u>Nationengedanken im Sinne des Rechtsstaates</u> gesagt. Nationen werden weiter gebraucht, um Gemeinschaften zusammenzuhalten und intern zu steuern.

Das haben viele ehemals aktive Kommunisten erkannt, die sich von heute auf morgen dem Nationalgedanken verschrieben haben. Haben sie möglicherweise ein Netzwerk geschaffen, das ehemalige Stasi-Mitarbeiter aufgenommen hat? Gibt es eine klandestine „Elite" mit langfristigen Zielen? Wenn ja, welche Ziele hat sie? Will sie die Demokratie verteidigen, die sie in dem gegenwärtigen Zustand für zu schwach hält? Das wäre nachvollziehbar. Oder ist ihr die Demokratie mit ihrem Festhalten an Menschenrechten egal? Wer sich in die Psyche von Geheimdienstlern in wechselnden politischen Systemen hineindenken will, der sollte sich mit der Biographie von Joseph Fouché beschäftigen, einem genialen und skrupellosen Politiker, der sich für den Tod Ludwig XVI eingesetzt hatte, den radikalen Jakobinern diente und zum »Henker von Lyon« wurde, dann zum Sturz von Robespierre beitrug, dann Napoleon diente, aber auch eine Verschwörung gegen ihn organisierte. Und am Ende diente er sich dem wieder auferstandenen Königtum Ludwigs XVII an. Schon ein Fouché ist kaum berechenbar. Was aber, wenn von den 270 000 Stasi-Mitarbeitern auch nur 100 Fouchés übrigblieben? Wer kann diese steuern oder integrieren? Sind Sie für egal wen, für jeden, der zahlen kann? Oder wollen sie nur den real existierenden »Tiefenstaaten« in Deutschland etwas Eigenes entgegensetzen? Dann würde man sie mit Sicherheit noch brauchen, sollte sie freundlich behandeln - und in die Kräfte des Rechtsstaates einbinden, die über Jahrzehnte hinweg immer verschlafener geworden und gegenüber der O.K. technisch zurückgeblieben sind.

Kultur, Zivilisation – und die Frage nach Grenzen

Während überall und mehr denn je die Lebensgewohnheiten in der Welt sich angleichen, Grenzen also wegfallen, gibt es andererseits eine verstärkte Suche nach den kulturellen Wurzeln, nach Eigenschaften, Traditionen und Besonderheiten, die größere Menschengruppen voneinander unterscheiden. In Deutschland ist dies vielleicht weniger ausgeprägt und im Grunde harmlos, festgezurrt in Institutionen, die einen antiquarischen Blick fördern und nur gebildete Minderheiten vom Hocker reißen: Museen, Theatergruppen, literarische Führungen - und immer wieder die Aufarbeitung der Nazizeit. »Noch nie war so viel Hitler wie heute«, hat vor kurzem eine Zeitung geschrieben.

Mehr noch als bei den Deutschen findet man diese Suche nach den kulturellen Wurzeln bei zugewanderten ethnischen oder religiösen Gruppen. Es ist offensichtlich die Suche nach einer Begrenzung, nach einer überschaubaren Grenze. Kein biologisches System kann existieren ohne eine Grenze. Jede lebende Zelle bricht zusammen, wenn man deren Grenze gewaltsam verletzt. Jedes soziale System braucht ebenfalls eine Begrenzung, sei es durch die Familie, durch den Freundeskreis, eine Firma - oder einen Staat. Durch den Wegfall der Systemgrenze zum Osten hin, durch die Erweiterung der europäischen Grenzen - und durch den weiter zunehmenden Trend zur Globalisierung fallen nun immer mehr Grenzen weg, vermischen sich Sprachgruppen und Kulturen. Und das wirkt sich ganz real im Alltag aus: In den Straßenbahn, im Bus, auf der Straße, an vielen Orten, an denen man den anderen nicht mehr versteht, fallen Verständnisbrücken weg, die früher selbstverständlich waren. Kein Wunder, dass dies viele – vor allem ältere – Menschen verunsichert. Die gewohnte Alltagskultur, die Zugehörigkeit zu einer Gruppe oder einem Land scheint gefährdet, vor allem, wenn langfristig aufgebaute Sicherungssysteme plötzlich keinen Schutz mehr versprechen, weil unbekannte Menschen oder ganze Zuwanderergruppen plötzlich den gleichen Anspruch anmelden, sich aber innerhalb des Landes eigene Grenzen schaffen, die mit den bisher ausgehandelten kulturellen Grenzen konkurrieren. Dass Deutschland Zuwanderer braucht, wenn die Geburtenrate so niedrig ist, bezweifelt kaum noch einer. Dass die meisten Zuwanderer sinnvolle Arbeit leisten wollen, wird vermutlich auch fast jeder bejahen. Dennoch sollte man nicht vergessen, dass ein staatliches System und eine dazu passende Kultur auch Schutzversprechen beinhalten, welche durch Zuwanderung immer wieder auf die Probe gestellt werden. Diese Schutzversprechen lassen sich nicht beliebig und nicht von heute auf morgen erweitern. Die Arbeitswelt ist nicht alles - und die Aufrechterhaltung eines demokratischen Systems hängt nicht nur von Gesetzen und abstrakten Institutionen ab, sondern von einer fein verästelten Alltagskultur, die mit Toleranz, Demokratie und Menschrechten kompatibel sein muss. Angenommen, eine wachsende Zahl von Menschen wollte den Staat wieder der Religion unterordnen, dann wären wir wieder bei einem ähnlichen Zustand wie vor den Religionskriegen, die Deutschland in der frühen Neuzeit verwüstet haben. Denn welche Religion sollte dann den Staat dominieren? Und was passiert mit den anderen? Wer dann das neue staatliche System nicht akzeptiert, der müsste sich eigene Absicherungen innerhalb des Landes schaffen, Grenzen innerhalb der Grenze eines Staates. Passiert das nicht schon längst auf einer unteren kulturellen Ebene? Und wird das nicht von starken Interessengruppen von »außen« her forciert? Haben reiche Ölstaaten nur in Entwicklungsländern radikale religiöse Gruppen gefördert – oder auch bei uns, ohne dass wir das gemerkt haben? Geld genug wäre dafür vorhanden. Man müsste in einem ersten Schritt nur genügend »künstliche Feindschaften« schaffen - und könnte dann als Retter, der endlich durchgreift oder mit welcher Ideologie auch immer als Friedensstifter auftritt. Kann sein, muss aber nicht.

Nur kurz zur offiziellen Hochkultur: Sie scheint in einer Sackgasse, reißt niemand wirklich vom Hocker; man wüsste kaum noch, wie man hier verfremden, schocken oder auch nur variieren kann. Es fehlt ein kultureller Anschub, wie ihn die Aufklärung, der Realismus, der Expressionismus, die Jugendkultur der 60er und 70er Jahre und all die anderen ideellen Ausdrucksformen des Bürgertums geboten haben. Wenn in früheren Zeiten das Bürgertum sich ideell von der herrschenden Schicht des Adels abgrenzen musste und dabei auf Menschenrechte und Demokratie setzte, auf höhere Werte, für die sich zu kämpfen lohnte, so fehlt dieser Kontrast heute. Eine Zeitlang hatte der Kommunismus in die Bresche springen müssen und den Gegner abgegeben, den Feind, gegen den man einig sein musste. Aber auch der ist nun weggefallen. Putins Russland ersatzweise als Feindbild aufzubauen, das würde vor allem Europa mehr schaden als nützen. Wahrscheinlich war es ein Fehler, Russland über die Expansion der NATO in eine Verteidigungshaltung zu zwingen – und am Ende auch noch die Ukraine aus der engen Bindung an Russland heraus zu drängen. Gerade wir Deutschen brauchen Russland und Russland braucht uns. Und die Ukraine wäre gut mit einer neutralen Position zwischen Ost und West gefahren, hätte man dort nicht gezielt den russlandfeindlichen Nationalismus angefacht.

Woher kommt heute die Suche nach der »eigenen« Kultur? Wohin kann diese Suche führen - und wie steht sie zu dem heute möglichen Stand der Zivilisation? Zunächst findet man diese Suche bei den verschiedenen Einwanderergruppen oder ganz generell und überall bei der jungen Generation, die in ihrer Sinnsuche noch offen ist. Wie z.B. bei deutschen Jugendlichen findet man aber auch bei Einwanderern keine einheitliche Kultur, sondern viele Kulturen, die sich nach Bildungsgrad, Religion, städtischem oder ländlichem Herkommen, nach Musikstilen usw. unterscheiden. Überhaupt sieht es heute so aus, als seien Stile das wichtigste kulturelle Merkmal, das Menschengruppen unterscheidet. »Stylish«, das ist bei der Jugend ein fester Begriff. Es geht nicht mehr um Ideologie oder ideologieähnliche Konstruktionen, bei vielen noch nicht mal um Religion. Könnte nicht auch das Kopftuch weniger ein religiöses Merkmal, sondern einfach nur ein Kontraststil sein, mit dem sich einige islamische Frauen genauso von einer angenommenen Mehrheitskultur abgrenzen, stylen, wie andere sich mit Piercing oder Tätowieren stylen und abgrenzen? (Bei uns sollten sich Frauen nicht vor den männlichen Blicken in der Öffentlichkeit verstecken müssen, so, als ob sie Angst davor haben, dass Männer ihre »tierische Seite« nicht zügeln können, sie anspringen oder begrapschen.) Da, wo alles in einen Einheitsbrei zusammenläuft, sucht man nach Differenzen, um sich einen Wert zu geben. Äußerlichkeiten wird auf einmal wieder ein hoher Wert zugestanden. »Style« ist ein eingedeutschter Begriff und wird in der Regel nicht im Sinne von »Stil« gebraucht. Es geht also nicht um kulturell geprägten »guten Geschmack«, sondern - etwas oberflächlicher - nur um eine Moderichtung. Könnte es nicht sein, dass die krampfhafte Betonung der kulturellen (und religiösen) Differenzen einfach nur zeigt, dass Kulturen heute generell weniger Tiefgang haben und man deshalb umso heftiger auf Unterschieden herumreitet, weil man die »Verluste« ahnt?

Was aber ist nur Kultur? Wie könnte man diesen Begriff heute definieren? Diese Frage sollte sich jeder einmal für sich selbst beantworten. Ein Versuch:

1. Kultur ist zum einen Überlieferung. Sie verbindet uns mit der Vergangenheit, mit unseren Vorfahren, unserer Sprache und Literatur, der Kunst- und Musikgeschichte, der Architektur, usw. Nietzsche nannte diese Art der Kultur- und Geschichtsbetrachtung »antiquarisch«. Sie ist wichtig als eine Art von »Rückendeckung«.

Der Respekt, der in früheren Zeiten älteren Menschen und ihrer kulturellen Überlieferung entgegengebracht wurde, ist heute nach meinem Eindruck – bis auf wenige Ausnahmen – weggefallen, da weniger generationenübergreifendes Orientierungswissen weitergegeben wird, wenn sich der Alltag und das Berufsleben immer rascher ändern. In Deutschland kommen hier noch einige Trends dazu, die diesen Eindruck verstärken: Zum einen die Abnahme christlicher Traditionen. Dann die immer noch anhaltende Debatte über den kulturellen Einbruch des Dritten Reiches. Und zuletzt die enorme Konkurrenz der auf Jugend und raschen Wechsel eingeschworenen elektronischen Medien.

Natürlich gibt es auf diesem Gebiet kleine, düstere Gegentrends aus der nationalistischen Ecke, aber auch romantische Fantasy- oder Black-Metal-Szenen, die den demokratischen Multikulturalismus für den Untergang des Abendlandes halten. Mutige und opferbereite Helden werden hier als Anführer zur Rettung der abendländischen Kultur gesucht oder vorgestellt. (Vgl. »Norwegen und sein Attentäter« von Remi Nilsen, und »Dunkle Wälder; Schädel und Skelette« von Evelyn Pieiler, in Le Monde diplomatique, Juli 2012, S. 6/7)

2. Kultur ist zum anderen geprägt durch das Netzwerk materieller und ideeller Beziehungen, in die wir täglich in unserer Gegenwart verwickelt sind: Das Dorf, der Stadtteil, die Arbeit, der Verein, der Freundeskreis, Radio, Fernsehen, Kino, Modewellen, Musikvorlieben, Computerspiele, soziale Netzwerke, »social games«, Konzerte, aber auch Religion und offene oder untergründige Weltanschauungen.

Mit der Vermehrung der kulturellen Angebote in diversen Sprachen und für eine Unzahl von Zielgruppen verlieren sich nationale Zusammenhänge. Kurzfristig dürfte dieser Trend Ängste vor dem Verlust an sinnstiftenden sozialen Identifikationen befördern. Langfristig erhöht sich dadurch das kulturelle Lernangebot – und kann, wie im Sportbereich bei den Olympischen Spielen 2012 in England, positiv gesehen werden.

3. Und zuletzt dürfte zur Kultur auch die für jeden Bürger relevante Frage gehören, was aus uns und der Welt in der Zukunft einmal werden soll. Ökologie, soziales Zusammenleben, all die kleinen und großen Entwürfe, die wir in den Pausen des Alltags, bei Familientreffen, unter Freunden oder bei Veranstaltungen immer wieder skizzieren und korrigieren: Was erstreben wir für uns selbst, was für die Familie, die Nachkommen, den Freundeskreis, den Verein, das Land oder für Gott und die Welt. Und dabei ist zu beachten: Wer die Jugend motivieren will, der muss vor allem den Blick nach vorne werfen, ein Ziel vorgeben. Toleranz allein reicht nicht. Toleranz ist ein **defensives Minimalziel** der Aufklärung.

Mit religiösen Traditionen im Hintergrund und den damit verbundenen Initiationsriten hatten wir bisher einen starken Helfer an der Hand. Das Leben auf der Erde, im »Diesseits«, galt vielen lediglich als Bewährungsprobe für ein besseres Leben danach; selbst wenn man nur halbherzig davon überzeugt war, hatte diese Idee doch etwas Beruhigendes und förderte ein wenig Großzügigkeit gegenüber den Mitmenschen. Die aktuelle Konsumkultur, die auf permanentes »Wachstum« ausgelegt ist, kann die Wirkung transzendentaler Vorstellungen nicht ersetzen. Sie fördert eher egoistisches Verhalten und wird m.E. zwangsläufig kollektivistische Gegentrends hervorrufen, die Gruppenerlebnisse versprechen. Mag sein, dass solche Erlebnisse vorübergehend verstärkt werden, wenn sie ein wenig geheimbündlerisch wirken.

Die europäische Kultur war lange Zeit geprägt vom Christentum, das aus dem Judentum hervorgegangen war. Utopische Vorstellungen von einer besseren Zukunft mussten sich immer daran messen lassen. Im 16. Jahrhundert führte die Religionsspaltung dazu, dass politische Konflikte und Herrschaftsansprüche bei der Bildung von Territorialstaaten religiös aufgeladen wurden, was in erster Linie »Deutschland« (dem »heiligen römischen Reich deutscher Nation«) geschadet hat, das leider zersplittert und geschwächt in der Mitte Europas die »Neuzeit« bewältigen musste. [...]

Staat und Religion entwickelten sich unter dem Einfluss der Aufklärung zu eigenständigen Systemen. Schon um mehr Steuern einzunehmen förderten absolutistische Staaten das Bürgertum, ließen Schulen und Akademien bauen und zwangen die Eltern, ihre Kinder in die neuen Schulen zu schicken. Innerhalb der Länder wurden die Verkehrswege ausgebaut. England und Frankreich hatten es da zunächst leichter als Deutschland. Auch wenn die innerchristlichen Konflikte nie ganz bewältigt wurden, so hat man sich doch innerhalb der neu aufgekommenen Staaten und Nationen mit den konkurrierenden christlichen Kirchen abgefunden. Religion blieb zentrale Orientierung für die Gewissensbildung, jedenfalls für die Mehrheit.

Auch die Aufklärung blieb vom Christentum geprägt, selbst innerhalb der Naturwissenschaften. Wie sehr dies unsere Identität geprägt hat, kann man daran erkennen, dass sogar der Kommunismus und der Faschismus, die beiden weltlichen Religionsersatzideologien, das Christentum nicht verdrängen konnten. Und ohne das Christentum im Hintergrund hätte man diese beiden weltlich begründeten Diktaturen dann auch nicht wegbekommen. Seien wir dankbar dafür, dass die USA als westliche Führungsmacht im Kalten Krieg keine atheistische Macht war wie die Sowjetunion. Mit einem »Verfassungspatriotismus« alleine hätten wir das faschistische Erbe nicht gegen ein demokratisches austauschen können. Das Christentum und – mehr als bei uns – die Bibel waren für die USA immer sehr wichtig zur moralischen Orientierung in dem Vielvölkergemisch. Es waren amerikanische Christen, die den deutschen Kriegsgefangenen Orientierung gegeben haben, die sie Bücher lesen und über die Demokratie diskutieren ließen. Und ist nicht die Versöhnung mit dem Feind eine christliche Idee? Diese Orientierung schien sich jenseits des Atlantiks zu verlieren, wenn man auf die letzten Kriege der USA schaut; sie wird aber auch durch andere Entwicklungen infrage gestellt.

Ich könnte mir vorstellen, dass die aus dem Sportbereich in immer mehr Lebensbereiche übergreifende **Wettkultur** sich mit den Entwicklungen beim anonymen Mobben, Stalken und Foltern von beliebigen Opfern verbunden hat. Also statt auf Ballspiele, Wrestling, Pferde- oder Autorennen kann man vermutlich heute auch darauf wetten, wie lange das Gewissen von Menschen Verlockungen von Geld- oder Sachleistungen widerstehen kann und wann ein Mensch sich darauf einlässt, einen beliebigen anderen anonym zu quälen. Macht jemand dies schon bei einem Kasten Bier? Muss man nur ihm oder ihr ein Smartphone oder ein Auto anbieten...? Braucht jemand dafür ein auf das »Opfer« zugeschnittenes Gerücht - oder geht es auch ohne? Gerüchte zu erzeugen, das ist heute ein Kinderspiel, jeder kann mit einfachen Mitteln Stimmen fälschen und Unterstellungen verbreiten: „Voice Cloning" wird immer billiger. Vielleicht, aber reicht allein der Spaß am anonymen Quälen ohne alle Zusatzreize?

Zieht man bei gewöhnlichen Menschen die Religion und Regeln wie z.B. die 10 Gebote ab, dann wird die Welt zu einer Ansammlung von Wetten: Was riskiere ich bei welchem Einsatz? Wo bleibe ich anonym? Wo riskiere ich, dass ein amoralischer »Einsatz« an die Öffentlichkeit kommt?

Wäre ein Wiederaufleben von Religion in der heutigen Zeit eine Lösung? Sollte man vielleicht zurück zu den Wurzeln der Religion und deren Lehre auf das heutige Leben übertragen? Der Versuch, die Bibel wörtlich auf alle heutigen Lebensprobleme anzuwenden, sie nicht immer wieder neu in eine mündliche Kultur zu verankern, scheint mir eher ein Ausdruck der inneren Orientierungslosigkeit als der einer besonderen Frömmigkeit zu sein. Genau diesen Fehler, diese kompromisslose Schriftgläubigkeit, machen uns ja die »Islamisten« mit der Funktionalisierung des Korans vor. In einigen islamischen Ländern war durch den Einbruch der westlichen Kultur und der kapitalistischen Konsumgesellschaft der Faden der mündlichen Überlieferung von Traditionen abgerissen. Und vor allem die mündliche Kultur schafft die Fähigkeit, Kompromisse einzugehen.

Durch eine enorm hohe Geburtenrate in Afrika und im arabischen Raum war zugleich eine Jugend entstanden, die kaum noch Arbeitsplätze im eigenen Land gefunden hat. Die landesinterne »Elite« erwies sich als korrupt und eher mit dem großen Geld aus dem Westen als mit der eigenen Jugend verbunden. Der Rückgriff auf den Koran - hauptsächlich durch naturwissenschaftlich gebildete und technokratisch orientierte »Fundamentalisten« - und auf die überlieferte Schriftlichkeit aus einer anderen Epoche der eigenen kulturellen Entwicklung verstärkte einen antiwestlichen Tunnelblick. Um sich den Rücken frei zu halten, den Hass der Enttäuschten auf andere zu lenken und vielleicht auch im Bewusstsein, das eigene Land doch letztlich verraten zu haben, förderten einige reiche Ölstaaten fundamentalistische Jugendbewegungen. Wenn aus der westlichen Führungsmacht heraus jetzt ebenfalls eine Art Tunnelblick gefördert wird, nur eben mit stark politisiertem Rückgriff auf die Bibel, dann ist das zwar ebenfalls verständlich, langfristig aber fatal. Jesus hat sich in das Getümmel des Alltags geworfen und gepredigt, er hat Öffentlichkeit geschaffen für Fragen des moralischen Verhaltens, die auch heute noch wichtig sind - und keine Geheimgesellschaften gegründet. Es ist die mündliche Kultur, die Kompromisse schafft, in Bücher kann man sich »vergraben«. Und ist es nicht die mündliche Kultur, die bei uns im Westen durch das allgegenwärtige und laute Gedröhne der Medien, die schnelllebigen Moden und den hektischen Dauerkonsum abstirbt? Wer schaut noch auf Mimik und Gestik der Menschen, wenn er vom Display eines Smartphones oder eines Tablets gefesselt ist? Wer hat noch die Zeit, über eine Katastrophenmeldung lange nachzudenken, wenn diese wie eine Unterhaltung angeboten wird, auf die gleich die nächste folgt? Wer hat noch Zeitfenster zum Nachdenken? Bestimmt nicht isolierte Arbeitslose. Vielleicht die »angry young men« aus Macho-Kulturen, die in Netzwerke integriert und von Hausarbeit und Kindererziehung entlastet sind? Überdrehte Narzissten, die den »Westen«, dem sie nicht selten eine gute Ausbildung verdanken, hassen (Vgl. »Die Lust am Bösen, Eugen Sorg, 2011) und dem sie nun Teile der Jugend abspenstig machen wollen?

Nach Gunnar Heinsohn sind es nicht hungerleidende arme Schlucker, die Aufstände anzetteln. Wer arm, ungebildet und ohne Perspektive leidet, der kann nur Mitleid erwecken, er – oder sie – wird in der Regel keine Systemfragen stellen und Umstürze in die Wege leiten. Das können nur die »angry young men«, wie sie Gunnar Heinsohn beschreibt: Sie sind gut genährt, einigermaßen gebildet, aber ohne Karrierechancen in der jeweiligen Gesellschaft. Zudem kommt noch ein Gefühl der Demütigung ins Spiel, das sich aus Kränkungen der verschiedensten Art ergeben kann. Kränkungen, die mit »dem Westen« oft nichts zu tun haben, aus innerislamischen Konflikten oder sozialen Ungerechtigkeiten in diktatorisch regierten Ländern stammen – für die man aber »den Westen« als Projektionsfläche für Unzufriedenheit anbietet. Dies zu bedenken gilt in der deutschen Öffentlichkeit als weltfremd, seit unsere geistige Welt durch den Blick zurück auf die Nazizeit verengt ist und alle Übel dieser Welt auf materielle Notlagen reduziert werden. Und diese materiellen Notlagen scheinen (noch) weit weg. Noch geht es eher um politisch lösbare Umverteilungsaktionen von oben nach unten, für die uns der Mut fehlt, obwohl selbst weitsichtige Millionäre solche Aktionen befürworten würden!

Diskutieren nicht viele Deutsche lieber über die gesundheitlichen Probleme ihrer Hunde oder ihrer Katzen als über die Zukunft ihrer Kinder oder die Situation nachwachsender Generationen? Und sorgen nicht politische »Korrektheit« und die Identitätspolitik für die diversen Untergruppen einer Gesellschaft dafür, dass essenzielle Entwicklungen, die für unser Überleben in Freiheit wichtig sind, nicht besprochen und damit nicht bedacht werden können? Sind es nicht die schönen Sonntagspredigten, die auch eine Mehrheit der Christen von eigener moralischer Überlegung entlasten?

Das hört sich heute für alle, die in einem zunehmend atheistischen Land aufwachsen, schon recht seltsam an. Wir sehen heute nur ein fest institutionalisiertes Gebilde um uns herum, ein Gebilde, das sich Demokratie nennt und auf der Marktwirtschaft beruht. Der Rest scheint beliebig. Vielmehr schien beliebig. Denn so ganz ist er dies nun auf einmal nicht mehr, wo doch seit einigen Jahren der Islam zu uns gekommen ist. Und da der sich in der Diaspora ein offensives Gepräge gibt, für Zusammenhalt in Einwanderungsgemeinden sorgen will, die westliche Freizügigkeit für ein Zeichen von Haltlosigkeit hält, da er vor allem vom reichen und konservativen Saudi-Arabien radikalisiert zu werden droht, aus all diesen Gründen scheint der Islam vielen bei uns bedrohlich zu werden. Dies vor allem, seit es einen innerislamischen Politisierungsdruck durch den »Terrorismus« von Al-Kaida und dem IS gibt, seit 2001 der Anschlag auf die Zwillingstürme in New-York und nun auch der von Ende 2015 in Paris den Westen aufgeschreckt haben.

Zurück zum Christentum? Das geht für viele nicht mehr, seit sie auf religiösem Gebiet zu Analphabeten geworden sind. Was dann? Den Islam multikulturell umarmen? Das geht auch nicht, denn ohne eigenen Standpunkt würde man nicht ernst genommen. Wer aber kann gegenüber einem überzeugten Moslem einen eigenen Standpunkt formulieren, der auf die Trennung von Staat und Religion rausläuft? Etwa diejenigen, die selbst dem eigenen Staat immer ferner stehen und auf »die Politik« nur hilflos schimpfen? Etwa die vielen – sehr unterschiedlich motivierten – »Wutbürger«? Offener als bei uns in Europa zeigt sich in den USA, wohin es führt, wenn Wutbürger aktiv werden. Der Vorteil dabei: Man kann auch gegensteuern, wenn man die Folgen davon sieht.

Alle religiösen Symbole in der Öffentlichkeit verbieten und damit auch den Islam in die Schranken weisen, das geht auch nicht, noch nicht einmal in Schulen, bei Fluggesellschaften und in öffentlichen Gebäuden. Und wer sollte dann kontrollieren? Etwa eine atheistische Religionspolizei, die Bußgelder verteilen darf? Selbst in einigen Verfassungstexten steht der Bezug zu Gott. (Damit könnten auch moderne

Moslems und Juden gut leben.) Und fast alle aufstrebenden Entwicklungsländer, die Mehrheit der Menschen, mit der wir es als Exportnation zu tun haben, sehen Religion als unverzichtbar an. Was tun?

Die Begrenzungen für alle Kulturen und die mit ihnen verbundenen Religionen liegen in der Beibehaltung der heute schon erreichten »Zivilisation«. Darin, dass alle die Grundrechte beachten und respektieren, die wir unserer Verfassung vorangestellt haben. Kulturen, die in antidemokratischen und intoleranten Traditionen (z.B. der »Blutrache«) verwurzelt sind, müssen bei uns auch durch ihre eigenen Eliten zu den Regeln der Zivilisation geführt werden, zu dem Minimum an gegenseitigem Respekt, ohne das keine Demokratie überleben kann. Dafür müssten hier, auf dem Boden des Grundgesetzes, auch nichtchristliche Religionslehrer ausgebildet werden, die auf Deutsch unterrichten. Überhaupt sollte es mehr Erzieher und Lehrer aus anderen Kulturen geben, die zum einen die deutsche Sprache beherrschen, die aber auch auf dem Boden unserer Verfassung stehen und Menschenrechte nicht nur zur Verteidigung expansiver Minderheiten ins Feld führen.

Neben der Religion prägen uns noch andere Lebensbereiche wie Mediengewohnheiten, der Sport, die Musik, der Film, Literatur. Das schwächt den Einfluss der Religionsgemeinschaften ein wenig dahingehend ab, dass deren Ideen weniger einseitig wirken und weniger zum Fanatismus taugen. Gerade in Literatur und Film bekommen wir viele Anregungen aus neu hinzugestoßenen Kulturen und fremde Kulturen sind gezwungen, sich mit unseren Überlieferungen auseinanderzusetzen. Nichtchristliche Religionen bieten für die Produzenten von Kultur, die bei uns in einer neuen Umgebung sind, enorme Potentiale durch Konfliktstoffe, die zu thematisieren sind. Ein gutes Beispiel ist die noch jugendliche Melda Akbas, deren Buch »So wie ich will. Mein Leben zwischen Moschee und Minirock« ja zu Recht allenthalben empfohlen wurde. Man kann also in verschiedenen Religionen unterwiesen sein - und dann in einer neuen Umgebung zuvor ungeahnte Herausforderungen erleben - oder ganz einfach mit einem Kumpel aus einem anderen Kulturkreis dem gleichen Hobby frönen. Morgens ist jemand Chef einer deutschen Firma oder einer Arbeitsgruppe - und abends ist er nur gleichberechtigtes Mitglied einer (auch religiös) gemischten Freizeitgruppe. Identitäten können sich verschränken, z.B. durch Heiraten. Darin liegt eine Chance für die Entwicklung einer multikulturellen Demokratie. Haben wir die Geduld, die Chance zu nutzen?

Eine Alternative wäre der Rekurs auf eine Position der frühen Aufklärung: Ein neuer »Leviathan« als Zwangsstaat, der die streitenden Parteien mit übermächtiger Gewalt zwingt, gleiche Rechte für alle zu akzeptieren. Wer aber sollte oder könnte diesen Leviathan aufrichten, der das Internet kontrolliert, Korruption bekämpft, Terroristen früh aufspürt und umerzieht, »Political Correctness« erzwingt usw. usf., solange, bis auch der letzte Bürger von selbst akzeptiert, dass alle gleichberechtigt sind und alle sich für das Gemeinwohl einsetzen müssen?

Gibt es vielleicht schon Gruppierungen, die von so einem Zwangsregime träumen, das zugleich mit einem Elitenwechsel verbunden ist? Sollte es etwa eine Neuauflage des »Osmanischen Reiches« sein, von dem man vor einiger Zeit Leute auf schwärmerische Weise reden hörte? Ein Reich, das den Juden gegenüber angeblich toleranter gewesen sein soll, als das früher oft die Christen waren? Ein Reich, das von einer fest zusammengeschweißten Volksgruppe aus gesteuert wurde, die im arabischen Raum so lange im Schutz- und Wehrbereich gedient hatte, bis sie stark genug war, die Macht zu übernehmen und die zerstrittenen Araber 600 Jahre lang zu beherrschen? Schreit da etwa einer »Stopp! So was denkt man nicht!« Gerade weil der Gedanke schon so oft und vorschnell als Witz oder Ironie aufgetaucht ist, muss er doch nicht gleich wieder weggedrückt werden. So abwegig ist er doch gar nicht in unserem zerstrittenen Europa. Dazu ein Blick zurück in die Literatur der 50er Jahre, als es darum ging, die doch eigentlich vorhersehbaren Ungeheuerlichkeiten des Nationalsozialismus und des Stalinismus aufzuarbeiten: »Biedermann und die Brandstifter« von Max Frisch. Der intelligentere der beiden Brandstifter mit Namen Eisenring fasst zusammen: »Scherz ist die drittbeste Tarnung. Die zweitbeste: Sentimentalität [...] Aber die beste und sicherste Tarnung (finde ich) ist immer noch die blanke und nackte Wahrheit. Komischerweise. Die glaubt niemand.«

In unübersichtlichen Lagen, in Situationen, in denen die alten Eliten an Überzeugungskraft verlieren, da kann man leicht versucht sein zu denken, die geschichtliche Entwicklung laufe auf einen zu. So nach dem Prinzip: »Uns gehört die Zukunft!« Und wieso nicht wieder »Reiche« statt Nationen, wenn es doch um das Zusammenleben mehrerer ethnischer Gruppen unter einem Dach geht? War das Habsburger Reich nicht jahrhundertelang friedlich? War das Osmanische Reich nicht jahrhundertelang tolerant? Hat es nicht die vielen zerstrittenen Völker unter einer ethnisch und religiös bestimmten Vorherrschaft zusammengehalten? »Ungläubige« zahlten Abgaben und wurden geschützt, es war eine Art »Beuteökonomie«. Wie überholt eine Neuauflage des Osmanischen Reiches heute wäre, das hat Daron Acemoglu 2013 in »Warum Nationen scheitern« (FfM, 2013) gut beschrieben. Es scheiterte daran »**inklusive Institutionen**« zu schaffen, Institutionen, die es allen Bürgern ermöglichen, an den für sie entscheidenden Vorgängen wie auch immer teilzunehmen, die wirtschaftlichen Eingriffe zu verstehen, an öffentlich zugänglichen Schulen (unabhängig von der Herkunft) zu lernen, d.h. sich zu integrieren. „Extraktive Institutionen" sind das genaue Gegenteil. Sie ermöglichen einer Minderheit, sich auf Kosten der Mehrheit zu bereichern, sie tendieren dazu, zum Selbstzweck zu werden, sie verhindern Fortschritt und sind die Hauptursache für das Scheitern von Staaten.

Vielleicht ist eine solche Reichsidee auch nur eine Art kompensatorischer Traum von einer besseren sozialen Stellung für Gruppen, die sich benachteiligt fühlen, der Traum von einer Stellung, die einem schon per Geburtsrecht eine überlegene Position zuweist. Allein der Blick auf die Wirtschaft zeigt aber, dass gut ausgebildete Menschen mit Migrationshintergrund bei uns auf solche Gedanken nicht angewiesen sind. Ein gutes Beispiel ist die Firma Biontech in Mainz mit dem Paar Sahin/Türeci. Aber auch andere Firmengründungen liefern Grundlagen für eine ähnlich positive Erzählung. Bildung und Ausbildung sind heute zentrale Mittel, um die Bindungskräfte in einer Gesellschaft mit Menschen aus verschiedenen Kulturen zu stärken. Um Menschen zu motivieren, braucht man aber auch Erzählungen, braucht man »Geschichten«.

Einen Elitenwechsel hat es jedoch schon oft in der Geschichte gegeben. Nicht immer »systembedingt«, oft auch durch ganz normale »Verschwörungen« nachrückender Eliten. Verschwörungstheorien waren lange Zeit bei uns verpönt. Mit Recht! Denn wie z.B. die angebliche »jüdische Weltverschwörung« gezeigt hat, wurden sie oft benutzt, um Menschen gegeneinander aufzuhetzen und Pogrome zu starten. Dennoch hat es in der Geschichte immer wieder reale Verschwörungen gegeben, wie z.B. der Aufstieg von Stalin zeigt, der mit Lug und Trug die Macht im Staate an sich zog und fast alle alten Genossen aus der Lenin-Zeit umbringen ließ. Und in mafiösen Organisationen oder Diktaturen mit clanähnlicher Oberschicht gibt es Machtwechsel fast nur durch Verschwörungen. Der Gedanke daran ist dort systemimmanent. Und vielleicht sind heute einige der absurden Verschwörungstheorien absichtlich gestreut, um von eigenen

Verschwörungsfantasien abzulenken, ja den Gedanken daran sofort zu desavouieren?

Aus Verschwörungen oder putschistischen Machtwechseln ist aber selten eine Verbesserung für die Menschen herausgesprungen. Es handelte sich meist um einen einfachen Elitentausch. Und die neuen Eliten mussten ihren Helfern nach dem Sieg Tribut zahlen, was wiederum den Niedergang des neuen Regimes schon ankündigte: Korruption war wichtiger als fachlich begründete Konkurrenz... Auf diesem Gebiet sollte man sich heute gedanklich nicht mehr so viele Tabus auferlegen. Gerade wer »Verschwörungen« ganz aus dem Blickfeld der Politik sperrt, der übersieht vielleicht wichtige Entwicklungen. Die Mehrheit lebt von Geschichten, von einfachen Geschichten – und die wirklich guten Verführer wissen das.

Denkbar wäre auch eine Art Erziehungsdiktatur auf Zeit, bei der man die Gleichgesinnten in den USA, den europäischen Ländern, in Israel und der Türkei in ein neues Herrschaftssystem mit einbezieht? Wie in einem Computerspiel? Man gewährt Vorteile und steuert die Menschen so ähnlich wie in einer »Skinner-Box«, einem dieser Käfige, in denen der Verhaltensforscher B.F. Skinner in den 30er Jahren Ratten und Tauben mit Futter als Belohnung auf bestimmte Lernziele getrimmt hat. Das Fachwort dafür heißt »Operante Konditionierung«. Medienwissenschaftler untersuchen schon lange das Verhalten der Spieler von »social games«. Und man wundert sich, wie leicht sich Menschen manipulieren lassen, und das selbst dann, wenn sie die Mechanismen der Manipulation durchschauen. Und jeder, der mitspielt, lässt sich freiwillig überwachen. Die Überwachung funktioniert aber nicht nur in den abgeschlossenen Räumen der Spiele. Die technischen Mittel zur Überwachung des Alltags hätte man längst, um herauszubekommen, wer wann und auf welche Weise bestechlich ist, wer wofür anfällig ist.

»Nudging«, auf Deutsch »schubsen«, nennt man ein Konzept, das auf die amerikanischen Professoren Richard Thaler und Cass Sunstein zurückgeht. Beide arbeiten für die britische und die US-amerikanische Regierung. Nudging ist ein Konzept, das Menschen wie in einem Laborversuch in die gewünschte Richtung schubsen soll: Ehrlichkeit bei der Steuererklärung, richtiges Verhalten im Straßenverkehr usw. Das hört sich im ersten Moment recht gut an. Aber es ist ein Modell, das von Grund auf manipulativ ist und all die Datenmengen, die heute verfügbar sind, auch dem Missbrauch freigibt. Und vor allem können Gegner des demokratischen Systems mit ein bisschen

Verstellung ebenfalls an diese Daten kommen oder die Methode übernehmen.

Jugendliche zu ködern, dafür würde sowohl das Geld als auch die ideologische Ausrüstung reichen, die z.B. in den USA oft antistaatlich ist, vor allem eine gehörige Portion Verachtung für unser europäisches Verständnis von Staat enthält. Solange die Sowjetunion noch da war, hat sich diese Haltung nicht negativ für uns ausgewirkt, weil wir Frontland waren und gebraucht wurden. Möglicherweise lässt sich der Zusammenhalt des Westens aber neu definieren, wenn die Differenz zum politischen System Chinas deutlicher wird. Schließlich gibt es immer noch viele gute Verbindungen zwischen Deutschen und US-Amerikanern. Und schließlich haben wir Deutsche selbst sehr viel Positives von den Amerikanern gelernt und sehen, wie sie Fehler, die ihnen unterlaufen, auch immer wieder in den eigenen Reihen kritisieren, d.h. Selbstkritik üben. Eine Haltung, die in einer Demokratie unerlässlich ist. Abwegig wäre der Gedanke an den Aufbau eines neuen »Leviathan« jedoch nicht. Die Fliehkräfte in unseren multikulturellen Gesellschaften sind beinahe zu groß, um mit demokratischen Mitteln gegenzusteuern.

Sollten man heute stärker auf die Geheimdienste und den Antiterrorkampf bauen? Die im Juli 2010 unter dem Titel »Top secret America« von der »Washington Post« veröffentlichten Daten lesen sich jedoch phasenweise wie eine Satire auf einen ziemlich unproduktiven und korrupten Antiterrorkomplex, in dem Milliarden an Staatsgeldern verpulvert werden, die dem produktiven Teil der Gesellschaft dann letztendlich fehlen. Aus der Sicht von terroristischen Organisationen oder von Staaten, die sich nicht eindeutig auf »den Westen« festlegen wollen, böte es sich doch an, in dieses Monstrum einzudringen und »den Feind« von innen her zu schwächen. Zumindest könnte man sich das technische Wissen, das dort vorliegt, aneignen. Und ich fürchte, man würde es im noch demokratisch kontrollierten Teil der Sicherheitsapparate nicht einmal merken...

Um den erreichten Stand der Zivilisation zu erhalten, sind die Eliten der Geheimdienste und der Sicherheitsdienste der falsche Ansprechpartner. Sie sind die Vertreter des modernen »Massenmenschen«, der die Zivilisation hinnimmt, aber in allem so tut, als sei diese Zivilisation eine Selbstverständlichkeit und man könne nebenher auch nach asozialen Normen leben. In der Not auf sie zu bauen und sie mit dem Hinweis auf die Gefahrenlage weniger zu kontrollieren, das wäre mehr als kontraproduktiv. Es würde Gefahren beschwören, wie sie bereits Ortega y Gasset in seinem berühmten Werk aus dem Jahre 1930 »Der Aufstand der Massen« beschrieben hat, wie sie aber auf den heutigen »Massenmenschen« noch viel eher zutreffen als auf den der 20er und 30er Jahre des letzten Jahrhunderts: »Der Massenmensch glaubt, daß die Zivilisation, in der er zur Welt kam und die er benutzt, ursprünglich und selbstverständlich ist wie die Natur, und wird ipso facto zum Primitiven. Die Zivilisation stellt sich ihm als Urwald dar. [...]

Vorgerückte Zivilisation ist gleichbedeutend mit harten Problemen. Darum ist der Fortschritt je größer, umso gefährdeter. Das Leben wird immer angenehmer, aber immer verwickelter. Es ist klar, dass sich mit der wachsenden Kompliziertheit der Probleme auch die Mittel zu ihrer Lösung vervollkommnen. Aber jede neue Generation muss sich in den Besitz dieser verfeinerten Mittel setzen. Unter ihnen nennen wir - um etwas konkreter zu werden - eines, das trivialerweise mit dem Vorrücken der Zivilisation verbunden ist; es besteht darin, daß sich hinter ihr Vergangenheit anhäuft, Erfahrung, mit einem Wort Geschichte. Historisches Wissen ist eine Technik ersten Ranges zur Erhaltung und Fortsetzung einer gereiften Zivilisation. Nicht weil es positive Lösungen für die neuen Konflikte des Lebens lieferte - das Leben ist immer wieder anders, als es war -, sondern weil es verhindert, dass die naiven Irrtümer früherer Zeiten wiederbegangen werden. Aber wenn man, nicht genug damit, daß man alt ist und das Leben schwieriger zu werden beginnt, das Gedächtnis verloren hat und keinen Gewinn aus seinen Erfahrungen zieht, so ist alles verloren. Und in dieser Lage, glaube ich, ist Europa. Die gebildetsten Zeitgenossen leiden an einer unglaublichen historischen Ignoranz. Ich behaupte, daß der führende Europäer von heute weit weniger Geschichte weiß als der des 18., ja des 17. Jahrhunderts.« (Ortega Y Gasset, Der Aufstand der Massen, 1930 / 2002, DVA, Stuttgart/München, S. 92-94) Es lohnt sich, gerade heute das Werk des begeisterten Europäers Ortega Y Gasset noch einmal zu lesen, nachdem seine Befürchtungen ja wahr geworden sind und der »Massenmensch« sich gehörig ausgetobt hat. Das große Ziel dieses spanischen Philosophen war ein vereinigtes Europa als liberaler Rechtsstaat. Vielleicht sind wir heute - gerade wegen der Schuldenkrise - diesem Ziel näher als wir es auch nur ahnen. Notlagen zwingen bisweilen zu radikalen Lösungen. Vielleicht wären die »Vereinigten Staaten von Europa« ein langfristiges Ziel, für das sich die Jugend in die Bresche werfen würde? Vielleicht könnte dabei auch die jetzt zugewanderte Jugend, endlich einer korrupten Diktatur entflohen, einen erheblichen Beitrag leisten - und dabei ein Gemeinschaftsgefühl entwickeln, wie es heute noch zu fehlen scheint. Nur der kraftvolle Blick nach vorne kann uns retten und von internen Feindschaften fernhalten, wie sie von den »Tiefenstaaten« ausgehen. Aber haben wir dafür das politische Personal?

Power?

In Deutschland gibt es – wie in ganz Europa – zahlreiche »Parallelgesellschaften«, die untereinander diverse personelle Verbindungen zeigen, aber auch gravierende kulturelle Unterschiede aufweisen. Da gibt es einmal, um auf einem einfachen Niveau anzufangen, die »Gesellschaft« der Fußballfans mit ihren Zuordnungen zu Vereinen oder zu Ländermannschaften. Dann die diversen ethnischen Gruppen, die intern sprachliche und kulturelle Bindungen aufweisen, aber auch vom jeweiligen Bildungsgrad her mit gleichartigen deutschen Schichten zusammenhängen. Mehrheitlich sind die meisten »Parallelgesellschaften« heute noch rechtsstaatlich orientiert, selbst die religiös- oder finanzmarktorientierten Sondergruppen. Als Ausnahmen könnte man hier aber die sich zunehmend von staatlicher Lenkung emanzipierenden Geheimdienste sehen, die im Antiterrorkampf eine nie zuvor gekannte Stärke außerhalb der staatlichen Kontrolle gefunden haben. Macht ist immer in Gefahr, sich zu verselbständigen, wenn sie nicht öffentlich kontrolliert wird. Und am wenigsten öffentlich kontrolliert sind nun mal die Geheimdienste. Und wie schnell und leichtfertig sie ganz »pragmatisch« mit mafiösen Gruppen zusammenarbeiten, die ja ebenfalls Angst vor fanatischen Systemgegnern haben müssen, das hat sich in der Geschichte nur allzu häufig bewiesen. Wer hier im Hintergrund mit wem koaliert, ist schwer durchschaubar – genauso wenig wie man absehen kann, wer in welcher Koalition auf Fehler der anderen wartet, um eine neues Machtspiel zu beginnen. Einmal angenommen, man sähe in Europa das »schwächste Kettenglied« innerhalb der westlichen Demokratien? Einmal angenommen, man wollte die Mitte Europas destabilisieren. Wie würde man das machen? Wen würde man zuerst korrumpieren? Das sollten sich unsere Geheimdienste, soweit sie noch unabhängig agieren können, einmal fragen.

Würde man die aufrechten Demokraten gegen die Bestechlichen auf seine Seite ziehen – oder die leicht Bestechlichen, die »Mitläufer« gegen die überzeugten Demokraten? Wahrscheinlicher wäre die zweite

Variante. Vor allem, wo wir in Europa zurzeit fast ohne eigene Identität dastehen, von Selbstzweifeln und Absturzangst geplagt sind. Große Teile der Bevölkerung haben den Glauben an die Fähigkeiten der Eliten verloren und die Eliten selbst erweisen sich immer häufiger als korrumpierbar, ohne Gespür für die Auswirkungen der Aufspaltung der Gesellschaft in Arm und Reich, die in langen Friedenszeiten offensichtlich unvermeidbar scheint. (Der Ex-Kanzleramtsminister Ronald Pofalla wird nicht das letzte Beispiel bleiben) Und wie leicht kann man heute mit läppischen Gerüchten, die unter die Gürtellinie gehen, die Wut der Menge gegen einzelne richten, kann die noch Redlichen von der Menge isolieren und, so wie es Raubtiere bei der Jagd machen, sie dann einzeln ausschalten. Das funktioniert nach dem Verhaltensmuster der Boulevardpresse, mit Gerüchten, wie man sie im Extrem in Großbritannien vorfindet. Rupert Murdoch war und ist mit Sicherheit ein Vorbild für viele Medienmogule, auch wenn sie nicht immer so weit gehen wie dessen Satrapen. Aber wenn es gelingt, die Hetze gegen einzelne klandestin, also heimlich durchzuführen, dann würden sicher noch viel mehr Leute mitmachen und weitergehen als die Medienmacher von Rupert Murdoch. Wenn das nachideologische Zeitalter, das Zeitalter nach dem Ende des Kommunismus und dem Wegfall der Reste einer emphatischen Aufklärung der Jugend heute eine ideelle Orientierung bietet, dann liegt diese Orientierung in der geistigen Rückbesinnung auf einen Theoretiker wie Machiavelli, eine Rückbesinnung wie sie Robert Greene vollzogen hat. In seinem Buch »Power« geht es um das Gewinnen von Macht und Einfluss in allen Lebenslagen, ohne Rücksicht auf moralische Bedenken oder Skrupel. Alles erscheint als ein Taktieren und Lavieren um das kleine oder große Spiel um Macht und Einfluss, ein universaler Sozialdarwinismus scheint wieder attraktiv. Das große Spiel mit wechselnden Bündnispartnern, »The great game«, das in der globalen Unterwelt zum Normalfall geworden ist (Siehe: M. Glenny, McMafia, 2009) breitet sich zunehmend in der Welt der Rechtsstaaten aus und unterhöhlt diese. Wie am Ende des 19. Jahrhunderts und vor dem Ersten Weltkrieg kennen viele Spieler nicht mehr die Wichtigkeit der offiziellen Spielregeln – und irgendwann wird man »das große Spiel« auch diesmal nicht mehr beherrschen. Ein kleines unerwartetes Ereignis, vielleicht ein Zufall, kann wie 1914 den Anstoß geben, die Geschichte in eine andere Richtung zu lenken.

Für diejenigen, die nicht zum Mitläufer taugen, wird es heute langsam eng, vor allem wenn sie auf die Gefährlichkeit der Lage hinweisen.

Sie werden als einzelne »gestalkt«, werden mit billigen persönlichen Kränkungen gedemütigt, isoliert und für das Heer der Mitläufer als »böse« oder als »schwach« präpariert. Was aber am besten zu ziehen scheint, das ist die persönliche Verunglimpfung über die Verbreitung von Gerüchten aus der Mottenkiste des »human interest«. Die Gerüchte müssen nur »wahrscheinlich« sein, wahrscheinlich gemacht werden. Je kleinkarierter, desto wirksamer. Das Stalken und Demütigen ist nun einmal zum heimlichen Gesellschaftssport geworden – und das nicht nur bei Kindern und Jugendlichen, wo man es sehr gut im Internet beobachten kann. Ist es nicht faszinierend zu sehen, wie selbst die größten Trottel, gerade noch Fußabtreter für andere, ängstlich und unsicher, plötzlich ganz real aufleben, wenn sie ein Opfer unter sich sehen, auf das sie ohne Skrupel treten können? Ist es nicht faszinierend zu sehen, wie heillos zerstrittene Paare plötzlich wieder zusammenkommen oder zumindest weniger keifen, wenn sie einen gemeinsamen »Gegner« geliefert bekommen. Und was für ein Spaß erst für die Manipulatoren, wenn sie sehen, wie ihre Abrichtung funktioniert, wie sie Erfolge zeitigt ähnlich wie bei guten Hundedresseuren. Schadenfreude ist heute für viele zu einem Hauptspaß geworden, sie ist »der Speck, mit dem man Mäuse fängt«.

Und noch ein anderer Trendwechsel scheint heute wirksam zu werden. War es bisher üblich, Leistungssteigerung im allgemeinen Konkurrenzkampf über chemische Mittel, Doping aller Art einzusetzen (nicht nur im Sport), so scheint sich jetzt eine neue Art des Konkurrenzkampfes auszubreiten: Man schädigt den Körper des Konkurrenten. Die über lange Zeit gesammelten Erfahrungen aus Militär und Geheimdiensten sickern allmählich hinein in die Gesellschaft, wo sich z.B. über das Massenphänomen »Mobbing« ein dankbarer Anwenderkreis gefunden hat. Vor allem nach 1990, nach dem Wegfall des Kommunismus, hat sich hier ein weites Feld entwickelt, auf dem sich überflüssig gewordene Geheimdienstler ein neues Betätigungsfeld geschaffen haben. Man schwärzt eine unliebsame Person genau dort an, wo sich eine wunde Stelle im »Ehren«- oder Angstkorsett der potentiellen Hilfstruppe zeigt. »Von dem und dem gehen große Gefahren für euch aus!« Oder: »Der hat euch beleidigt!« Oder, mal ganz anders: »Der ist zu lasch, der ist zu gutmütig!« Und schon erledigen andere den Job der Rache, den man sich selbst sparen will – oder es leben einige einfach das Gefühl von Macht aus, das man beim folgenlosen Schädigen von Mitmenschen bekommen kann. Und genau hier kommen die Techniken aus der Folterforschung zur Geltung:

Man kann heute Menschen auf verschiedene Weise so »präparieren«, dass sie zuerst längere Zeit mit einer Kombination von toxischen und harmlosen Stoffen vorbehandelt werden. Die Opfer spüren das nur als leichte Entzündungsreaktion in den Bronchien oder in den Augen. Und dann kann – nach einer gewissen »Inkubationszeit« - jeder, der Lust hat und dem man den nicht-toxischen Stoff zur Verfügung stellt, das ausgedeutete Opfer schädigen und mit dem harmlosen Stoff eine Art Schockreaktion im Körper des anderen auslösen. Es reicht, mit einem präparierten Taschentuch, einem Schlüsselbund oder was auch immer den »Duftstoff« zu verbreiten – und schon bringt man dem präpariertem »Opfer« Schmerzen bei. Das ist dann zwar harmloser als das Verhalten vieler Mitläufer im Dritten Reich, aber es ist im Prinzip die gleiche Reaktionsweise. Anders als im Dritten Reich kann man hier sowohl künstliche als auch natürliche Toxine über lange Phasen an verschiedenen Personen ausprobieren und weltweit Erfahrungen sammeln. Gefangenenlager oder Gefängnisse waren lange Zeit ein gutes Übungsfeld, jetzt kann man dazu übergehen, auch in der Zivilgesellschaft von Rechtsstaaten seine Experimente zu machen.

Natürlich würde jeder Sportsfreund aufschreien, wenn er wüsste, jemand aus seinem Team oder sein Favorit in irgendeiner Sportart würde vom Gegner so behandelt, dass er nicht gewinnen kann. Aber könnte das nicht in den aktuellen Trend des Mobbings oder Netzwerkstalkings passen? Man braucht nicht mehr zu dopen, man braucht nicht mehr das Risiko eingehen, beim Doping erwischt zu werden und dann Schimpf und Schande über sich zu sammeln – so wie der Radprofi Lance Armstrong. Nein, man macht den Gegner einfach runter, indem man seine Besten mattsetzt. Je mehr bei diesem Spiel im normalen Alltag mitmachen, um unliebsamen Mitbürgern Schmerzen beizubringen, desto weniger wird es auch im Sport auffliegen, denn dem Heer der Mitläufer sind nun die Hände gebunden. Nicht nur leistungsmindernde Stoffe, die z.B. über die Atemwege aufgenommen werden, sind hier einzusetzen. Gerade die Warner vor Handystrahlen haben durch eine wütende Art der Aufklärung genügend Stoff für Experimente im Bereich der Mikrowellenstrahlen geliefert. Ich erinnere mich an Aufklärungsschriften und gut gemeinte Hinweise von Experten, von Physikern, die darauf hingewiesen haben, dass auf ganz bestimmte Weise Menschen sensibilisiert werden können, empfindlich auf gepulste Strahlungen im Mikrowellenbereich zu reagieren.

(In Bayern hatte die Telekom vor einigen Jahren, vermutlich ohne die Folgen zu ahnen, Funkmasten aufgestellt, die ein ganzes Dorf durcheinanderbrachten und deshalb ausgetauscht oder auf andere Frequenzen eingestellt werden mussten.

Siehe dazu auch: http://www.iddd.de/umtsno/recht1.htm   oder: http://www.sauberer-himmel.de/2013/06/07/dokumentarfilm-mobilfunk-die-verschwiegene-gefahr/)

Die Empfindlichkeit lässt sich allmählich steigern – wird aber wieder abgebaut, wenn man über längere Zeit der Bestrahlung nicht mehr ausgesetzt ist. Also ganz wie bei den toxischen Stoffen kann auch bei den unsichtbaren Wellen ein Potential an willkürlich eingesetzter Folter erreicht werden, das bei der Hetzjagd auf »Opfer« nützlich wird. Und dreimal darf man raten, wer hier sofort darauf anspringt! Was würde oder könnte die Wettmafia nicht alles erreichen, wenn sie diesen neuen Foltermarkt für ihre Zwecke einsetzt? Sie bräuchte keine Schiedsrichter oder Spieler mehr bestechen, um bei Wettspielen zu gewinnen. Sie könnte bei zunehmender Miniaturisierung der Geräte, die ja heute schon in einen größeren Rucksack passen, im Stadion bestimmte Spieler der Gegenmannschaft attackieren, so wie vor einiger Zeit in Hoffenheim die rüpeligen Fans einer Gegenmannschaft mit harmlosen Schallwellen attackiert worden sind. Niemand würde sterben, aber der Zweck wäre trotzdem erreicht. Es geht hier um die Entwicklung nicht-tödlicher Waffen, wie sie heute – bis auf Zonen rückständiger Diktaturen - weltweit ausprobiert werden. Nach einigen tödlichen Zwischenfällen in der Anfangsphase weiß man heute weitgehend, wo die Schmerzgrenze liegt und bei welcher Intensität die tödliche Dosis bei der Anwendung neuartiger Folterwaffen beginnt. Wie leicht kann ein leistungswilliger Sportler in eine Depression getrieben werden, wenn er einfach nicht begreift, wieso sein Körper plötzlich streikt. Man greift da ein, wo sowieso immer wieder Ausfälle im Leistungssport stattfinden – nur jetzt mit leichter Unterstützung durch die Mittel einer Folterindustrie. Die Phase, in der es vor allem um alleinstehende ältere Frauen oder isolierte Sozialhilfeempfänger ging, bei denen sowieso alles möglich schien, ist vorbei. Hier hat sich seit den 90er Jahren eine Spezialisten-Szene entwickelt, auf die sich in Zukunft das Interesse von Anonymous-Gruppen richten sollte. Noch ist die Angst zu groß, in Abgründe zu blicken, die das aktuelle Vorstellungsvermögen weit überschreiten. Wie sollte man hier Einhalt schaffen wollen, wenn man selbst riskiert, in die Schusslinie zu kommen? Das Thema ist für die meisten zu groß und zu wenig greifbar. Denn es sind nicht Bösewichte in der Finanzwelt oder böse Kapitalisten, die auf diesem Feld wirken. Es sind normale, aber von der Zivilisation und dem Rechtsstaat unkontrollierte, radikalisierte Spießbürger, die hier ihren Größenwahn ausleben. Vor allem feige Menschen, Menschen, die sich gerne in einer Meute verstecken, werden vermutlich angezogen. Menschen, die früher auf einen »kleinen Hitler« gehofft haben, Menschen, die »geht doch nach drüben« gerufen haben, als es noch den Kommunismus gab, und nach der Wende solche, die dem Kommunismus als rigidem Ordnungssystem nachtrauern, werden vermutlich leicht in den Täterkreis dieses »Circle of paine« gezogen. Aber die Rädelsführer werden wohl aus den Kreisen der OK kommen, aus Kreisen, die sich gerne Masken aufsetzen und heute wenig kontrolliert werden. Vermutlich sind diese Kreise auch besonders attraktiv für Psychopathen und latent sadistische Menschen, wie sie Lydia Benecke in ihren Büchern »Auf dünnem Eis. Die Psychologie des Bösen« (Köln 2013) und »Sadisten« (Köln 2015) recht anschaulich und mit vielen Beispielen beschreibt. Gerade das Versprechen, dass nichts herauskommen könne, weil so viele schon mitmachen und wichtige Schaltkreise des Rechtsstaates blockiert seien, erleichtert es latent psychopathischen Sadisten, die sich normalerweise mit einer privat konstruierten »Ethik« vor dem Abgleiten ins Kriminelle schützen, jetzt bei scheinbar erlaubten Folteraktionen mitzumachen. Wie auch ganz »normale« Menschen brutalisiert werden können, hat in extremer Form das »Reserve-Polizeibataillon 101« bewiesen, in dem rund 500 Arbeiter und Angestellte 1942 im besetzten Polen zu brutalen Mördern wurden. (https://de.wikipedia.org/wiki/Reserve-Polizei-Bataillon_101)

Edward Snowden hat sicherlich das Bewusstsein geschärft für die Potentiale einer weltweiten Überwachung aller persönlichen Daten. Aber das ist nur der erste Schritt in die richtige Richtung. Die nächste Hürde ist höher, da sie das Vorstellungsvermögen der Mehrheit noch weiter überschreitet. Ein einfaches Beispiel aus der näheren Umgebung: Zwölf Jahre, bevor das Entsetzen über die Verbrechen des sexuellen Missbrauchs in der Odenwaldschule die Öffentlichkeit erreichte, waren diese Verbrechen im Grunde dem Regierungspräsidium und den Medien bekannt. Dennoch gab es keine Reaktion. Dazu Bernhard Bueb in »die macht der ehrlichen«: »Ich kann mir diese Untätigkeit aller – die Medien blieben stumm, die hessische Regierung handelte nicht – nur dadurch erklären, dass viele das Undenkbare nicht denken wollten. Das, was geschehen war, lag weit außerhalb unseres Vorstellungshorizonts.« (S.47)

Vielleicht denken bereits einige Funktionäre des Rechtsstaates, mit einigen Teilen der Tiefenstaaten könnte man Kompromisse schließen, die kriminelles Handeln begrenzen oder dem Rechtsstaat zumindest Informationen über den modernen Terrorismus liefern, an die man sonst nicht rankommen würde. Die staatlichen Mittel bei Polizei und Geheimdiensten wurden jahrelang gekürzt, neue Probleme kommen dazu – und man versucht sich in der Not irgendwie zu helfen, holt sich Informationen, die aus der rechtsstaatlichen Perspektive unerreichbar wären. Wer sich allerdings mit den Anführern der Organisierten Kriminalität auskennt, der sollte wissen, dass krankhafte Narzissten prinzipiell keine Kompromisse kennen. »Kompromisse« sind für sie nur Teil eines taktischen Spiels, das die eigene Macht schrittweise erweitern soll. Sie zeigen, dass der Gegner nachgibt, wenn genug Druck aufgebaut wird. Radikale Narzissten anerkennen keine Begrenzungen in ihrem Denken; sie werden das jeweilige Machtgleichgewicht jedoch nutzen, um die eigene Macht wieder und wieder zu erweitern. Und dennoch muss man auf der politischen Bühne ab und zu mit kranken Narzissten verhandeln. Gewinnen kann man dabei aber nur aus einer Position der Stärke, die darin besteht, dass die Motive für wichtige Entscheidungen immer der Öffentlichkeit zugänglich sind. Zudem brauchen Verfechter der Demokratie eine stabile moralische Basis, die m.E. nur schwer ohne religiöses oder philosophisches Denken den Anforderungen der Zeit standhalten kann.

Man sollte es nicht glauben, wie leicht man Mitläufer heute in der Mitte des harmoniesüchtigen Europas aufsammeln kann, dort, wo früher einmal die kriegerischsten Volksgruppen gegeneinander und gegen den Rest der Welt antraten. Viele Migranten kamen nach Deutschland mit dem Bild der streitbaren Deutschen, die zweimal Europa überrannt hatten. Und dann muss man feststellen, dass die Deutschen inzwischen eher „Trittbrettfahrer" der USA sind, bloß ihre Ruhe haben wollen und sich als lieb und harmlos darstellen. Klar, dass sie, die Deutschen, für einige „Jungmänner" dann, frei nach Machiavelli, auch als potenzielle Opfer von Machtgelüsten erscheinen. Und: »Wenn man andere Leute dazu kriegen kann, sich ihr eigenes Grab zu schaufeln, warum soll man sich dann selbst die Mühe machen?« (Power- Die 48 Gesetze der Macht, Robert Greene, München 2001, S. 102) Wie man schwache Leute »anfüttert« oder gegeneinanderhetzt, das kann man bei der Mafia oder in korrupten Staaten lernen. Natürlich muss man in demokratischen Ländern die Latte erst mal tiefer legen und harmlosere Mittel anwenden als sie z.B. in der Filmserie »Homeland« gezeigt werden, wo Sgt. Nicholas Brodie von Terroristen gezwungen wird, seinen Kumpel Tom Walker zu erschlagen, wodurch seine Moral gebrochen ist, denn dies kann er im Bereich seiner heimatlichen Kultur niemanden erzählen. Abgeschwächt, aber ähnlich, muss es auch Menschen gehen, die sich zunehmend verleiten lassen, anderen Menschen Schmerzen zuzufügen, die ihnen nichts getan haben. Sie können nicht zulassen, dass ihre Tat öffentlich wird, weil dann das »Anfüttern« über Geld, Sachleistungen oder über Gerüchte infrage gestellt werden kann. So entsteht wie von alleine die Vorstellung, das Opfer, dem gegenüber man sich unfair verhalten hat, sei selbst schuld an der Quälerei, die man ihm zufügt, es habe sie schließlich verdient. Und je weniger eine reinigende Entschuldigung beim Opfer möglich ist, desto heftiger wird die Aggression gegen das Opfer. Das hatte schon Thomas Hobbes im 17. Jahrhundert nach all den sinnlosen »Religionskriegen« erkannt, die damals ganze Regionen Europas verwüstet hatten.

Wie soll es nun aber heute weitergehen? Würden die USA zu Europa halten oder würde man genügend List aufbringen, die westlichen Mächte gegeneinander aufzubringen? Die Europäer gegen die USA und die USA gegen die Europäer? Auch hier könnte man den »Narzissmus des kleinen Unterschieds« (Freud) viel leichter anheizen als früher, als es noch auf große ideologische Differenzen ankam, als es gegen den »Kommunismus« ging. Wie würde man die Angst vor dem »Terrorismus« als Argument für sich benutzen? Wie würde man den Nahostkonflikt gegen die Europäer ausschlachten? Wie würde man die partielle Zusammenarbeit von (manchen) Geheimdiensten und organisierter Kriminalität für sich benutzen? Hier kommen ungeheure Mengen an Geldern zusammen – und hier ist eine enorme Angriffsfläche für Korruption innerhalb der westlichen Eliten und Teilen des Mittelstandes vorhanden.

Wie könnte man die Unzufriedenheit der Jugend in Europa für sich benutzen? Die Arbeitslosigkeit? Die fehlenden Orientierungsangebote? Die Angst vor der Last der Rentner als Kostenfaktor in den Sozialsystemen. Den bei Jugendlichen oft latenten Größenwahn (der ja eher in einer Macho-Kultur als in einer braven demokratischen Kultur befriedigt wird)? Wen könnte man hier für einen flotten Sportwagen oder ein Motorrad schlicht und einfach »einkaufen«? Wer könnte hier Jugendliche aufsammeln?

Könnte es nicht im Interesse der aufkommenden Weltmacht China sein, wenn die Fliehkräfte im Westen unter der Hand zunehmen und die Bindekräfte schwächer werden? Das kommunistische China könnte am Ende unsere Menschenrechtskritik umdrehen und gegen uns wenden, wenn die heimliche Folter öffentlich wird; wenn es rauskommt, dass hier eine uralte Form der Menschensteuerung mit High-Tech-Mitteln stattfindet. In China wird zumindest **offen** dargestellt, wie man sich in einem großen multikulturellen Land den Zusammenhalt vorläufig vorstellt – und welche Mittel der Steuerung angewandt werden.

China muss eine Entwicklung nachholen, für die wir über 100 Jahre und mehr gebraucht haben, um dann zunehmend Schritt für Schritt mehr persönliche Freiheit zuzulassen. Man hat hier längst vergessen, wie autoritär, kriegstreibend und terroristisch die absolutistischen Systeme in Europa lange Zeit waren. Und vielleicht ist die offene Verhaltenssteuerung über das hier verpönte chinesische Sozialkreditsystem, wenn es denn das Land zusammenhält, **langfristig** toleranter als das nach außen demokratische, aber im Inneren zunehmend heimtückische System, wie es sich bei uns zu entwickeln scheint. Zudem hat China bisher nicht versucht, sein System durch Kriege oder Gewaltandrohung auszuweiten. „Failed States" sind meist eine Folge westlicher Eingriffe…

Eine für uns schlimme Folge der Nazi-Herrschaft war in gewisser Weise die Scham; die Scham über Ungeheuerlichkeiten, in die man verwickelt war, die man erst dann zugeben konnte, als es die Weltöffentlichkeit dokumentierte. Solange inhumane Taten nicht öffentlich werden, solange werden nur diejenigen als bedrohlich empfunden, die alles aufdecken könnten. Konnte man an der Geschichte der Deutschen nicht beobachten, wie sehr die Scham das strategische

zieht krankhafte Narzissten an

ist langfristig unproduktiv

Zwang statt Einsicht…

fördert Korruption

Unkontrollierte Macht

schafft Grauzonen zur Organisierten Kriminalität

untergräbt moralische Standards

ist expansiv, erweitert ständig Einfluss…

demoralisiert potentielle Leistungsträger

Denken gelähmt hat? Wer wird die Karten in welchem Augenblick der Weltgeschichte gegen uns, gegen den Westen aufdecken, wer wird uns wann beschämen? Und wie stehen wir dann da, wenn es rauskommt, dass wir wieder einmal allzu lange **unkontrollierte Macht** zuließen?

Terrorismus

Einer der größten Einschnitte in die moderne Geschichte ist nach den beiden Weltkriegen und dem Kalten Krieg seit 2001 der globalisierte Terrorismus. Terrorismus, das hat es seit der Französischen Revolution in den verschiedensten Varianten gegeben, egal ob es um den Kampf gegen absolutistische Herrschaft, um nationale Unabhängigkeit oder um religiöses Sektierertum ging. Anders als heute ging es früher dabei meist gegen Spitzenvertreter des Staates oder der Wirtschaft. (Heutige Terroristen sind – wie inzwischen auch der Terror aus den »Tiefenstaaten« - weniger wählerisch. Sie können jeden treffen.) Einen Überblick über die jeweiligen Formen und Zusammenhänge des Terrors gibt das 2007 auf Deutsch erschienene Buch von Bruce Hoffman »Terrorismus - der unerklärte Krieg« (Schriftenreihe der Bundeszentrale für politische Bildung. Band 551, Bonn 2007) Für den Laien überraschend sind die Vielfalt der Motive und die heute zunehmende Skrupellosigkeit der Terroristen, auch gegen Unbeteiligte vorzugehen.

Es ist unmöglich, dauernd daran zu denken. Das würde einen lähmen. Aber die Gefahr ist genauso da wie die der Umweltverschmutzung, der Erderwärmung usw. Einige Länder und Regionen sind stärker betroffen als andere, von daher auch stärker sensibilisiert. (Vielleicht können wir durch einen Blick in das von allen Seiten bedrohte, kleine Israel lernen, für die Erhaltung von dessen Existenz wir Deutsche uns ja verpflichtet haben.) Egal, wie berechtigt die einzelnen Gruppen der am Terror Beteiligten ihr Anliegen sehen, sie wecken in sich und in ihren Gegnern einen tief verwurzelten, von der Zivilisation nur schwach überdeckten Instinkt: Den Wunsch, die eigene Gruppe zu schützen.

Und dabei kommt es gar nicht immer auf reale Bedrohungen an, wenn Terrorangst sich verbreitet. Daniel Kahneman hat darauf hingewiesen, wie sehr die Verfügbarkeit von stark gefühlsprägenden Informationen meinungsbildend wirkt. Einmal angestoßen, verstärken sich schlechte Nachrichten in einer Art »Kaskade«. »Eine Verfügbarkeitskaskade ist eine sich selbst tragende Kette von Ereignissen, die vielleicht mit Medienberichten über ein relativ unbedeutendes Ereignis beginnt und zu öffentlicher Panik und massiven staatlichen Maßnahmen führt.« (Daniel Kahneman, »Schnelles Denken, langsames Denken«, München 2012, S. 179) Risiken richtig zu bewerten, das scheint uns grundsätzlich schwer zu fallen, weil das bildgesteuerte, schnell arbeitende emotionale System, das dafür zuständig ist, nicht immer korrekt mit dem langsam arbeitenden und normalerweise »faulen« Denksystem zusammenarbeitet. Entweder wir ignorieren die Risiken »ganz und gar, oder wir überschätzen sie maßlos – dazwischen gibt es nichts. Jeder Vater oder jede Mutter, der/die schon einmal aufgeblieben ist, um zu warten, bis die heranwachsende Tochter, die schon längst von einer Party zurück sein sollte, heimkommt, dürfte dieses Gefühl kennen. […]

In der heutigen Welt sind Terroristen die bedeutendsten Praktiker der Kunst, Verfügbarkeitskaskaden auszulösen. Abgesehen von einigen wenigen schrecklichen Ausnahmen, wie die Anschläge vom 11. September 2001, ist die Anzahl der Opfer von Terroranschlägen sehr gering im Vergleich zu anderen Todesursachen. Selbst in Ländern, die Ziele intensiver Terrorkampagnen waren, wie etwa Israel, erreicht die wöchentliche Anzahl der Todesopfer praktisch niemals auch nur annähernd die Zahl der Unfalltoten. Der Unterschied liegt in der Verfügbarkeit der beiden Risiken, der Leichtigkeit und Häufigkeit, mit denen sie uns einfallen. Grauenvolle Bilder, die in den Medien endlos wiederholt werden, nehmen uns alle schwer mit. Wie ich aus Erfahrung weiß, ist es schwer, sich durch vernünftiges Argumentieren selbst in einen Zustand völliger Ruhe zu versetzen.« (Daniel Kahneman, a.a.O., S. 181)

Demokratie hin, Demokratie her, von einem bestimmten Moment der gefühlten Bedrohung an zählen für viele keine legalen Schranken. Entweder sie werden offen umgangen oder eben versteckt. Menschen sind Teil der Natur, und so gibt es auch bei ihnen die verschiedensten Arten der Mimikry, wenn eine Notsituation es erfordert. Natürlich kann der Instinkt, den eigenen Nachwuchs zu schützen, auch manipuliert und zum Machterwerb oder –missbrauch genutzt werden. So war z.B. auf dem Heidelberger »Stückemarkt« von 2008 von der Autorin Jagoda Marinic folgender Satz über die Balkankriege zu hören: »Die schlimmsten Soldaten sind die liebevollsten Väter.« (RNZ, 7.5. 2008, S. 13) Ängste lassen sich schüren und mit etwas Geschick leicht steigern. Hat man eine bestimmte Menge verängstigter Menschen, dann kann man diese am wirkungsvollsten mit

Schutzversprechen lenken, mit Strategien und Taktiken der »Gegenwehr«. (Wie viele Angriffe in der Geschichte sind schon unter dem Label der »Gegenwehr« gelaufen? Man denke an den Beginn des Zweiten Weltkrieges, an den Beginn des Vietnam-Krieges usw.) Nicht selten kippt dann das verängstigte Bewusstsein bei der Verwandlung von Angst in Aggression um in puren Größenwahn – eine Art Entlastungsreflex oder drogenähnlich wirkender Motivator.

Der Größenwahn kann auf beiden Seiten entstehen, auf der Seite der Terroristen - und auf der Seite der Terrorismusbekämpfung. Auslöser und Ursache dürfte aber heute der moderne Terrorismus sein, der unserer zivilisierten Welt den Kampf angesagt hat. Egal aus welcher Kultur er seine Begründungen bezieht, der Terror entwickelt sich zu einer ausgeprägten Kommunikationsform, die auf Gewalt beruht und faszinierend einfache Lösungen anbietet. Bruce Hoffman fasst zusammen:

»Durch Propaganda versuchen Terroristen, einem bestimmten Publikum eine bestimmte Botschaft zu vermitteln. Der genaue Zweck dieser Kommunikation kann je nach Botschaft und Zielpublikum variieren. Er kann didaktischer Natur sein: Sie soll informieren, erziehen, Unterstützung (materieller, finanzieller oder geistiger Art) mobilisieren und letztlich die Massen für die Aufständischen oder die Terroristen gewinnen. Sie kann auch als Rekrutierungsinstrument dienen, also neue Anhänger für die Bewegung und Ersatz für ausgeschiedene Kämpfer beschaffen. Sie kann auch ganz bewusst auf Zwang setzen und durch Drohung oder Einschmeicheln für Unterwerfung sorgen. Sie kann jedoch auch über taktischen Zwang hinaus auf strategische Einschüchterung zielen. Man versucht, das Vertrauen der Menschen in den Staat und die politische Führung zu untergraben und den Gegner zu paralysieren, indem man die eigene Fähigkeit herausstellt, nach Belieben zuzuschlagen, und demonstriert, dass Regierung und Sicherheitskräfte unfähig sind, für einen wirksamen Schutz zu sorgen. Und schließlich kann Propaganda auch einem gänzlich internen Zweck dienen (man spricht hier von 'Autopropaganda'), wenn sie sich an die eigenen Mitglieder richtet, um deren Moral zu stärken, interne Zwistigkeiten abzumildern oder besonders umstrittene Entscheidungen oder Operationen zu rechtfertigen oder zu erklären.« (Bruce Hoffman, a.a.O., S.307)

Hat sich die terroristische Art der Kommunikation und die dahinterliegende Denkweise erst einmal verfestigt, dann ist die Lage mehr oder weniger verfahren. Terror und Gegenterror begründen sich dann

wechselseitig. Hass, Groll und Ressentiment sind seelische Kontakt-
gifte, kommt man zu sehr damit in Berührung, wird man fast zwangsläufig infiziert. (Vor mehr als 20 Jahren habe ich das am eigenen Leib
erfahren.) Fragen der Menschenwürde, der Menschenrechte werden
plötzlich relativiert. Sehr gut gezeigt wurde dies m.E. in dem Film
»Unthinkable« aus dem Jahre 2010, der auf DVD erhältlich ist. Ein
ehemaliger Nuklear-Experte hat sich gegen die USA gewendet und
in drei amerikanischen Großstädten Atombomben deponiert. Es bleiben zwei Tage, diese zu finden und zu entschärfen. Die Spannung
besteht darin, dass ein mysteriöser Folterer namens »H« (Samuel L.
Jackson) dem Terroristen (Michael Sheen) mit aller Gewalt die Wahrheit entlocken will - und eine den Menschenrechten und dem Rechtsstaat verpflichtete FBI-Agentin namens Helen Brody (Carrie-Ann
Moss) dieses Vorgehen kaum aushält, ja es selbst wie der Zuschauer
als psychische Folter erfährt. »H« gibt vor, die Quälereien aus Verantwortung für sein Land zu tun - und er scheint seinen Job aus Erfahrung gut zu kennen, scheint die Überschreitung der Grenzen unserer Zivilisation schon gewohnt zu sein. Dies überrascht umso mehr,
als er zu Hause einen netten Familienvater spielt und dies eventuell
auch ist. Der Film ist sehr aufwühlend, geradezu ein Kammerspiel zur
Frage der Haltbarkeit positiver moralischer Einstellungen in Krisensi-
tuationen. In »Unthinkable« gelingt es dem Regisseur Gregor Jordan,
mehrere Perspektiven im Verlauf der Filmhandlung zu relativieren
und am Ende nebeneinander stehen zu lassen. Man kann aber über
»H«, den Folterer, denken wie man will, eines kann man ihm nicht
anhängen, dass er regelrechten Spaß am Foltern zeigt, sich etwa
Häme in seinem Gesicht ausdrückt oder Schadenfreude. Genau dies
hat man aber den Bildern aus Abu-Ghureib entnehmen können. Und
genau dies passiert auch bei den vielen kleinen Folterern, die keine
Terroristen jagen, sondern harmlose Nachbarn oder ihnen völlig unbekannte Menschen. Bei ihnen fällt das dramatische Motiv aus »Unthinkable« weg - und sie foltern trotzdem. Terror, der die Grenzen der
Zivilisation weit und andauernd überschreitet, wird irgendwann auch
ehedem zivilisierte Menschen brutalisieren, indem er geschickten
Verführern die Chance gibt, sie auf »die dunkle Seite« zu ziehen und
dazu zu bewegen, den weit gefassten »Gegenterror« zu akzeptieren.
Es entsteht so ein Verhaltensschema, das neue Gewohnheiten und
damit eine neue Art von Moral erzeugt. Diese Moral widerspricht zwar
der offiziellen, der Widerspruch wird aber zu Ungunsten der ausgedeuteten »Opfer« aufgelöst.

Zudem werden die vielen kleinen Mitwisser, Mitläufer und Mittäter in gewisser Weise auch aufgewertet, indem sie zu »Geheimnisträgern« erhoben werden. Sie sind jetzt etwas Besonderes! Die moralischen Kosten dieser Erhöhung sind die gleichen wie die bei illegalen Auftragsverschiebungen in Kommunen, bei mafiösen Organisationen oder Geheimdiensten. Wer aussteigt oder in die Öffentlichkeit geht, wird zum »Verräter«. Und Verräter werden überall schlimmer behandelt als Feinde, das ist bekannt. Sie bedrohen das Gesamtgefüge des jeweiligen Netzwerkes oder des »Tiefenstaates«. Schon der Vorwurf, ein Verräter zu sein, kann den einzelnen Mitläufer, dem es an Selbstbewusstsein mangelt, zu noch größerem Eifer bei den geforderten Bosheiten antreiben, denn er muss und will jetzt beweisen, dass er kein Verräter ist. Im Extremfall hat man dieses Schema bei dem Massenmörder Heydrich im »Dritten Reich« beobachten können. Er war ein liebevoller Familienvater, ein kulturell gebildeter Mensch, aber man hatte diesem ehrgeizigen Menschen, der noch unter seinem Rauswurf aus der Marine litt, gerüchteweise vorgeworfen, selbst Jude zu sein. Der Vorwurf wurde gleich widerrufen, aber er hatte bereits gewirkt. Heydrich zeigte sich hinfort als der kaltherzigste Massenmörder der Nationalsozialisten.

Aber auch in der jüngeren deutschen Geschichte können wir verfolgen, wie heftig die Reaktionen gegen »Verräter« waren. Die RAF (Rote-Armee-Fraktion) hat dies Ende des letzten Jahrhunderts gezeigt. Jedenfalls so lange, bis sie das Scheitern zugeben musste und mit ihrem Restbestand bei ihren Stasi-Helfern in der DDR untertauchte, in der »RAF-Seniorenresidenz« Ost-Berlin, die sehr gut beschrieben ist in Stefan Austs Buch »Deutschland, Deutschland. Expedition durch die Wendezeit« (S. 155 ff.). Und auch die Stasi selbst verfolgte am heftigsten »Verräter« aus den eigenen Reihen. Denen drohte die Todesstrafe.

Sehr gut demonstriert wurde der Zwang von Geheimorganisationen, gegen »Verräter« vorzugehen, in dem 2011 erschienenen Film »Pakt der Rache« (»Seeking Justice«), in dem Nicolas Cage als Will Gerard und Guy Pearce als Simon die Hauptrollen spielen. Will Gerards Frau Laura wird eines Nachts überfallen, vergewaltigt und krankenhausreif zusammengeschlagen. Simon als Mitglied eines »Selbsthilfe«-Netzwerks bietet Will die Rache an, die eine völlig überforderte Staatsgewalt nicht leisten kann. Er brauche dabei keinen Finger zu krümmen, denn den Rache-Job übernehme ein anderer für ihn. Nach einigem Zögern nimmt der bisher staatstreue Hochschullehrer Will das Angebot an, ohne zu ahnen, dass er ein halbes Jahr später einen Gegendienst leisten muss, der ihn völlig überfordert: Er soll einen angeblichen Kinderschänder namens Alan Marsh an einer unübersichtlichen Stelle über ein Geländer auf eine vielbefahrene Straße stürzen. Will fühlt sich dazu nicht in der Lage, geht aber dann doch zum angegebenen Ort und trifft dort Alan Marsh. Da dieser sich von dem völlig verdatterten Will bedroht sieht und diesen angreift, stößt Will ihn praktisch in Notwehr über das Geländer – und wird wenig später als der Mörder von Marsh gesucht. Als er dann noch herausbekommt, dass Marsh kein Kinderschänder, sondern ein investigativer Journalist war, welcher der geheimen Untergrundmiliz, in die auch Polizisten eingebunden sind, auf die Spur gekommen ist, wird er nun auch von Simon und dem lokalen Zweig des illegalen Selbsthilfe-Netzwerks gesucht - und soll zusammen mit seiner Frau umgebracht werden. Das Ende wird nicht verraten. Was sich hier aber zeigt, das sind die Gefahren von Bürgerwehren, die Selbstjustiz ausüben wollen – und dadurch zur terroristischen Organisation werden, selbst wenn sie ursprünglich den Terror von Kriminellen bekämpfen wollten. Und genau dieser Gegenterror ist heute verlockend, wo der Rechtsstaat sich ganz real überfordert zeigt und Bindungen an den Staat aus vielerlei Gründen gelockert sind. Und wer als harmloser Bürger auch nur einmal mitgemacht hat, wird zum Mitwisser und kommt aus der Sache nicht wieder raus; nicht nur sein eigenes Gewissen wird ihm nun zum Gegner...

Dass Terror in der Geschichte überdies schon einige Male – zumindest für eine Zeitlang – erfolgreich war, das macht ihn insbesondere für militärisch unterlegene Gruppen so attraktiv. Das macht ihn heute aber auch in einer globalisierten Welt mit den kaum noch zählbaren »weichen Zielen« so gefährlich. Dass es bei dem medienwirksamen Einsatz von Schuss- oder Explosivwaffen bleiben wird, ist unwahrscheinlich. Es gibt für Verzweiflungstaten aller Art noch andere, viel wirksamere Mittel, die kaum Kosten verursachen. Gewaltsam wird man die Ursachen nicht bekämpfen können. Zu vielfältig sind die Motive, zu wenig werden diese offen diskutiert. Dabei scheint mir der universalistisch begründete Terror, der sich in eine alles erklärende Ideologie oder eine monotheistische Religion einklinkt, heute der gefährlichste von allen zu sein. Der Rassismus als Ideologie ist heute nicht mehr tragfähig, lässt sich in kaum eine Lebenswelt einbinden und romantisierend verwurzeln. Selbst die »Anhänger der weißen Vorherrschaft in den USA« (Bruce Hoffmann, a.a.O., S. 167 ff), von denen einige offen für den Terror sprechen, begründen sich christlich – und wären damit am Ende nicht mehr rassistisch, wenn sie ab und zu einen Blick in die Bibel werfen.

Was die modernen Terroristen m.E. heute nicht beachten, ist die Gefahr der übermäßigen Gegenwehr der staatlichen Sicherheitsorgane und die Gefahr der Entstehung milizähnlicher Strukturen in der Bevölkerung. Sie gehen davon aus, dass demokratische Staaten schwach sind und die aufgeklärte Bevölkerung, die sich an die Regeln der Zivilisation hält, nur dummes Stimmvieh darstellt, von Gott verstoßen ist oder einfach keine Existenzberechtigung hat. In einigen Entwicklungsländern hat es bei den besser situierten Bürgern einen Trend gegeben, sich in befestigte Wohnsiedlungen, in »gated communities« zurückzuziehen, um sich vor Gewaltkriminalität zu schützen. Das ist eine defensive Variante der Gegenwehr. Könnte es aber nicht auch eine offensive Variante geben, eine, die hinnimmt, dass es zu einer totalen Überwachung kommt, dass es zu Gegenreaktionen unterhalb der rechtsstaatlichen Strukturen kommt? Der Rechtsstaat erscheint doch vielen – in den USA noch mehr als bei uns – zu lasch und zu täterfreundlich zu sein. Der Polizei sind oft die Hände gebunden; eine an die Ideale der Aufklärung gebundene Justiz scheint ihr immer wieder in den Rücken zu fallen. Obwohl die Gewalt gegen Polizisten überall in Deutschland zunimmt, werden die Gewalttäter von der Justiz oft mit Samthandschuhen angefasst. (Vgl. dazu die entsprechende dapd-Meldung vom 2.2.2012 mit dem Titel »Gewalt gegen Polizisten ...«.) Wäre ich Polizist, so würde mich das verärgern.

Wenn man dem Staat, seinen politischen Vertretern und seinen Organen immer weniger zutraut, dann wäre es doch verlockend, eigene Sicherheitsstrukturen aufzubauen – vielleicht mit der Hilfe von ebenfalls unzufriedenen Mitarbeitern in staatlichen Sicherheitsorganen. (In einigen Ländern Südamerikas und in den USA, z.B. an der Grenze zu Mexiko, gibt es so etwas bereits) Die technischen Mittel lägen heute bereit. Und wären heute nicht viele willens, einmal was ganz Neues zu probieren, wenn die alten Rezepte so wenig wirksam zu sein scheinen? Der ewige Verweis auf die 68er, die einmal etwas gewagt hätten, was Wirkung zeigte, geht einem doch irgendwann auf den Wecker. Wieso sollte heute nicht eine neue Generation etwas Anderes wagen, was wieder Sicherheit in dieser unsicheren Zeit verspricht? Das muss nicht gleich »faschistisch« sein. Es geht auch gemäßigter, wenn man so will ganz »pragmatisch«.

In gewisser Weise ergibt sich hier eine partielle Interessensidentität der Sicherheitsindustrie mit dem Terrorismus, denn ohne diesen würde das eigene Geschäftsmodell nicht funktionieren. Denkbar wäre, dass man ab und zu ein Auge zudrückt und einen überschaubaren Terrorakt durchgehen lässt... Beide Seiten verachten zudem den demokratischen Staat. (Die Gründe für diese Verachtung kann man vermutlich vernachlässigen, denn sie finden sich überall, auch bei Otto Normalbürger.) Den hier erwähnten Teil der Sicherheitsindustrie möchte ich provisorisch in Anlehnung an Dick Cheney »dunkle Sicherheitsindustrie« nennen, um ihn von der gewöhnlichen Sicherheitsindustrie, die gegen Kriminalität gerichtet ist, abzugrenzen. Das Geschäftsmodell der »dunklen Sicherheitsindustrie« ließe sich leicht international etablieren, also weltweit vernetzen, bzw. globalisieren. Statt der »kommunistischen« und (später) der »terroristischen« Internationalen hätten wir nun eine »tiefenstaatliche« Internationale, die sich mit Staatsgeldern und illegalen Nebengeschäften finanziert. In genau so ein Milieu würde die ehemalige STASI gut passen, die ja schon lange vor dem Untergang der DDR neue Kontakte geknüpft und den Mauerfall von 1989 vermutlich längst in ihre Agenda eingebaut hatte. Wie sonst hätten sich die riesigen Geldverschiebungen aus der untergehenden DDR heraus ergeben können, die bis heute nicht aufgeklärt sind. Und hatte nicht der MFS-Offizier Werner Stiller in seinem biographischen Werk »Der Agent. Mein Leben in drei Geheimdiensten« schon aus der Zeit des Kalten Krieges berichtet, dass selbst der Verfassungsschutz (nicht der BND!) von Stasi-Informanten durchsetzt war? Das berichtet auch Wolfgang Gast im Magazin »Cicero« vom März 2012 (S. 32 ff):

»Im Ministerium für Staatssicherheit (MfS) der DDR wusste die Hauptabteilung Aufklärung (HVA) über die Konkurrenten aus dem Westen mehr als westdeutsche Geheimdienstler jemals glaubten. Sie bespitzelte jahrelang die höchste Regierungsebene in Bonn. Ob Kanzlerberater Horst Teltschik zum Telefon griff oder die Bundesregierung ein vertrauliches U-Boot-Geschäft mit Israel einfädelte: Den Lauschern, die von der Berliner Zentrale in der Normannenstraße gesteuert wurden, blieb wenig verborgen. In der HVA stapelten sich aber nicht nur Protokolle über die Bonner Reaktionen auf Gorbatschows Abrüstungsvorschläge oder die verfehlte Pressepolitik des Verteidigungsministeriums. Auch über das Abwehrorgan Verfassungsschutz wurde preußisch ordentlich Buch geführt.

Aufbau, Strukturen, vollständige Namenslisten und Berichte über die Aktionen der bundesdeutschen Verfassungsschützer — über alles waren die Späher des legendären HVA-Chefs Markus Wolf bestens informiert. Von ihnen gelangten die Berichte über den westdeutschen Klassenfeind zur Staats- und Parteiführung der DDR. Nach der Öffnung der Mauer berichteten Überläufer des MfS, dass fast auch jedes der geheimen Telefonate zwischen den Landesämtern oder zur Kölner Zentrale überwacht wurde. Der HVA waren nicht nur fast alle Namen der etwa 5000 Mitarbeiter im Bund und den Ländern bekannt. Mit eigenen Reisekadern, die den »Abteilungen XV« in den Bezirksverwaltungen des MfS unterstellt waren, ließ sie in der Bundesrepublik sogar vor Ort die Aktivitäten des Verfassungsschutzes überwachen, wenn es ihr wünschenswert und interessant erschien. Die genauen Daten lieferte die telefonische Überwachung. Und die Beamten machten es den Kollegen aus der DDR auch noch leicht: Entgegen dem kleinen Einmaleins der Geheimdienstpraktiken wurden Nachrichten unter den Ämtern ohne jede Verschlüsselung ausgetauscht.« (S. 35/36)

Es gab genügend Stützpunkte der Stasi im Westen. Vielleicht traut sich ja mal ein neuer Überläufer, die Entwicklung der Geheimdienste nach 1990 aus dem Innenleben dieser Dienste heraus zu beschreiben?

Das alles bedeutet nun nicht, dass die im neuen Zusammenhang vernetzten tiefenstaatlichen Organisationen, deutsche und nichtdeutsche, brüderlich vereint sind und identische Interessen hätten. Keineswegs. Auch bei den Kommunisten war das früher nicht der Fall, sonst hätte sich China nicht von der UDSSR abgespalten. Das bedeutet nur, dass Tiefenstaaten das gemeinsame Interesse haben, sich auf Kosten der Zivilgesellschaft einen möglichst großen Teil des Volksvermögens zuzuschanzen. Untereinander gibt es weiterhin Rivalitäten und es wird jeder versuchen, Schwächen von Konkurrenten auszunutzen. Wie so etwas funktioniert, kann man bei der Organisierten Kriminalität (OK) beobachten. Tiefenstaaten sind antiaufklärerische Geschäftsmodelle, die sich neben Staat und Markt etablieren. Sie beruhen auf Zwangsloyalität und unterhöhlen das marktwirtschaftliche Leistungsprinzip, in dem Loyalitäten sich vom Können und von ehrlicher Anstrengung her legitimieren. Als Ideal eines Bürgers gilt hier der kontrollierte Bürger, wie er z.B. in der ehemaligen DDR vorzufinden war. Aber auch mafiakontrollierte Angstbürger könnte man sich als ein Zukunftsmodell der Tiefenstaaten vorstellen.

Im Gegensatz zur Mafia träumen die Ideengeber der Tiefenstaaten aber von der totalen Erfassung der Bürger über weltweit vernetzte soziale Medien, in denen Bürger sich beteiligen und ihr Privatleben preisgeben. »Transparenz« bei der immer wieder störrischen Masse - statt »Öffentlichkeit«, wie sie die AUFKLÄRUNG gefordert hatte. Und die Aufklärung hat ja als Teil der Menschenrechte das Recht auf »Privatsphäre« etabliert, das sollte man nicht vergessen. Privatsphäre, das ist für die »dunkle Sicherheitsindustrie« ein Unwort...

Masse und Macht (E. Canetti)

In einer Zeit des Misstrauens gegen jede Art von Ideologie, wie wir sie heute in Europa finden, lohnt sich die erneute Lektüre von Elias Canettis »Masse und Macht«. Gerade, weil Canetti nicht der Faszination der totalitären Ideologien erliegt, wie sie in Europa lange Zeit verbreitet war, noch nicht einmal auf die moralische Distanzierung von Nationalismus, Kommunismus oder Nationalsozialismus wert legt, gerade deshalb sind seine Beschreibungen von menschlichen Massenphänomenen heute von Bedeutung.

Mein Zugang zu Canetti liegt in einer Erfahrung, die ich vor Jahren im Londoner Wembley-Stadion hatte. Die deutsche Fußball-Nationalmannschaft gewann damals knapp gegen die englische, ich erinnere mich an ein 3:2, während ich aufgrund eines Versehens mitten im englischen Fanblock saß. Die Menschen um mich herum reagierten wie eine gleichgeschaltete »Masse«, die von einer unsichtbaren Gewalt gelenkt wird, während mir nur die seelenlose Mitbewegung und die klammheimliche Freude an den deutschen Toren blieb. Ich war also Teil einer körperlichen Nähe, welche die normalen Distanzen des Alltags aufhob und deren Macht mir instinktiv klar wurde, war aber nicht wirklich Teil der »Entladung«, wie sie bei Canetti beschrieben ist:

»Der wichtigste Vorgang, der sich innerhalb der Masse abspielt, ist die Entladung. Vorher besteht die Masse eigentlich nicht, die Entladung macht sie erst wirklich aus. Sie ist der Augenblick, in dem alle, die zu ihr gehören, ihre Verschiedenheiten loswerden und sich als gleiche fühlen. Unter diesen Verschiedenheiten sind besonders äußerlich auferlegte zu verstehen, Unterschiede des Ranges, Standes und Besitzes. Die Menschen als einzelne sind sich dieser Unterschiede immer bewußt. Sie lasten schwer auf ihnen, sie zwingen sie mit großem Nachdruck auseinander. Auf einem bestimmten, sicheren Platze steht der Mensch und hält sich alles, was ihm in die Nähe kommt, mit wirkungsvollen Rechtsgebärden vom Leibe. Wie eine Windmühle auf riesiger Ebene, so steht er da, ausdrucksvoll und bewegt, bis zur nächsten Mühle ist nichts. Alles Leben, wie er es kennt, ist auf Distanzen angelegt, das Haus, in dem er seinen Besitz und sich verschließt, die Stellung, die er bekleidet, der Rang, nach dem er strebt - alle dienen dazu, Abstände zu schaffen, zu festigen und zu vergrößern. Die Freiheit jeder tieferen Bewegung von einem zum anderen ist unterbunden. Regungen und Gegenregungen versickern wie in einer Wüste. Keiner kann in die Nähe, keiner in die Höhe des anderen. Fest etablierte Hierarchien auf jedem Gebiete des Lebens erlauben niemandem, an den Höheren zu rühren, sich zum Tieferen anders als scheinbar herabzulassen. In verschiedenen Gesellschaften sind diese Distanzen verschieden gegeneinander ausbalanciert. In manchen liegt der Nachdruck auf den Unterschieden der Herkunft, in anderen auf denen der Beschäftigung oder des Besitzes. Es kommt hier nicht darauf an, diese Rangordnungen im Einzelnen zu kennzeichnen. Wesentlich ist, daß sie überall da sind, daß sie sich überall im Bewußtsein der Menschen einnisten und ihr Verhalten zu den anderen entscheidend bestimmen. Die Genugtuung, in der Rangordnung höher als andere zu stehen, entschädigt nicht für den Verlust an Bewegungsfreiheit. In seinen Distanzen erstarrt und verdüstert der Mensch. Er schleppt an diesen Lasten und kommt nicht vom Fleck. Er vergißt, daß er sie sich selber auferlegt hat und sehnt sich nach einer Befreiung von ihnen. Aber wie soll er sich allein befreien? Was immer er dazu täte, und wäre er noch so entschlossen, er fände sich unter anderen, die sein Bemühen vereiteln. Solange sie an ihren Distanzen festhalten, ist er ihnen um gar nichts näher.

Nur alle zusammen können sich von ihren Distanzen befreien. Genau das ist es, was in der Masse geschieht. In der Entladung werden die Trennungen abgeworfen und alle fühlen sich gleich. In dieser Dichte, da kaum Platz zwischen ihnen ist, da Körper sich an Körper preßt, ist einer dem anderen so nahe wie sich selbst. Ungeheuer ist die Erleichterung darüber. Um dieses glücklichen Augenblickes willen, da keiner mehr, keiner besser als der andere ist, werden die Menschen zur Masse. Aber der Augenblick der Entladung, der so begehrt und so glücklich ist, hat seine eigene Gefahr in sich. Er krankt an einer Grundillusion: Die Menschen, die sich plötzlich gleich fühlen, sind nicht wirklich und für immer gleich geworden. Sie kehren in ihre separaten Häuser zurück, sie legen sich in ihre Betten schlafen. Sie behalten ihren Besitz, sie geben ihren Namen nicht auf. Sie verstoßen ihre Angehörigen nicht. Sie laufen ihrer Familie nicht davon. Nur bei Bekehrungen ernsthafter Art treten Menschen aus alten Verbindungen heraus und in neue ein. Solche Verbände, die ihrer Natur nach nur eine begrenzte Zahl von Mitgliedern aufnehmen können und ihren Bestand durch harte Regeln sichern müssen, bezeichne ich als Massenkristalle. Von ihrer Funktion wird noch ausführlich die Rede sein. Die Masse selbst aber zerfällt. Sie fühlt, daß sie zerfallen wird. Sie fürchtet den Zerfall. Sie kann nur bestehen bleiben, wenn der Prozeß der Entladung fortgesetzt wird, an neuen Menschen, die zu ihr stoßen. Nur der Zuwachs der Masse verhindert die ihr Angehörigen daran, unter ihre privaten Lasten zurückzukriechen.« (E. Canetti, Masse und Macht. S. 12-14)

Eine Masse bekommt in ihrer expansiven Phase folgende Eigenschaften (Canetti, a.a.O., S. 26):

1. Sie will wachsen, um den Zerfall zu verhindern.

2. Sie liefert einen im Alltag undenkbaren, aber insgeheim erwünschten Zustand der Gleichheit.

3. Die Masse liebt Dichte, körperliche Nähe, die nach einem Zustand der »Entladung« strebt.

4. Die Masse braucht eine Richtung. »Die Furcht vor Zerfall, die immer in ihr rege ist, macht es möglich, sie auf irgendwelche Ziele zu lenken. Die Masse besteht, solange sie ein unerreichtes Ziel hat.« (a.a.O., S. 27)

Bei Canetti kann eine Masse zwar einen gottähnlichen Führer anhimmeln, sie muss dies aber nicht zwangsläufig. Wenn nun heute das Zeitalter der großen Anführer beendet scheint, die letzten gerade aus ihren Stellungen verjagt werden, dann könnte seine Beschreibung von Massenphänomenen umso wichtiger werden. Dem spricht nicht entgegen, dass heute der Zustand der »Masse« sich geändert hat, dass sie durchaus gebildeter und informierter ist, als sie es früher war oder als dies die Konnotation des Begriffs immer noch hergibt. Schon Ortega y Gasset hat den modernen »Massenmenschen« nicht von sozialem Stand, von Beruf oder Bildungsgrad abhängig gemacht, sondern erläutert, dass man ihn überall finden kann. Und heute, wo es bei uns die allgemeine Schulpflicht und einen anspruchsvollen Arbeitsmarkt gibt, kann von einer dummen Masse kaum noch die Rede sein. Wir sind informierter denn je. Aber: Wir erleben auf ähnliche Weise wie Canetti, trotz der zunehmenden Vernetzung durch allerlei

Medien, einen Zustand der Individualisierung, wie er sich seit langer Zeit schon ausbreitet. Vielleicht erleben wir diesen Zustand sogar noch stärker als früher, wo doch heute Familie, Vereine, Kirchengemeinden und ähnliche Verbindungen – wie auch die Institutionen der Weltreligionen (a.a.O., S. 20) die »Massen« weniger stark auffangen und zähmen. Mit dem Blick auf das Display eines Handys oder Tablets bleibe ich immer noch alleine, egal wie massenhaft ich E-Mails versende oder rumchatte. Und so könnte es doch sein, dass sich die Sehnsucht nach Nähe und Verschmelzung in einer Masse heute noch stärker als früher bemerkbar macht. Es müsste nur jemand kommen und diese Sehnsucht aufgreifen, ihr eine Richtung vorgeben – und ein Gegenüber außerhalb der »Masse« erfinden, so etwas wie einen Gegner, eventuell einen »Feind«. Hat man dieses Gegenüber, hat man einen Feind, dann lässt sich leicht eine »Masse« herstellen.

Canetti zählt eine Vielzahl an Formen auf, die eine Masse bilden kann. Es gibt »Festmassen« (S. 65), Panik- und Fluchtmassen, Ringmassen, Verbotsmassen (S. 55), Doppelmassen im Krieg, die sich gleichwertig gegenüberstehen (S. 72 ff), Verfolgungs- und Hetzmassen (S. 18 ff, S. 49 ff). Werfen wir einen Blick auf die letzten beiden Massenformen, die unserem Thema am nächsten stehen:

1. Verfolgungsmasse:

»Zu den auffallendsten Zügen im Leben der Masse gehört etwas, was man als ein Gefühl von Verfolgtheit bezeichnen könnte, eine besondere, zornige Empfindlichkeit und Reizbarkeit gegen ein für alle Mal als solche designierte Feinde. Diese können unternehmen, was immer sie wollen, sie können scharf vorgehen oder entgegenkommend, teilnahmsvoll oder kalt sein, hart oder milde - alles wird ihnen so ausgelegt, als ob es einer unerschütterlichen Böswilligkeit entspringe, einer schlechten Gesinnung gegen die Masse, einer vorgefaßten Absicht, sie offen oder heimtückisch zu zerstören.

Um dieses Gefühl von Feindschaft und Verfolgung zu erklären, muß man wieder von der Grundtatsache ausgehen, daß die Masse, einmal entstanden, rapid wachsen will. Von der Kraft und Unbeirrbarkeit, mit der sie sich ausbreitet, macht man sich schwer eine übertriebene Vorstellung. Solange sie fühlt, daß sie im Wachsen ist - in revolutionären Zuständen zum Beispiel, die mit kleinen, aber sehr hochgespannten Massen beginnen -, empfindet sie alles als Einengung, was sich ihrem Wachstum entgegenstellt. Sie kann zerstreut und auseinandergetrieben werden durch Polizei, aber das hat eine bloß temporäre Wirkung - eine Hand, die in einen Mückenschwarm fährt. Sie kann aber auch von innen her angegriffen werden, indem man den Forderungen, die zu ihrer Bildung geführt haben, entgegenkommt. Schwächere fallen dann von ihr ab; andere, die eben daran waren, zu ihr zu stoßen, kehren auf halbem Wege um.

Der äußere Angriff auf die Masse kann diese nur stärken. Die körperlich Auseinandergetriebenen zieht es umso kräftiger wieder zusammen. Der Angriff von innen dagegen ist wirklich gefährlich. Ein Streik, der irgendwelche Vorteile erzielt hat, bröckelt zusehends ab. Der Angriff von innen appelliert an individuelle Gelüste. Er wird von der Masse als Bestechung empfunden, als >unmoralisch<, da er ihrer klaren und sauberen Grundgesinnung entgegenläuft. Jeder, der zu einer solchen Masse gehört, trägt einen kleinen Verräter in sich, der essen, trinken, lieben und seine Ruhe haben will. Solange er diese Verrichtungen nebenher besorgt und nicht zu viel Wesens aus ihnen macht, läßt man ihn gewähren. Sobald er sich aber laut vernehmlich macht, beginnt man ihn zu hassen und zu fürchten. Man weiß dann, daß er die Lockungen des Feindes gehört hat.

Immer ist die Masse etwas wie eine belagerte Festung, aber auf eine doppelte Weise belagert: Sie hat den Feind vor den Mauern, und sie hat den Feind im Keller. Während des Kampfes zieht sie immer mehr Anhänger an. Vor allen Toren sammeln sich ihre neuen Freunde und klopfen stürmisch um Einlaß. In günstigen Augenblicken wird dieser Bitte willfahren; aber sie klettern auch über die Mauern. Die Stadt füllt sich mehr und mehr mit Kämpfern an; doch jeder von ihnen bringt seinen kleinen, unsichtbaren Verräter mit, der sich schleunigst in einen Keller verzieht. Die Belagerung besteht darin, daß man die Zuzügler abzufangen sucht, Für die Feinde außen sind die Mauern wichtiger als für die Belagerten innen. Die Belagerer sind es, die immer daran bauen und sie erhöhen. Sie suchen die Zuzügler zu bestechen, und wenn sie sie schon gar nicht abhalten können, sorgen sie dafür, daß der kleine Verräter, der mitgeht, auf seinem Weg in die Stadt genug Feindschaft mitbekommt.

Das Verfolgungsgefühl der Masse ist nichts anderes als dieses Gefühl doppelter Bedrohung. Die Mauern von außen werden enger und enger gezogen, die Keller von innen mehr und mehr untergraben. Die Verrichtungen des Feindes sind offen und überschaubar, wenn er an den Mauern arbeitet; sie sind verdeckt und heimtückisch in den Kellern. Aber es ist mit solchen Bildern immer so, daß sie nur einen Teil der Wahrheit treffen. Die von außen Zuströmenden, die in die Stadt hinein wollen, sind nicht nur neue Anhänger, Verstärkung, Stütze, sie sind auch die Nahrung der Masse. Eine Masse, die nicht zunimmt, ist im Zustand des Fastens. Es gibt Mittel, dieses Fasten durchzuhalten; die Religionen haben darin große Meisterschaft entwickelt. Es wird gezeigt werden, wie es den Weltreligionen gelingt, ihre Massen zu halten, auch ohne daß sie sich akut und heftig vergrößern.« (a.a.O., S. 18-20)

2. Hetzmasse:

»Die Hetzmasse bildet sich im Hinblick auf ein rasch erreichbares Ziel. Es ist ihr bekannt und genau bezeichnet, es ist auch nah.« (a.a.O., S. 49) Auch, wenn die Hetzmasse heute weniger aufs Töten aus ist, als wie es noch Canetti gesehen hat, so will sie doch immer noch ein Opfer sehen, das unter ihrem Angriff leidet. Eine Art Fastfood-Erlebnis, das einen momentanen Zustand der »Entladung« bietet, das den Genuss gerade durch den Aufschub des gemeinsamen Mordes, der zum raschen und peinlichen Zerfall der Hetzmasse führen würde, in die Länge zieht. Das Quälen, das Mobben und Stalken eines Opfers konnte Canetti noch nicht in dem Ausmaß erfassen, wie wir es heute können. Der Mechanismus einer Hetzmasse ist aber heute nicht prinzipiell verschieden von dem, wie ihn Canetti beschrieben hat:

»Das Opfer ist das Ziel, doch es ist auch der Punkt der größten Dichte: es vereinigt die Handlungen aller in sich. Ziel und Dichte fallen zusammen.

Ein wichtiger Grund für das rapide Anwachsen der Hetzmasse ist die Gefahrlosigkeit des Unternehmens. Es ist gefahrlos, denn die Überlegenheit auf Seiten der Masse ist enorm. Das Opfer kann ihnen nichts anhaben.« (S. 50)

»Der Zerfall der Hetzmasse, die ihr Opfer gekriegt hat, ist ein besonders rascher. Diese Tatsache ist gefährdeten Machthabern wohl bewußt. Sie werfen der Masse ein Opfer hin, um ihr Wachstum aufzuhalten. Viele politische Hinrichtungen sind zu diesem Zwecke allein angeordnet worden. Andererseits sind sich die Wortführer radikaler Parteien oft gar nicht klar darüber, daß sie sich selber mit der Erreichung des Zieles, der öffentlichen Hinrichtung eines gefährlichen Feindes, tiefer ins Fleisch schneiden als der feindlichen Partei. Es kann ihnen geschehen, daß nach einer solchen Hinrichtung die Masse ihrer Anhänger sich verläuft und daß sie lange nicht oder nie wieder ihre alte Stärke erlangen. Über andere Gründe zu diesem Umschwung wird noch manches zu sagen sein, wenn von den Meuten und besonders von der Klagemeute die Rede ist.

Der Abscheu vor dem Zusammentöten ist ganz modernen Datums. Man überschätze ihn nicht. Auch heute nimmt jeder an öffentlichen Hinrichtungen teil, durch die Zeitung. Man hat es nur, wie alles, viel bequemer. Man sitzt in Ruhe bei sich und kann unter hundert Einzelheiten bei denen verweilen, die einen besonders erregen. Man akklamiert erst, wenn alles vorüber ist, nicht die leiseste Spur von Mitschuld trübt den Genuß. Man ist für nichts verantwortlich, nicht fürs Urteil, nicht für den Augenzeugen, nicht für seinen Bericht und auch nicht für die Zeitung, die den Bericht gedruckt hat. Aber man weiß mehr darüber als in früheren Zeiten, da man stundenlang gehen und stehen mußte und schließlich nur wenig sah. Im Publikum der Zeitungsleser hat sich eine gemilderte, aber durch ihre Distanz von den Ereignissen umso verantwortungslosere Hetzmasse am Leben erhalten, man wäre versucht zu sagen, ihre verächtlichste und zugleich stabilste Form. Da sie sich nicht einmal zu versammeln braucht, kommt sie auch um ihren Zerfall herum, für Abwechslung ist in der täglichen Wiederholung der Zeitung gesorgt.« (Canetti, S. 53/54)

Statt Zeitung ließen sich heute Handy, Internet etc. einsetzen – und man käme auf das gleiche Phänomen.

Vielleicht sind die Aktionen der »Tiefenstaaten«, die sich heut neben dem Rechtsstaat etablieren, nur moderne Phänomene eines atavistischen Verhaltens, wie wir es bei Canetti beschrieben sehen. Vielleicht ist den Hauptakteuren gar nicht bewusst, dass sie nur Charaktermasken eines modernen Massenphänomens sind, und dass alle Macht- und Angstphantasien, mit denen sie operieren und Mitläufer lenken, nur Rationalisierungen instinkthaften Verhaltens sind. Diese Rationalisierungen zu entschlüsseln, dabei kann uns heute das Werk Elias Canettis helfen.

Der (»göttliche«) Spaß an der Intrige

In der von der christlichen Moral geprägten Welt galten und gelten Intrige, Heimtücke und Hinterlist als verwerfliche Eigenschaften, obwohl sie im Volksglauben, also in der immer vorhandenen moralischen Parallelwelt, durchaus anerkannte Mittel waren und sind, mit denen sich schwache Menschen gegen die Willkür von starken, reichen und mächtigen Menschen zur Wehr setzen. Wie Intrige und Hinterlist als Mittel weltlicher Herrschaftssicherung, aber auch als Mittel individueller Befreiung von engen moralischen Beschränkungen jeweils eingesetzt wurden, wie sie sich zudem als Mittel der Befreiung vom naiven Glauben an ein von »oben«, von »höheren Mächten« gelenktes Schicksal in der Geschichte der Literatur aller Epochen erkennen lassen, das hat Peter von Matt sehr gut in seinem Buch »Die Intrige. Theorie und Praxis der Hinterlist« (München 2006) beschrieben.

Warum die Normalität der Intrige, zu der ja immer auch eine gewisse Intelligenz gehört, so lange bei uns in Deutschland übersehen oder heruntergespielt wurde, das mag mit unserer Geschichte zusammenhängen, in der zum einen die Ablösung von allzu engstirnigen religiösen Weltbildern meist durch die Forderung nach einer positiven, menschenfreundlichen Moral begleitet war. Schon hier auf Erden, im Diesseits sollte diese menschenfreundliche Moral durchsetzbar sein – egal ob dies jetzt als »aufgeklärt-bürgerliche«, später dann »proletarische« oder »kommunistische« Moral bezeichnet wurde. Das Modell der AUFKLÄRUNG mit den Idealen der Menschenwürde als Naturrecht, der freien Meinungsäußerung in der Öffentlichkeit, der Freiheit der Person und des Rechtes auf körperliche Unversehrtheit hatte lange Zeit starken Einfluss auf Philosophie, Literatur und Politik. Und nach dem Zusammenbruch des Aufklärungsmodells im Nationalsozialismus hat sich gerade in Deutschland mit dem Generationswechsel in den 60er Jahren des 20. Jahrhunderts dieses Ideal noch einmal kurzfristig erneuern lassen – und in den Medien, der Literatur und der politischen Welt durchgesetzt. Nie wieder Krieg! Nie wieder übersteigerter Nationalismus! Nie wieder Rassismus! Mehr Demokratie wagen! Das waren bis vor kurzem lebendige Parolen.

Entgegen dieser Idealwelt hat sich aber im Alltag der Bürger, der Politiker und der Wirtschaft das Intrigenmodell, der »Fuchs« in Menschengestalt, wie ihn Machiavelli beschreibt, weiterhin durchgehalten. Und mit dem Ende des »Kalten Krieges«, mit der forcierten Globalisierung, mit der neuen Gemengelage der verschiedenen Kulturen, die sich nun aus nächster Nähe auf die Finger sehen können, kommt uns das Spiel mit den zwei Gesichtern, das Intrigenspiel wieder deutlicher zu Bewusstsein. Peter von Matt beschreibt dieses Spiel in seiner generellen Anlage anhand von bekannten Figuren aus gegenwärtiger oder vergangener Literatur. Und gerade in der Literatur, die ja Gedanken und Verhaltensweisen weniger »glätten« muss als Philosophie oder Theologie, lassen sich Intrigenspiele besonders gut aufzeigen. Der »talentierte Mr. Ripley« von Patricia Highsmith, ist den meisten wohl aus den zwei Verfilmungen (1960/1999) bekannt. Tom Ripley entdeckt sein Intrigentalent, als er einen reichen Jüngling zur Rückkehr aus Europa in die USA bewegen soll, diesen dann aber in einer »Notsituation« umbringt und für eine Weile die Rolle des reichen Sohnes einnimmt. Weniger spontan, sondern akribisch genau geplant geht dann der berühmte »Schakal« in dem britischen Spielfilm aus dem Jahre 1973 (nach dem Roman von Frederick Forsyth aus dem Jahre 1971) vor. Der anonyme »Schakal« (im deutschsprachigen Kulturraum eher ein »Fuchs«) soll in den 60er Jahren den französischen Präsidenten Charles de Gaulle umbringen. Er spielt mehrere Formen der Verstellung in einem Katz und Maus-Spiel mit der Polizei durch, und dies wird so genau in Szene gesetzt, dass es für den heutigen Filmkonsumenten beinahe schon langatmig wirkt. Dennoch bleibt die Handlung bis zuletzt extrem spannend und unterhaltsam.

Immer wieder zeigt sich in der Literatur , bzw. in der Filmgeschichte, dass es genau die heute noch offiziell verpönte Intrige ist, von der eine enorme Faszination ausgeht. Peter von Matt zeigt die wichtigsten Elemente des Intrigenmodells von der Antike über die Renaissance, die Aufklärung bis in die Gegenwart: »Notsituation, Zielphantasie, Plan und Planszene, Auftritt des Helfers, Auftritt des Intrigenopfers, Formen der Verstellung, der Verkleidung, der Intrigenstimme, des Intrigenrequisits, Gegenintrigen, Sieg oder Niederlage des Intriganten respektive des Opfers in der Anagnorisis.« (Ebenda, S. 305) Die Anagnorisis, also die Aufdeckung der inszenierten Intrigenhandlungen und ihrer (wahren) Motive, ist natürlich abhängig von der zeittypischen Moral, in der ein literarisches Werk oder ein Film an die Öffentlichkeit kommt. Sie ist auch abhängig von der jeweiligen Kultur, in der oder gegen die ein Werk sich behaupten muss.

Seit der Aufklärung wird nun versucht, die göttliche Weisheit durch ein weltliches Äquivalent zu ersetzen, das Menschen zum Guten bewegt, bzw. vom Bösen abschreckt. Ironie der Geschichte ist aber, dass gerade die Verweltlichung, das Streben nach einem autonomen, von göttlichen Heilslehren unabhängigen Subjekt, am ehesten durch den Intriganten verkörpert wird. Niemand hat das so gut erkannt wie Friedrich Schiller. Vor allem er, der Intrigant, oder sie, die Intrigantin, nehmen konsequent die Schicksalsfäden in die Hand und versuchen, ihre Mitmenschen wie Marionetten (oder heute wie Figuren in einem Computerspiel) nach eigenen Plänen zu lenken. Dass in diesem Spiel krankhafte Narzissten in der Oberliga spielen, darf nicht davon ablenken, dass bei jedem Intrigenerfolg ein realer Genuss winkt, der ein Gefühl von Gottgleichheit verspricht: Ich lenke die Welt nach meinem Willen, so wie ich will, sollen die anderen sich verhalten. Ich bin ich – und niemand steht über mir. Dieses Glücksgefühl, das bei allen Spielen der Hinterlist winkt, kann wie eine Droge wirken. Dass sich vor allem Jugendliche von so einem Spiel begeistern lassen, kann nicht verwundern.

Die intellektuelle Elite im Nachkriegsdeutschland schien dies lange Zeit vergessen oder verdrängt zu haben – und trüge daher einen Teil der Verantwortung für die Betriebsblindheit, mit der wir heute auf die Entwicklungen nach dem Ende der stark simplifizierenden Weltbilder des »Kalten Krieges« schauen. Um diese Betriebsblindheit zu überwinden, ohne dabei in Paranoia zu verfallen, sollte man sich die literarisch gut dokumentierten Intrigenspiele im genannten Werk des emeritierten Professors Peter von Matt anschauen – oder die Welt von heute mehr als bisher aus dem Blickwinkel von Ethnologen betrachten, die doch eher beschreiben, **was der Fall ist**, und weniger, was nach den Idealen der Aufklärung **der Fall sein sollte**. Nur wer die aktuellen Intrigenspiele kennt, kann sich rechtzeitig dagegen wehren – oder zumindest im Nachhinein Gegenstrategien ersinnen.

Einen Hinweis gibt uns eventuell Peter von Matt in seinem Werk zur Geschichte der Intrige, wenn er auf »La Cousine Bette« von Balsac eingeht:

»Lisbeth Fischer, Bette genannt, auch la Bette oder — halb liebevoll, halb verächtlich — notre Chèvre, unsere Ziege, lebt in der angesehenen Familie des Barons Hulot in Paris, eines Aufsteigers aus der napoleonischen Zeit, einst Protegés des Kaisers und jetzt noch, 1838, hohen Staatsbeamten. Dieser hat Bettes Cousine Adeline geheiratet, eine jener betäubenden Schönheiten, die außerhalb des trivialen Erzählens fast nur in den Romanen Balzacs anzutreffen sind. Die beiden Frauen sind zusammen aufgewachsen, bäuerlich, im äußersten Lothringen, am Fuß der Vogesen. Vor 20 Jahren hat die Ba-

ronin ihre arme, wenig attraktive Cousine nach Paris geholt, um sie dem ländlichen Elend zu entreißen und irgendwann in ansprechenden Verhältnissen unterzubringen. Diese weigert sich indessen, einen der Männer, die der Baron Hulot für sie aussucht, zu heiraten, verdient ihr eigenes Geld mit Bortensticken und lebt mit den Hulots als Vertraute nicht nur der ganzen Familie, sondern auch der Dienerschaft und des Bekanntenkreises. Sie erfährt alles, weiß alles, niemand hält sich ihr gegenüber zurück, da niemand sie als Nebenbuhlerin erfährt. Lachend nennt man sie den weiblichen Beichtvater der Familie.

Der Kern der Romanhandlung besteht darin, daß Bette sich eines Tages entschließt, diese ganze Familie, zu der sie gehört und mit der sie fast täglich lebt, zu ruinieren. Und sie betreibt dies, ohne daß ihr jemand je auf die Spur kommt. Immer bleibt sie die gutmütige Ziege, die jeder mag. Sie versteht alle, berät alle und stößt alle ins immer größere Unheil. Genau wie Jago, ihre literarische Präfiguration, als Vertrauter und Ratgeber Othellos immer um seinen Chef ist, mitfühlend und einflüsternd, scheinbar abratend, wo er in Wahrheit aufhetzt, nur von dem einen Gedanken besessen, den Chef in die Zerstörung zu treiben, hält die unscheinbare Bette ihr böses Spiel mit ungeheurer Willenskraft durch.

Es sind Gewalt und Gestalt ihrer Passion, die diese Bette intrigentheoretisch so aufschlussreich machen, und zwar, überraschenderweise, gerade auf dem Hintergrund von Norbert Elias' Theorie der feudalen Intrige als eines Produkts höfischer Affektkontrolle. Diese Theorie ist zwar auf den absolutistischen Hof fokussiert, der den Landadel an die Residenz band und seine Wildheit durch Zeremonien zähmte, aber die anthropologische Basis des Vorgangs kann sich auch anderswo zeigen. Ein schlagenderes Beispiel als das Psychogramm, das Balzac von Bette gibt, ist kaum zu denken. Die Intrige erscheint hier als das genaue Produkt des Verzichts auf die raubtierhafte Aggression. Diese verwandelt sich [...] vom Sprung an die Kehle in ein lautlos-beharrliches Unternehmen der Verstellung. Es drängt sich auf, hier einen Begriff zu lancieren, der bisher nicht diskutiert wurde und der doch wesentlich ist für die Psychologie des Intriganten: die Intrigengeduld. Auch sie gehört zum Intrigenmodell. Als Phänomen ohne Namen ist uns die Intrigengeduld allerdings schon mehrfach begegnet, von den Umständlichkeiten, mit denen der Schakal seine zahlreichen Identitäten präpariert, bis zur wartenden Elektra. Und der Fuchs, der sich totstellt, mit verdrehten Augen und hängender Zunge, stundenlang, bis die Vögel angeflogen kommen, ist auch hierfür ein Paradebeispiel. Geduld meint im allgemeinen Sprachgebrauch etwas Gutes und Richtiges. Im Kontext der Intrige gewinnt der Begriff einen so negativen Einschlag, daß man die Wortwahl bedenklich finden könnte. Und doch geht es auch hier um die Willensleistung einer beharrlichen Affektkontrolle, und dafür ist kein anderes Wort so geeignet wie eben Geduld. [...]

Balzac entwickelt den Charakter Bettes ganz aus ihrer ursprünglichen bäuerlichen Wildheit heraus. Er nennt sie »la sauvage Lorraine«, [533] und zeichnet sie als ein Wesen, das einst, bevor sie nach Paris kam, seine Aggressivität unmittelbar auszuleben pflegte. In ihrer Jugend war sie bitter eifersüchtig gegen die schöne, überall bevorzugte Cousine, und einmal geschah es, daß sie dieser plötzlich die Nase aus dem Gesicht reißen wollte. Dafür wurde sie geprügelt, konnte es aber nicht lassen, der Beneideten heimlich die feinen Gewänder zu zerschneiden. Als sie nach Paris kam, verschwanden die Symptome dieser gelebten Aggressivität. Die sozialen Regeln der Stadt veränderten das äußere Verhalten der Frau: »la capitale l'avait changee à la surface«. [534] Aber wie beim gezähmten Adel am Hofe Ludwigs XIV. war die Gewaltbereitschaft nur in die Tiefe gesunken. Insgeheim, meint Balzac, war Bette das Kind geblieben, das der beneideten Cousine die Nase aus dem Gesicht reißen wollte, und wäre sie nicht mit den städtischen Lebensformen in Berührung gekommen, hätte sie die Rivalin vielleicht in einem Anfall von Eifersucht getötet. Darauf folgt ein Satz, der wörtlich bei Norbert Elias stehen könnte [...]

Nur durch ihre Kenntnis der Gesetze und der gesellschaftlichen Sitten, heißt das, zähmte sie jene natürliche Raschheit, mit welcher die Landbewohner, genau wie die Wilden, vom Gefühl zur Tat übergehen. Darin besteht vielleicht der einzige Unterschied zwischen dem natürlichen und dem zivilisierten Menschen.

Das ist eine veritable Zivilisationstheorie. Sie läuft auf ein einziges Prinzip hinaus: die Verlangsamung der Übergänge zwischen Fühlen und Handeln. In der Wildnis, meint Balzac, beim Menschen im Naturzustand, schlägt alles Gefühl in Tat um, sofort. Die Kultur bremst diesen Ablauf und verwandelt ihn. Dompter: zähmen, bändigen — das Wort fällt mehrmals, wenn von Bette und Paris die Rede ist. Die Stadt hat die Wilde gebändigt, nicht aber ihren gefährlichen Kern entschärft. Der schlummert weiterhin in der Tiefe wie, mit Balzacs Worten, »ein Pestkeim, der an den Tag kommen und eine Stadt heimsu-

chen kann, wenn man den Packen Wolle öffnet, in dem er einge-
schlossen ist«.

Das geschieht tatsächlich, und wie es geschieht, macht eine große
Romanhandlung aus. Was in der Wildnis der schnelle Tatzenschlag
des Raubtiers an den Hals des Feindes gewesen wäre, wird hier, in
der urbanen Gesellschaft, zum Planen und Handeln in der Intrigen-
geduld.«

(Aus: »Die Intrige. Theorie und Praxis der Hinterlist«, S. 411-414)

Wie schwer die Bändigung von Gewalt ist, wenn sie einmal Gewohnheit war, zeigen nicht umsonst viele Kriegsheimkehrer, wenn sie zurück in ihre jeweilige Zivilgesellschaft kommen. Wolfgang Schorlau
hat dies recht gut in seinem Roman »Brennende Kälte« (2008) beschrieben. Was er nicht zeigt, ist die Übersetzung von aggressiven
Gefühlen in die Gewalt der Intrige. Aber genau diese Übersetzung
wäre heute für uns weitaus interessanter als die pathologische oder
gewohnheitsmäßige Ausübung direkter Gewalt, wo es doch allenthalben kaum kontrollierbare, schwelende oder offen gewalthaltige Konflikte gibt, in denen sich die Beteiligten auf Biegen und Brechen einen
sichtbaren Gegner herbeiwünschen oder herbeifantasieren. Und dies
selbst dann, wenn sie direkter Gewalt entkommen sind. Es reicht oft
ein Gefühl der Missachtung oder Demütigung durch die jeweilige öffentliche Meinung, das Rachegefühle hervorruft. Aufgestaute Rachegefühle lassen sich in einer zivilisierten Umgebung nicht direkt ausleben, daher die Intrigengewalt. Es reicht bisweilen schon die Empö-
rung, die ihre Energie aus entfernten Konflikten, verletzter »Ehre«
oder kulturellen Unterschieden bezieht, um Rachegefühle aufzu-
stauen. Diese können aber durch den Druck der Öffentlichkeit nicht
ausgelebt werden. Irgendjemandem muss man es heimzahlen. Aber
wem nur? Genau hier kommt der intelligente Spieler, vielleicht ein
krankhafter Narzisst, dazu und bietet ein »Ventil« an. Keine offene,
dafür aber versteckte Intrigengewalt. Vielleicht ein langfristiges Spiel,
das Geduld erfordert, wie man es beim modernen Terrorismus erlebt.
Was tun? Alle überwachen und die Überwachung zunehmend verfei-
nern? Vielleicht. Nur, je mehr man dieser Intrigengewalt z.B. durch
Überwachung beizukommen versucht, desto besser muss sich auf
der anderen Seite die Kunst der Verstellung entwickeln. Jede Gesellschaft ist auf Vertrauensverhältnisse angewiesen, um zu funktionieren. Von daher wird der Intrigant, der Vertrauen nur gut genug spielt,

immer im Vorteil bleiben, solange man ihn nicht offen ins Visier nimmt.

Man sollte also darauf achten, wo und wie sich gewaltorientierte Menschen oder Gruppen an die zivilisierte Welt anpassen: Ist diese Anpassung echt und vertrauenswürdig – oder ist sie nur gespielt und eine Art von Mimikry, neben der ein Intrigenspiel läuft? Wie aber will man das erkennen, wenn man nur noch mit einem Smartphone geleiteten Blick durch die Gegend läuft? Oder wie will man das erkennen, wenn man mit dem Geschichtsblick der in Deutschland üblichen Sonntagsreden auf das »Dritte Reich« den eigenen Stolz verloren hat?

Die Lust am Bösen

»Die Lust am Bösen«, so der Titel des 2011 erschienenen Buchs von Eugen Sorg. Sorg war als Mitarbeiter des internationalen Roten Kreuzes in verschiedenen Kriegs- und Bürgerkriegsgebieten dieser Erde. Und sein Resümee ist erschütternd. Menschen brauchen offensichtlich keine Schädigungen und Kränkungen, um »böse« zu sein, es reichen schon die Gelegenheiten, anderen ohne die Kontrolle einer kritischen Öffentlichkeit Schmerzen zuzufügen oder sie am Ende auch umzubringen – und schon tun sie dies, wie man am Beispiel der Balkankriege am Ende des 20.Jahrhunderts sehen konnte. »Nationalismus und Religion als primäre Ursache des Krieges anzusehen, blendete tatsächliche, mächtigere Antriebe des Handelns aus. Die meisten Menschen berauschen sich nicht an Ideen, um ihren Rausch zu legitimieren. Man bestiehlt und tötet den anderen aus konkreten Gründen: aus Habgier, Eifersucht, Rache und Lust, zur Selbstverteidigung, weil man dazu gezwungen wird, weil man glaubt, nicht erwischt zu werden – aber kaum aus einer abstrakten Idee heraus. Die Scharfmacher des Bürgerkriegs, etwa der kroatische General Franjo Tudjman oder der serbische Politiker Slobodan Milosevic, waren streberhafte Karriere-Kommunisten, bleiche Geschöpfe des Apparats. Der Nationalismus lieferte ein Feigenblatt, um ihren kalten Hunger nach Macht zu kaschieren. Jeder wusste oder ahnte das, auch ihre Anhänger mit den Flaggen und Abzeichen und folkloristischen Mützen, die nicht aus höheren Beweggründen jubelten, sondern weil sie sich auf die kommenden Tage der Hatz und des kollektiven Siegesrausches freuten.« (a.a.O. S. 17)

Nicht anders geht es meistens bei den individuell handelnden »Todesengeln« zu. Sie handeln aus Spaß oder um ein Überlegenheitsgefühl zu genießen. So auch der Krankenpfleger Roger Andermatt, der zwischen 1995 und 2001 mindestens 24 Insassen verschiedener Seniorenheime umgebracht hatte – und vor Gericht immerhin nach einigen scheinheiligen Ausreden zugab, er habe sich die Freiheit genommen »Gott zu spielen«. Das gleiche Phänomen bei den vier Krankenschwestern in einem Wiener Krankenhaus, die Dutzende Patienten mit Rohypnol oder Insulin umbrachten – und dies mit wachsender Enthemmung, je länger sie unentdeckt blieben.

Und wie glaubwürdig sind all die mitleidserregenden Erklärungsversuche, als der 18-jährige Gymnasiast Andreas Häussler und sein 19-jähriger Freund Frederik Begenat im Frühjahr 2009 zunächst die Schwestern von Andreas und dann dessen Eltern umbrachten. »Es war keine Tötung aus Affekt, begangen von einem gedemütigten Jugendlichen, der sich in einer unkontrollierten Aufwallung von Wut gegen den Vater erhob [...] Und selbst wenn eine zwar von niemandem bemerkte, übermächtige Spannung zwischen den beiden geherrscht hätte, wäre dies keine Erklärung, warum neben dem Vater auch die Mutter und die beiden Schwestern ihr Leben lassen mussten. Die Untat war ein eiskalt geplanter und mitleidlos vollstreckter vierfacher Mord, begangen von zwei jungen, intelligenten Erwachsenen aus beneidenswert stabilen Verhältnissen, die ein Leben vor sich hatten, das ihnen sämtliche beruflichen und sozialen Möglichkeiten bereithielt.« (a.a.O., S. 47/48) Die beiden hatten zuvor einige Diebstähle begangen und waren nie erwischt worden. »Ihr Gefühl der Exklusivität, der Auserwähltheit und Unverwundbarkeit wuchs mit der Zahl der erfolgreichen Raubzüge, und schließlich glaubten sie, über allen Regeln zu stehen, denen sich die anderen Menschen unterziehen müssen. Sie begingen die Ursünde. Sie wähnten sich allmächtig und gehorchten nur noch einem Gesetz: der unmittelbaren Erfüllung ihres Begehrens. Wer ihr im Weg stand, wurde entfernt. Deshalb mussten die Häusslers sterben.« (a.a.O., S. 49)

Vermutlich spielten ähnliche Motive auch im Dritten Reich eine Rolle, wenn Menschen freiwillig bei der Tötungsindustrie mitmachten oder sich so wie Amon Göth verhielten, dem KZ-Kommandanten, den wir aus dem Film »Schindlers Liste« kennen: Er folterte und tötete beinahe völlig willkürlich, aus reiner Mordlust. »Beinahe die Hälfte der sechs Millionen im Dritten Reich ermordeten Juden wurde nicht durch die arbeitsteilige, kalte, bürokratische Tötungsindustrie registriert, abtransportiert und in Gaskammern vergiftet, sondern mit Knüppeln erschlagen, in Ghettos gepfercht oder in die Wälder getrieben und erschossen, mit Zwangsarbeit zu Tode geschunden. Das Engagement der Mörder ging regelmäßig weit über die im Befehl enthaltenen Anweisungen hinaus. ...« (a.a.O., S. 43) Das erinnert doch sehr an all das, was wir aus dem gut beschriebenen Völkermord von 1995 in Ruanda kennengelernt haben. Und Daniel Goldhagen hat ähnliche Vorfälle weltweit recherchiert und in seinem Werk »Schlimmer als Krieg« (2009) zusammengetragen. Vielleicht ist es heute wichtiger denn je, solche Exzesse bereits im Ansatz zu verhindern – und genau hier müsste man im Vorfeld ansetzen, wenn man über Gruppen-Mobbing und Gruppen-Stalking redet, Verhaltensweisen also, die sich wie ein Virus auch bei uns verbreiten, weil sie offensichtlich gezielt geschürt werden. Und je länger aus den verschiedenen »Tiefenstaaten« heraus Menschen gegen einzelne Opfer gehetzt werden, desto schneller wächst der Größenwahn, der Glaube an die eigene Gottgleichheit bei den Strippenziehern, die sehen können, dass ihre Handlanger wie Marionetten funktionieren.

Wieso aber gibt es heute eine so breite Angriffsfläche in unserer Wohlstandsgesellschaft für größenwahnsinnige »Strippenzieher«? Früher hätte man gesagt: Es ist das soziale Elend – und wenn es allen besser ginge, der Reichtum besser verteilt wäre, dann wäre das »Böse« erledigt. Nichts dergleichen heute. Es geht uns besser, der »kalte Krieg« ist zu Ende – und dennoch nehmen Angst, Wut und Aggressionsbereitschaft zu. Noch unter der Decke einer funktionierenden Zivilgesellschaft, beruhigt durch ein weithin verfügbares Konsumangebot, aber doch an allen Ecken spürbar.

Es scheint so, als ob der »Prozess der Zivilisation«, den der Soziologe Norbert Elias beschrieben hat, heute wieder für eine Zeitlang rückwärtsläuft:

Ab dem Ende des 16. Jahrhunderts, mit der Ausdifferenzierung der höfischen Gesellschaft, hatte die Sensibilität für Scham und Peinlichkeit in der höfischen Gesellschaft zugenommen und, ausgehend von der Oberschicht, einen Zivilisationsschub bewirkt. Die Abhängigkeitsketten der Menschen wurden länger, dichter und kreuzten sich; der Zwang zur Selbstkontrolle wuchs mit der wechselseitigen Abhängigkeit und der gegenseitigen Beobachtung. Damit nahm auch der Zwang zur Fixierung gemeinsam anerkannten Rollenverhaltens zu, mit dem man sich voreinander schützte und Verhaltenssicherheiten schuf. In archaischen Gesellschaften kam die Bedrohung für Menschen eher von der Natur und dem äußeren Feind, also z.B. von fremden Stämmen. Mit der Zunahme der Naturbeherrschung und der Befriedung des Lebensumfeldes durch den Staat und seine Justiz wird die Bedrohung durch den Mitmenschen im eigenen Lebensbereich stärker empfunden. Auf die gewandelte Bedrohung reagiert nun die Gesellschaft mit einer gesteigerten Sensibilität für Peinlichkeiten, die von anderen ausgehen, aber auch für solche, in die man sich selber verfangen kann. Für Norbert Elias ist die dabei entstehende Scham ein Mittel zur Kontrolle und zur Selbstkontrolle, ein Mittel, um Triebdurchbrüche zu verhindern. Das Ich versucht nun mit dem erweiterten Verhaltensrepertoire das Durchbrechen gemeinschaftsschädigender Triebausbrüche zu verhindern. (Man macht einer Frau den Hof, sitzt gesittet am Tisch, isst mit Messer und Löffel, später auch mit der Gabel, zieht sich zu verschiedenen Anlässen verschieden an, usw. Wer gegen die Sitten verstößt, muss sich schämen.)

Wer die heutige Medienentwicklung verfolgt, der stellt fest, dass es eine allmähliche Verschiebung der Peinlichkeits- und Schamgrenzen gibt. Fast scheint es, als ob ein Wettbewerb darüber entstanden sei, wer am schnellsten die nächste Zote reißt oder irgendein kleines oder mittleres Tabu bricht. So wie sich regionale und nationale Grenzen heute auflösen, so lösen sich auch innere Grenzen der Verhaltenskontrolle auf. Im zivilen Raum durch die »Proll«-Sendungen im Privatfernsehen, durch extreme Computerspiele oder durch diverse Internetangebote; in Kriegsgebieten sind die Rollenangebote durch diverse Foltercamps, dem Terrorismus und dem Antiterrorkampf sowieso jenseits der Zivilisationsgrenze angesiedelt. Und aus den Kriegsgebieten und aus den Foltercamps dringen Erfahrungen der Enthemmung, z.B. mit dem Spaß am Erniedrigen, wieder zurück in die Zivilgesellschaft und vermischen sich hier mit einem schleichenden Trend, in dem der gleiche Spaß auch zu Unterhaltungszwecken genutzt wird. So wie im alten Rom besiegte Kriegsgegner als Trophäen, als menschliche Beute im Siegeszug durch die Straßen geführt wurden, so wird der durch Mobbing »besiegte« Mitschüler, den man stilgerecht »Opfer« nennen darf - oder die durch »happy Slapping« gedemütigte Oma im Internet stolz als Beute vorgeführt. Halböffentliche Entwürdigungen werden regelrecht inszeniert, zur Belustigung der gleichgesinnten Meute, denen der passive Medienkonsum ähnlicher Entwürdigungen im Privatfernsehen nicht mehr genügt, weil er zur harmlos ist. Noch gelten dort die Gesetze, noch kann man es extremer nur in Filmen wie Die Tribute von Panem - The Hunger Games (2012) bewundern.

Triebdurchbrüche, also Verhaltensweisen jenseits der Verstandeskontrolle, werden jedoch zunehmend als Spaßereignis inszeniert. So wie der Exhibitionist Opfer seines Dranges wird, sich auszuziehen, der Fresssüchtige Opfer seines ewigen Hungers wird, so scheint ein neuer Charaktertyp zu entstehen, der dem Spaß am ewigen Bloßstellen erliegt. Nur indem er zwanghaft andere erniedrigt, kann er sich großartig fühlen. Dabei nimmt er (oder sie) in Kauf, am Ende auch selbst bloßgestellt zu werden, da ja alles irgendwann aufgrund der menschlichen Neugierde einmal öffentlich wird. Die daraus entstehende und insgeheim schon erahnte Scham kann nur verdrängt werden, solange die Wahrscheinlichkeit, nicht erwischt zu werden, also anonym zu bleiben, noch recht groß ist.

Menschenwürde

Nach den Verbrechen des Dritten Reiches, nach den Schrecken des Zweiten Weltkrieges (auch in Fernost) hat man 1949 gleich im Artikel 1 des Grundgesetzes »die Würde des Menschen« als Basis für alle weiteren Gesetze festgelegt. Und egal ob die »WÜRDE« ein eigenes Grundrecht darstellt oder alle weiteren Grundrechte erst begründet, sie darf durch kein Gesetz und keine legitimierbare Handlung in Frage gestellt werden: »Die Würde des Menschen ist unantastbar. Sie zu achten und zu schützen ist Verpflichtung aller staatlichen Gewalt.«

Damit bezieht sich Deutschland auf die 1948 von der Generalversammlung der Vereinten Nationen verabschiedete Allgemeine Menschenrechtserklärung, in der von »der allen Mitgliedern der menschlichen Familie innewohnenden Würde« gesprochen wird. In Art. 1 heißt es dort: »Alle Menschen sind frei und gleich an Würde und Rechten geboren.« Und im Gegensatz zu früheren Würde-Begriffen - beispielsweise bei Cicero (44 v. Chr.) oder von Thomas von Aquin (1225-74) – geht der moderne Würde-Begriff nicht davon aus, dass Würde erst erworben werden muss oder verloren gehen kann, sie ist auch nicht bloß ein Lebensideal, nein, jeder Mensch besitzt sie und kann sie nicht veräußern oder durch Gewaltanwendung verlieren. Würde ist dem Menschen »inhärent« und hat keinen Preis, sie kann gegen nichts eingetauscht werden. In Kants berühmter »Selbstzweckformel« heißt es, Menschen dürften nie bloß als Mittel, sondern müssten immer zugleich als Zweck behandelt werden. Der Besitz der Würde ist nicht von einer Leistung abhängig und sie kann auch nicht verwirkt werden. Auch der verurteilte Verbrecher besitzt noch diese »Würde« – er darf z.b. nicht gefoltert oder in anderer Hinsicht unwürdig behandelt werden. (Kant hat zwar die Todesstrafe für möglich gehalten, nicht aber den Würdeverlust) Wieso wird aber heute diese Würde, die Menschenwürde von so vielen Menschen missachtet, wieso nimmt Mobbing, Stalking und das heimliche Foltern von Menschen bei uns so rasant zu? Wieso werden immer mehr Menschen in einen Kreislauf von Hass und Würdeverletzung gezogen? Sie, die Täter, müssten doch wissen oder ahnen, dass sie damit ihre eigene Würde verletzen, dass sie - egal in welchem Moralsystem man dies beurteilt - sich immer tiefer in einen würdelosen Kreislauf von Heimtücke und Gewalt hinein bewegen und sich in die Abhängigkeit von krankhaft narzisstischen Figuren begeben.

Natürlich benutzen wir tagtäglich andere Menschen als Mittel. Ich tue das, wenn ich Informationen abfrage oder beim Bäcker einkaufe. Deshalb ist hier auch das kleine Wörtchen »bloß« so wichtig. Nur wer andere »bloß« als Mittel benutzt, spricht ihnen Würde ab. Am leichtesten lässt sich dies erklären, wenn man darauf schaut, wo Würde verletzt wird. Dies war ja auch der Ausgangspunkt der neueren Würde-Diskussion, die nach dem Zweiten Weltkrieg und nach den Erfahrungen mit totalitären Diktaturen begonnen hatte. »Es ist denkbar, dass das, was wir als Würdeverletzung sehen, für alle Menschen eine grundlegende Bedeutung besitzt, weil sie es in ihrem Innersten trifft: Würdeverletzungen stellen eine Herabsetzung dar, die die Menschen – auch wenn Unterschiedliches unter einer Herabsetzung verstanden werden kann – in dem verletzen, was sie als Menschen sein wollen: Wesen, die man achtet, Wesen, über die man nicht verfügt, sondern in ihrer Eigenart anerkennt, Wesen, die ein eigenständiges Leben führen wollen. Vielleicht ist das der Grund, weshalb in Uganda genauso selbstverständlich von Menschenwürde geredet wird wie bei uns.« (Peter Schaber, »Menschenwürde«. Stuttgart 2012, S. 18)

Zunächst bedeutet dies, ausnahmslos jeden Menschen als vernunftbegabt und urteilsfähig zu betrachten, ein Mensch, der Rechte beanspruchen kann gegenüber Mitmenschen und dem Staat. »Die andere Person in ihrer Würde zu achten, heißt nach Kant, sie in einer Weise zu behandeln, die ihr die Möglichkeit gibt, zu dem, was man ihr tut, zustimmend oder ablehnend Stellung zu nehmen. Alternativ könnte man sagen: Eine andere Person in ihrer Würde zu achten, bedeutet, sie in einer Weise zu behandeln, der sie vernünftigerweise zustimmen kann.« (a.a.O., S. 42)

Vernunftfähig sind generell alle Menschen, die das Potential dazu haben, ihren Verstand zu gebrauchen, auch Kinder, die erst in der Entwicklung hin zu einer autonom entscheidenden Persönlichkeit sind. Auch sie haben Anspruch auf »Würde«, d.h. z.b. auf eine Erziehung im Sinne des Erwerbs einer Fähigkeit, das eigene Verhalten im Lichte von Gründen zu bestimmen, nicht getäuscht oder demütigend herabgesetzt zu werden. Sexuelle Übergriffe wären hier eine extreme Würdeverletzung, ebenso auch das willkürliche Zufügen von körperlichen Schmerzen. Keine Würdeverletzung wäre aber die Verweigerung, Schokolade zu kaufen oder egoistischem Verhalten von Kindern nachzugeben; ebenso wenig eine berechtigte Kritik, auch wenn diese möglicherweise die Selbstwerteinschätzung vorübergehend beeinträchtigt.

Ein Mensch, der inhärent Würde besitzt, ist aber auch verpflichtet, sich würdig zu verhalten. Schon das bewusste Täuschen stellt nach Kant eine Würdeverletzung dar, denn hierbei wird ein anderer Mensch »bloß« als Mittel gebraucht. Bei Folter und massiven Formen der Diskriminierung ist die Herabsetzung und Würdeverletzung noch deutlicher sichtbar. Ein eindrucksvolles Bild des Zusammenhangs zwischen Demütigung und Würde zeigt das Verhalten gegenüber jüdischen Bürgern, die bei den »Kristallnacht«-Pogromen im November 1938 von Nazis gezwungen wurden, den Gehsteig mit einer Zahnbürste zu reinigen.

Wenn Würde ohne Ausnahme jedem Menschen zusteht, dann auch den Würdeverächtern. Nur dass die sich eben würdelos verhalten, sich damit im Kern ihres Menschseins selbst verletzen wie Menschen, die sich zwanghaft »ritzen« oder sonst wie physisch verletzen, um überhaupt noch etwas von sich zu spüren. Aktives Foltern oder Demütigen bedeutet also auch eine moralische Herabsetzung der eigenen Person und eine Verletzung der eigenen Würde, selbst wenn dadurch ein kurzfristiger Lustgewinn entsteht. Die Mitläufer machen sich hier genauso schuldig wie die Anstifter oder die Schreibtischtäter.

»Wenn ich mir selbst gegenüber verpflichtet sein soll, muss diese Pflicht auf etwas beruhen, was mich auch anderen gegenüber verpflichtet. Und diese Pflicht gegenüber anderen muss eine sein, von der mich die anderen nicht entbinden können. Kant meint, dass solche Pflichten da vorliegen, wo es um die Würde von Personen geht.

So sind wir es seiner Auffassung nach uns selbst schuldig, uns vor anderen nicht herabzusetzen. Der Mensch soll »nicht kriechend, nicht knechtisch [...], gleich als sich um Gunst bewerbend, bewerben, nicht seine Würde verläugnen (sic), sondern immer mit dem Bewußtsein der Erhabenheit seiner moralischen Anlage [...]; und diese Selbstschätzung ist Pflicht des Menschen gegen sich selbst.« (Kant 1907/14b, 435) Es ist die eigene Würde, die uns verpflichtet, uns selbst vor anderen nicht zu verleugnen. Darüber hinaus bin ich auch gegenüber der Würde der anderen verpflichtet. »Die Würde des Menschen«, so lautet die Formulierung des Grundgesetzes, »ist unantastbar«. Es ist die Würde des anderen, die mich verpflichtet, den anderen auf bestimmte Weise zu behandeln beziehungsweise auf bestimmte Weise nicht zu behandeln, ihn zum Beispiel nicht zu versklaven, ihn nicht als Knecht zu behandeln oder ihn nicht herabzusetzen. In gleicher Weise gilt: Ich bin mir gegenüber verpflichtet, mich nicht vor anderen herabzusetzen und mich nicht zum Sklaven anderer zu machen. [...] Meine Selbstachtung kann von anderen verletzt werden, indem sie mich erniedrigen. Meine Selbstachtung kann aber auch von mir selbst verletzt werden, indem ich mich selbst aus niederen Motiven verleugne. Wer sich beispielsweise, um anderen zu gefallen, kriecherisch verhält, achtet sich selbst nicht, achtet seine eigene Würde nicht und verletzt damit eine Pflicht gegen sich selbst.« (a.a.O., S. 107-108)

Wenn jetzt also aufgrund des drohenden fundamentalistischen Terrors oder der angstauslösenden Folgen der Globalisierung die Zügel der Zivilisation locker gelassen werden, wenn Folter und Demütigung auch aufgrund der medialen Entwicklung und der Entwicklung moderner Technologien bei nichttödlichen Waffen ihren Tabucharakter zunehmend verlieren, dann wird es auf Dauer schwer sein, unwürdiges Verhalten zu vermeiden. Der Rechtsstaat kann dieses Verhalten nur dann zurückhalten, wenn der Souverän, also das Volk, ihn immer wieder neu dazu ermächtigt, weil es von der Notwendigkeit der Selbstbegrenzung überzeugt ist. Nach 1945 und bis 1989 war das infolge der Schreckensbilder aus der Nazizeit und ermutigt durch die Bilder aus den kommunistischen Diktaturen evident. In Abgrenzung zu den Fehlern der Vergangenheit und zu den Einschränkungen der Freiheit in Diktaturen haben wir den Rechtsstaat immer auch als Schutzmacht der Menschenwürde betrachten können. Ohne diese Abgrenzung zu einem in unseren Augen würdelosen System, das räumlich von uns getrennt war, mit einem überall, auch im eigenen

Land, drohenden Terrorismus und religiösem Fundamentalismus, mit der grenzenlosen Konkurrenz bei Rohstoff-, Absatz- und Arbeitsmärkten, mit ungeklärten Zukunftsoptionen im Umweltschutz und auf nahezu allen Gebieten der menschlichen Erfahrung, verschwimmt das Problem der »WÜRDE« heute mehr und mehr am Horizont der Geschichte und wird zu einem Problem von Spezialisten, Universitätsprofessoren oder Journalisten in den Feuilletons, deren Stimme im Gemenge der vielen Stimmen unterzugehen droht. Das Problem der Würde, wenn es denn überhaupt noch eine Rolle bei uns spielt, wird in erster Linie als Problem ferner Diktaturen gesehen. In Weißrussland oder in Nordkorea soll es Würdeverletzungen geben.

Peter Bieri hat in seinem Buch »Eine Art zu leben. Über die Vielfalt menschlicher Würde.« (München 2013) beschrieben, wie z.B. Mitläufer ihre Würde verspielen und sich widerstandslos von narzisstischen Anführern gängeln lassen. Von einem bestimmten Punkt der Verführung an sind sie nicht mehr in der Lage, selbst Regie über Gewissensregungen und zivilisatorische Hemmungen zu führen:

»Wenn es nicht gelingt, das Wollen durch das Urteilen zu lenken, ungeliebte Affekte zu kontrollieren und über die innere Zensur selbst Regie zu fuhren, so ist das eine Erfahrung der Ohnmacht. Manchmal sprechen wir hier auch von Demütigung. »Es ist so demütigend, daß ich es nicht schaffe!«, mag der Süchtige sagen. Doch nach unserem Verständnis ist seine Ohnmacht nicht von sich aus schon eine Demütigung: Es gibt keinen Akteur, der ihn die Ohnmacht genußvoll spüren läßt. Zu einer Demütigung wird eine innere Unfreiheit erst dadurch, daß sie uns von jemandem abhängig macht. Nicht nur, daß wir gegen das zwanghafte Bedürfnis nicht ankommen - wir hängen auch noch vom Willen und der Willkür desjenigen ab, der es befriedigen kann. Der Drogensüchtige ist nicht nur seiner Sucht gegenüber hilflos, sondern auch dem Dealer und seinem Wohlwollen gegenüber. Und wenn ich aus krankhafter Angst das Haus nicht mehr allein verlassen kann, fühle ich mich ohnmächtig nicht nur, weil ich die Angst nicht beherrschen kann, sondern auch, weil ich von einem Begleiter und seinen Launen abhängig bin. Die Demütigung wird vollständig, wenn man meine Abhängigkeit ausnutzt und sich daran ergötzt. Der Drogendealer demütigt mich, indem er mir, um den Preis zu erhöhen, das Päckchen mit dem weißen Pulver grinsend hinhält und es zurückzieht, wenn ich danach greifen will. Und mein Begleiter kann mich demütigen, wenn er mich willkürlich warten läßt oder auf der Straße plötzlich wegläuft, um mich in meiner Angst erstarren zu sehen. Vielleicht steigt dann auch der Preis für die Begleitung. Abhängigkeit durch inneren Zwang nennen wir Hörigkeit. Ich brauche einen anderen, um mein Bedürfnis, gegen das ich vergeblich ankämpfe, zu befriedigen. Es ist eine äußere Versklavung durch eine innere Versklavung. Der andere führt über mich Regie wie über eine Marionette, indem er mit den abgelehnten, doch nie besiegten Impulsen spielt. Man könnte sagen: Er konsumiert meine Unfreiheit. Und der Hörige ist stets erpreßbar: Wie hoch der Preis auch wird - er kann es sich nicht leisten, den anderen zum Teufel zu schicken.

Der Drogendealer und der Begleiter meiner Angst sind austauschbar. Ich bin jemandem in diesem Fall nur in seiner Funktion hörig: in seiner Fähigkeit, mir zur Befriedigung meines Bedürfnisses zu verhelfen. Es könnte auch eine andere Person sein. Doch die Hörigkeit kann auch einer bestimmten Person gelten: Es ist sie und nur sie, der meine übermächtige, zwanghafte Begierde gilt. Dann sagen wir: Ich bin ihr verfallen. Sie kann mit mir machen, was sie will. Meine innere Versklavung verleiht ihr grenzenlose Macht über mich, und darin liegt der Verlust meiner Würde.« (A.a.O. S. 78/79)

Verachtung

Einmal angenommen, wir haben die Menschenwürde nicht nur wegen der Schrecken des Zweiten Weltkrieges oder gar einfach so nebenbei als das höchste Gut, als höchsten Wert in unserer Verfassung festgeschrieben, sondern sind auch fest davon überzeugt, dass dies Sinn macht. Welches Gefühl können wir dann gegen uns empfinden, wenn wir, da wir fehlerhafte Menschen sind, einmal eine fremde oder gar die eigene Würde missachtet haben, wenn wir also würdelos gehandelt haben?

Keinesfalls werden wir uns gleich verachten oder damit rechnen, dass uns jemand verachtet. Zunächst einmal wird uns ein Gefühl der Scham erfassen aufgrund der Enttäuschung darüber, dass wir einem eigenen Anspruch nicht Genüge geleistet haben. Danach wird vermutlich eine stille Art von Reue aufkommen und wir werden uns vornehmen, in Zukunft besser zu handeln, würdevoller. Ein religiöser Mensch wird vermutlich Gott darum bitten, ihn dabei zu stärken, sich an die Regeln der Fairness zu halten.

Derart wird sich vermutlich jeder verhalten, der an der eigenen Integrität festhält. Genau das setzt unsere Verfassung auch voraus.

Aber ist so ein Verhalten mehrheitsfähig? Das könnte man heute aus verschiedenen Gründen bezweifeln. Zum einen gibt es für einen großen Teil der Gesellschaft keinen allgemein anerkannten geistigen »Überbau« mehr, der wie eine Religion oder ein Religionsersatz ein Weltbild liefert, das die Menschenwürde hochachtet. In einer rationalen Kosten-Nutzen-Rechnung taucht »Würde« nicht auf. Aus einer rein naturwissenschaftlichen Sicht oder in einem Computerprogramm gibt es keine »Menschenwürde«. Aber auch religiöse oder atheistische Fundamentalisten ordnen die Menschenwürde meist ihren wenigen Hauptprinzipien unter. Jeder » -Ismus«, der sich zur Massenbewegung entwickelt, pfeift am Ende auf Würde.

Aus der »Würde« ist heute wieder »Ansehen« geworden, ein äußerlicher Begriff – und Ansehen gewinnt jeder mit teurem Konsum, mit modischer Kleidung, dem neuesten Handy, mit körperlicher Fitness, beruflichem Erfolg, einem guten Einkommen und generell mit Besitz von Eigentum oder anerkannten Titeln, die um einen herum ein Bild von Bewunderung erzeugen. Dieses Bild ist aber sofort gefährdet, wenn die äußeren Stützen für das Selbstbild wegfallen.

In so einer Situation könnten einflussreiche Gruppen eingreifen und über Geld, Konsumgüter oder die willkürliche Vergabe von »Anerkennung« Menschen von sich abhängig machen. Nun gibt es heute in den westlichen Ländern keine Stammes- oder Standesgesellschaften mehr, wo so etwas normal ist, sondern Staaten, welche offiziell auf Grundrechten beruhen wie Menschenwürde, Freiheit, Gleichheit vor dem Gesetz...

Wenn aber zunehmend mafiöse Abhängigkeiten das Handeln der Menschen bestimmen, wenn willkürliche und gesetzlose Einflüsse auf freie Menschen einwirken, dann sollte das als **unwürdig** gelten. Niemand wird »Es lebe die Heimtücke!« auf ein Plakat schreiben und dieses offen herumtragen. Wir würden einen Widerspruch zwischen dem hohen Anspruch des Grundgesetzes und der Wirklichkeit empfinden, den man zwar verdrängen, überspielen oder im Konsum ersticken könnte, aber wegwischen kann man diesen Widerspruch auf Dauer nicht. In modernen, demokratischen Gesellschaften wird durch die Zunahme der auf **Heimtücke** basierenden Verhaltensweisen ein unterirdischer Pilz, ein Spaltpilz wachsen, der seine Ausläufer irgendwann einmal offen zeigen muss.

So kann auf Seiten der Manipulierer, also derjenigen, die mit Geld oder Zwang andere auf beschämende Weise von sich abhängig machen, auf Dauer nur ein Gefühl von Verachtung entstehen: Wieso lassen die Mitläufer sich so einfach manipulieren und sind auch noch stolz darauf? Wieso degradieren sich diese Menschen so ganz ohne Gegenwehr selbst? Da man nun aber die allzu leicht verfügbaren Menschen als »Hilfsmittel«, als eine Art von »Haustier« nicht verlieren will, und weil jeder einigermaßen intelligente Manipulator weiß, dass eine zur Schau gestellte Verachtung nur Hass erzeugen würde, weil der Verachtete nicht mit gleicher Münze zurückzahlen kann, wird er nach außen Nachsicht zeigen und den Unwert des anderen so weit wie möglich verheimlichen. Verachtung ist ein kaltes Gefühl und wird vom Kopf her beherrscht. Hass jedoch, z.B. als eine Reaktion auf Verachtung, wäre eine Sache des Herzens, ein Gefühl, das eventuell nach Racheaktionen schreit. Wer zu schwach ist oder sich zu schwach fühlt, den Hass auszuleben, wird anfällig dafür, Ersatzhandlungen zu begehen und schwache »Sündenböcke« suchen.

Es wird vermutlich noch eine Zeitlang dauern, bis die heutigen Mitläufer, also all jene, die über Geld, Gerüchte oder Zwang zu unwürdigem Verhalten gebracht wurden, bemerken, dass sie von narzisstischen Manipulatoren nur verachtet werden. Noch schlimmer: dass sie sich selbst verachten müssen, wenn sie jemandem, ohne offen einen Grund anzugeben, auf den dieser reagieren kann, einen Schaden zufügen. Die Anerkennung für unwürdiges Verhalten, sei es über Geld, Gruppenmitgliedschaft oder Zwangsvermeidung, diese äußerliche Anerkennung kann jederzeit widerrufen werden – oder plötzlich an Wert verlieren. Die Ahnung davon steckt in jedem Mitläufer – und er oder sie wird diese Ahnung mit aller Macht verdrängen. Wird alles einmal aufgedeckt, kommt ein Gefühl auf, das wir Scham nennen, solange noch ein Rest von Gewissen in uns lebt. Und von außen kommt die »Schande«, die in der Öffentlichkeit rasch verbreitet wird, wenn unwürdiges Verhalten bekannt wird. Schande, weil der heimtückische Terror gegen Menschen geht, die keine Chance haben sich zu wehren, die aus der Ferne wie eine Figur im Computerspiel behandelt werden, die noch nicht einmal einen Vorwurf hören, gegen den sie sich wehren könnten. Schande auch, weil die Täter den Opfern, die sie meist noch nicht einmal kennen, immer wieder ein höhnisches Gesicht zeigen und sich an der Hilflosigkeit sichtlich laben, weil sie ihren Spaß am Quälen inzwischen ganz offen zeigen (können!).

Tiefenstaaten, die an gesellschaftlich anerkannten Normen vorbei Menschen zu unwürdigem Verhalten zwingen, können vielleicht vorübergehend Sicherheit und äußerliche Anerkennung bieten, sie können sogar eine laszive Art von Spaß vermitteln, indem sie unseren Hang zur Schadenfreude anheizen. Sie führen aber langfristig zu Dekadenz und Selbstzerstörung in unseren westlichen Gesellschaften, was ja vermutlich auch der langfristige Zweck dieser Vorgänge ist. Die Ahnung davon steckt in jedem Mitläufer - und je länger einer mitmacht, desto größer wird sein Spagat aus der öffentlichen Moral heraus in die Amoral der »Tiefenstaaten«.

Das Böse und die Moral

Vermutlich ist fast jeder mit dem Bild vom »Bösen« als eine Art von Ungeheuer aufgewachsen. Märchen, Romane und Filme haben dieses Bild in mannigfacher Form in unser Gedächtnis eingebrannt. Und so erschrecken wir jedes Mal, wenn wir erfahren, dass es böse Menschen gibt, die als nette Nachbarn auftreten. So bei der Berichterstattung über den netten Kriegsherrn Ignace Murwanashyaka aus Ruanda, der seine Mordaktionen von Mannheim aus organisierte. Er war Oberbefehlshaber der FDLR, einer Rebellenorganisation der Hutu, die im Kongo brandschatzen, morden und vergewaltigen. (RNZ, 30.4. / 1.5. 2011, S. 20) Aber könnte es solche netten Nachbarn nicht auch bei uns geben, Menschen mit zwei Gesichtern, deren Bosheiten durch eine starke Organisation abgesichert scheinen? Vielleicht sind ihre Grausamkeiten nicht so offensichtlich wie die im Kongo, vielleicht sind sie dadurch aber langfristig noch weitaus gefährlicher.

In diesem Zusammenhang sollte man noch einmal die Biographie von Werner Best, dem Gestapo-Mann und NS-Juristen nachlesen, die Ulrich Herbert unter dem Titel »Best: Biographische Studien über Radikalismus, Weltanschauung und Vernunft, 1903-1989« veröffentlicht hat. Die Mischung aus radikalem Ideologen und sachlichem Bürokraten könnte auch heute wieder Karriere machen, egal in welchem Denkgebäude man ihn ansiedeln würde. Und genau solche Menschen sind die Gehilfen von radikalen Narzissten, die kleine oder große Diktaturen aufbauen. Ohne sie wären sie hilflos. Extremistische Einzeltäter wie Anders Behring Breivik sind m.E. lange nicht so gefährlich wie die Bürokraten des Bösen.

Macht man sich nun Gedanken, was uns böse werden lässt und was dem entgegensteht, dann kommt man unweigerlich auf das Gebiet der Moral, ein Gebiet, in dem sich Religion und Philosophie einen ewigen Deutungsstreit liefern.

Auch wenn z.B. seine Ansichten über Frauen völlig inakzeptabel sind, so hat Arthur Schopenhauer (1788-1860) doch sehr feinsinnige Analysen über das moralische Verhalten von Menschen geliefert, die auch heute noch zutreffen. Warum werden normale Menschen böse? Das können wir uns auch heute noch fragen. Und welche Steigerungen kann die Bosheit erfahren?

Unabhängig von Erziehung, Religion und Rechtswesen sieht Schopenhauer bei allen Menschen die Veranlagung, Mitleid mit anderen zu empfinden, woraus sich dann Menschenliebe – aber auch die Liebe zur lebenden Natur – und ein Gefühl für Gerechtigkeit entwickeln kann. (Vgl. »Über das Mitleid«. Arthur Schopenhauer, Neuauflage im dtv-Verlag, München, 2005)

Mitleid ist also für ihn der Kern einer menschenfreundlichen Moral. Wer nun Bosheiten ausüben oder verbreiten will, muss diese Veranlagung zum Mitleid unterdrücken oder verdrängen. Das kann durch Verleumdung, Beeinflussung mit einer aggressiven Ideologie, religiösem Fanatismus, Gewaltandrohung, Erzeugen von Angst etc. passieren. Das dahinterstehende Motiv des »Übelwollens« kann z.B. Egoismus sein oder aber, was schlimmer ist, ein Spaß am Leiden des Mitmenschen.

Schopenhauer: »...Das Uebelwollen in den niederen Graden ist sehr häufig, ja, fast gewöhnlich, und es erreicht leicht die höheren. Goethe hat wohl Recht zu sagen, daß in dieser Welt Gleichgültigkeit und Abneigung recht eigentlich zu Hause sind. (Wahlverwandtschaften, 1. Teil, Kapitel 3, Schluß). Es ist sehr glücklich für uns, daß Klugheit und Höflichkeit ihren Mantel darüber decken und uns nicht sehen lassen, wie allgemein das gegenseitige Uebelwollen ist und wie das *bellum omnium contra omnes [der Krieg jeder gegen jeden; D.Z.]* wenigstens in Gedanken fortgesetzt wird. Aber gelegentlich kommt es doch zum Vorschein, z. B. bei der so häufigen und so schonungslosen Uebeln Nachrede: ganz sichtbar aber wird es bei den Ausbrüchen des Zorns, welche meistens ihren Anlaß um ein Vielfaches übersteigen und so stark nicht ausfallen könnten, wenn sie nicht, wie das Schießpulver in der Flinte, komprimirt gewesen wären, als lange gehegter im Innern brütender Haß. - Großentheils entsteht das Uebelwollen aus den unvermeidlichen und bei jedem Schritt eintretenden Kollisionen des Egoismus. Sodann wird es auch objektiv erregt, durch den Anblick der Laster, Fehler, Schwächen, Thorheiten, Mängel und Unvollkommenheiten aller Art, welchen, mehr oder weniger Jeder den Andern, wenigstens gelegentlich, darbietet. Es kann hiermit so weit kommen, daß vielleicht Manchem, zumal in Augenblicken hypochondrischer Verstimmung, die Welt, von der ästhetischen Seite betrachtet, als ein Karikaturenkabinet, von der intellektuellen, als ein Narrenhaus, und von der moralischen, als eine Gaunerherberge erscheint. Wird solche Verstimmung bleibend; so entsteht Misanthropie. —

Endlich ist eine Hauptquelle des Uebelwollens der Neid; oder vielmehr dieser selbst ist schon Uebelwollen, erregt durch fremdes Glück, Besitz oder Vorzüge. Kein Mensch ist ganz frei davon, und schon Herodot (III, 80) hat es gesagt: Der Neid ist von Anfang an dem Menschen eingeboren. Jedoch sind die Grade desselben sehr verschieden. Am unversöhnlichsten und giftigsten ist er, wann auf persönliche Eigenschaften gerichtet, weil hier dem Neider keine Hoffnung bleibt, und zugleich am niederträchtigsten; weil er haßt, was er lieben und verehren sollte; allein es ist so:

,Man scheinet, mehr als Andre, Die zu neiden, Die, durch der eig'nen Flügel Kraft gehoben Aus dem gemeinen Käfig Aller scheiden.' (Petrarca, Trionfo del Tempo, 91 ff.)

klagt schon Petrarka. [...] — In gewissem Betracht ist das Gegentheil des Neides die Schadenfreude. Jedoch ist Neid zu fühlen, menschlich; Schadenfreude zu genießen, teuflisch. Es giebt kein unfehlbareres Zeichen eines ganz schlechten Herzens und tiefer moralischer Nichtswürdigkeit als einen Zug reiner, herzlicher Schadenfreude. Man soll Den, an welchem man ihn wahrgenommen, auf immer meiden [...] Neid und Schadenfreude sind an sich bloß theoretisch: praktisch werden sie Bosheit und Grausamkeit. Der Egoismus kann zu Verbrechen und Unthaten aller Art führen: aber der dadurch verursachte Schaden und Schmerz Anderer ist ihm bloß Mittel, nicht Zweck, tritt also nur accidentell dabei ein. Der Bosheit und Grausamkeit hingegen sind die Leiden und Schmerzen Anderer Zweck an sich und dessen Erreichen Genuß. Dieserhalb machen jene eine höhere Potenz moralischer Schlechtigkeit aus. Die Maxime des äußersten Egoismus ist: [...] Hilf niemandem, vielmehr verletzte alle, wenn es dir gerade nützt. Die Maxime der Bosheit ist: [...] Verletze alle, so sehr du kannst. - Wie Schadenfreude nur theoretische Grausamkeit ist, so Grausamkeit nur praktische Schadenfreude, und diese wird als jene auftreten, sobald die Gelegenheit kommt...« (A. Schopenhauer. Über das Mitleid. A.a.O., S. 65-67)

Religion als Belohnung und Abschreckung?

Religion als Belohnungs- oder Abschreckungssystem schafft nach Schopenhauer noch keinen moralisch handelnden Menschen. Und das hat sich ja sowohl in der Geschichte als auch in der Gegenwart bestätigt. Nach Schopenhauer dient sie aber für die Masse der Menschen, die Probleme mit der Selbstbeherrschung und der Affektkontrolle haben, als eine Art Begrenzung im Ausleben von Bosheiten. Sie spricht zwar in erster Linie egoistisches Verhalten an (Angst vor Strafe oder Versprechen einer Belohnung im Jenseits), kann dadurch aber einen Schutz vor Übergriffen bieten und ebenso wie der Rechtsstaat die Menschen voreinander schützen. Dennoch gehört sie, die Religion, bereits zur positiven, aktiven Seite der Moral, indem sie selbstloses Verhalten und Mitleid zumindest programmatisch anspricht und einfordert.

Religion belohnt zudem Verhaltensweisen, die eine Gesellschaft langfristig stabilisieren und für die es in einer völlig säkularisierten Gesellschaft m.E. kein Pendant gibt: Sie fordert und fördert das Verzeihen, einen kommunikativen Akt, der von den nie ganz vermeidbaren schuldhaften Handlungen entlastet, der also die Vergangenheit wie bei einer Beichte bereinigt. Die Folgen unserer Handlungen sind - egal wie gut wir uns verhalten - prinzipiell nie ganz berechenbar und führen irgendwann immer in schuldhafte Verstrickungen, zu Verletzungen und zu Rachegedanken. Religion, jedenfalls die christliche, belohnt das Verzeihen, für das der Verstand nicht die Kraft besitzt. Ohne das Verzeihen aber verstricken wir uns sehr oft in zirkuläre Rachegedanken - und statt uns wieder daraus zu befreien, zwingen wir uns zu Selbsttäuschung, zu Verstellung und Scheinheiligkeit - oder wir verletzen (körperlich und seelisch) beliebige »Opfer«, die sich nicht wehren können. Ohne die Stütze einer tief verankerten Gewissheit, dass Verzeihen sich lohnt, wird asoziales Verhalten Teil des sozialen Lebens - frei nach dem Prinzip »Du musst ein Schwein sein in dieser Welt...« (Die Prinzen«) Religion ist also wichtig zur Entlastung von Schuld und zur Bereinigung der Vergangenheit, die im Verzeihen liegt. Zum anderen stärkt sie aber auch die Gewissheit moralischen Verhaltens in der Zukunft, indem sie das Versprechen zu moralischem Verhalten einfordert. Damit entlastet sie quasi nach vorne, schafft also Vertrauensverhältnisse, wie sie der Verstand alleine nicht bewirken könnte, denn mit ihm wird auch eine betrügerische Schlauheit belohnt, mit der man sich immer wieder einen Vorteil gegenüber anderen verschaffen kann. Und zuletzt ist Religion auch stabiler und berechenbarer als das Mitleid, das doch letztlich Mitgefühl ist, ein Gefühl also – und Gefühle sind wechselhaft, können täuschen, können in die Irre führen. Es gibt viele Situationen, in denen man einen **zusätzlichen** Kompass braucht, um moralisch handeln zu können. Das weiß jeder Polizist, der mit aggressiven Schwerverbrechern zu tun hat, das wissen Soldaten, die sich in Kriegshandlungen befinden. Das weiß aber auch jemand, der sich von einer Heiratsschwindlerin oder einem Heiratsschwindler hat täuschen lassen. Es braucht also ein **System von Ideen und Gedanken**, das stabiler ist als ein Gefühl, das dem Mitgefühl zur Hilfe geht. Und hier kommt entweder die Philosophie oder die Religion ins Spiel.

Der Staat hingegen kann das moralische Verhalten nicht selbst erzeugen oder verstärken. Wo er sich moralisch zu sehr engagiert, übernimmt er sich und wird meist diktatorisch. Er kann aber erzwingen, dass der Egoismus der Menschen das soziale Zusammenleben nicht erdrückt oder die aktive Bosheit nicht ausgelebt wird.

»... Die Rechtslehre ist ein Theil der Moral, welcher die Handlungen feststellt, die man nicht ausüben darf, wenn man nicht Andere verletzen, d.h. Unrecht begehen will. [...] Gegen diese Handlungen errichtet nun der Staat das Bollwerk der Gesetze, als positives Recht. Seine Absicht ist, daß Keiner Unrecht leide: Die Absicht der moralischen Rechtslehre hingegen, daß keiner Unrecht thue. Bei jeder ungerechten Handlung ist das Unrecht der Qualität nach dasselbe, nämlich Verletzung eines Andern, es sei an seiner Person, seiner Freiheit, seinem Eigenthum, seiner Ehre.« (Schopenhauer, a.a.O., S. 90)

Wer immer Bosheiten in die Gesellschaft tragen will, der muss die Begrenzungen des Rechtsstaates hintergehen oder ausschalten und die positiven Aussagen der Religion bezüglich des Mitleids relativieren. Das gilt für den offenen Krieg, das gilt für den Bürgerkrieg, das gilt für den Terrorismus und den Kampf gegen den Terrorismus, das gilt für die Etablierung einer Mafia-Moral (vgl. »Pentito. Ein Mafioso packt aus«), das gilt aber auch für den ganz normalen Alltag.

»Mitleid« ist nicht bei jedem ein rein positiver Begriff, denn er wird bisweilen (z.B. in Anlehnung an Nietzsche) auch abwertend empfunden, klingt nach »bemitleidenswert«, »tief gesunken«. Vielleicht wäre heute der Begriff »Empathie« treffender und wirkungsvoller bei dem Aufbau einer positiven Moral. Empathie meint das Einfühlen in die Welt eines Mitmenschen unter Beibehaltung der eigenen Perspektive, der eigenen Interessen, der erworbenen Erfahrungen und der Vernunft. Hat ein Kind ein kleines Problem – und die Eltern zerfließen vor Mitleid, dann schaden sie dem Kind, gehen diesem, so es bereits einigermaßen selbstbewusst ist, auch auf den Wecker. Und nutzen gerissene Menschen oder Bettlerbanden Mitleid nicht auch oft aus, wie der inzwischen berüchtigte »Enkeltrick« südosteuropäischer Banden zeigt? Sieht dann Mitleid nicht wie Dummheit aus? Natürlich besteht hier eine Gefahr, wenn man nur die Perspektive des »Opfers« einnimmt und sich unkritisch in seine Gefühlswelt ziehen lässt. Aber auch Empathie kann man kritisch sehen: Hatte nicht schon Kain genügend Empathie für Abel – und ihn trotzdem erschlagen, weil er seinen Stolz und seine »Ehre« verletzt sah? Empathie als die generalisierte Fähigkeit, die Gefühlslage anderer zu erspüren und zu verstehen, reicht oft nicht aus. Auch eine Heiratsschwindlerin oder ein Heiratsschwindler muss empathiefähig sein. Auch ein Mafia-Killer kann Empathie empfinden, sich in ein Opfer einfühlen – und es dann trotzdem mitleidlos umbringen. Er wird seine Rechtfertigung finden.

Hans-Ludwig Kröber, Chef der Forensischen Psychiatrie der Berliner Charité, hat das von engagierten Atheisten immer wieder gepriesene Heilmittel der »Empathie« in den Alltag von ganz normalen Verbrechern heruntergerechnet. In seinem Essay für die »ZEIT« mit dem Titel »Töten ist menschlich« beschreibt er, wie sehr einfühlsame,

empathiefähige Menschen in Situationen geraten, in denen handfeste Interessen sie sogar zu Mördern werden lassen:
»Den Artgenossen töten ist ein – im biologischen, nicht im moralischen Sinne – zutiefst menschlicher Akt. Nachvollziehbar, wenn das Motiv rational ist: Beute machen zum Beispiel, materiell oder sexuell. Um Macht zu etablieren oder aufrechtzuerhalten. Auch emotionale Motive sind verständlich: Angst, Notwehr, Wut, Eifersucht, Niedertracht. Und nicht zu vergessen: Rache! (Rache, hat der Philosoph Friedrich Nietzsche gesagt, ist das reinste Motiv. Manche nennen es auch: Bestrafung.) Auch ein Grund zum Töten: die Lust an der Zerstörung. (Es gibt Menschen, sagt der böse Joker am Ende von Batman 2, die für kein Geld der Welt morden würden – sondern bloß, um zu zerstören.) Das könnte man vielleicht als »Rache an dieser Welt« bezeichnen. Und dann gibt es auch noch sehr eigenartige, aber gar nicht seltene Tötungsdelikte, vor allem von ganz jungen Männern, die der Täter begeht, um sich selbst zu erfahren. Um zu merken, wie stark er sein kann, was er aushält, wie viel Macht ihm durch diese unglaubliche Tat zuwachsen kann. Viele junge Männer haben das früher in Uniform herausgefunden. Und wurden dafür mit Orden behängt.

Beute und Macht

Schauen wir uns einmal jene aus rationalen, also eigennützigen Gründen tötenden Mörder an. Wie freundlich sie sind, wie einfühlsam! Ein Fall, der vor den Toren Berlins geschah: Mutter und Sohn beschließen, die Freundin des Sohnes mit Lebensversicherungen zu überhäufen, um durch ihren Tod an viel Geld zu kommen. Es geht um das erträumte ganz andere Leben, das man haben könnte, den eigenen großen Reiterhof, an den man anders nie kommen wird. Sich lösen aus dem bedrängten Dasein und dicke Geldbündel in den Hosentaschen haben – es geht um die Sorte Wünsche, die jeder kennt: Was würde ich mit einem Lottogewinn anstellen? Und dann steht da nur noch ein einziger Mensch im Wege – ich habe ihn mal geliebt, aber jetzt ist er mein Feind. Weil er mich trennt von der Verwirklichung meiner Träume. Dieser Sohn hatte durchaus empathische Gefühle für seine Freundin – bis aus der Idee mit den Lebensversicherungen der große Plan wurde. Für sein hohes Ziel musste er sich eine gewisse Gleichgültigkeit zulegen.

Beute und Macht sind triftige Gründe für ein Kapitalverbrechen, allemal in der professionellen Szene. Ein Täter lernt rasch, dass Töten funktioniert, den gewünschten Erfolg hat und entweder nicht bestraft wird oder dass die Strafe den Einsatz wert ist. In den neunziger Jahren trieben in Berlin und Norddeutschland hochkonspirative serbische Diebesbanden ihr Unwesen. Sie hatten geheime Wohnungen und Decknamen. Nichts war in ihren Augen verboten, außer der Verrat an die Polizei. Ein junger, gutaussehender Serbe – er wurde später mein Proband – erschoss in einer solchen Geheimwohnung vor den Augen zweier Frauen einen angeblichen Verräter. Kurz und knapp, eine sozusagen geschäftsmäßige Hinrichtung. Zwei Schüsse genügten. Ob die Gruppe ein bisschen paranoid war oder ob der Getötete wirklich mit der Polizei zusammenarbeitete, habe ich als psychiatrischer Gutachter zur Schuldfähigkeit nicht erfahren. Der junge Täter jedenfalls war psychisch völlig gesund, sozial kompetent, intelligent, wendig. Man könnte fast sagen, ein netter Kerl. Er kurierte im Haftkrankenhaus seine Lungentuberkulose aus, die er in Freiheit nicht hatte behandeln lassen können, und wurde im anschließenden Strafprozess vom Vorwurf des Mordes freigesprochen, denn die Tatzeugen waren inzwischen verschwunden oder konnten sich an nichts erinnern. Alle wussten, dass er es getan hatte, aber er verließ als freier Mann den Gerichtssaal und kehrte nach Belgrad zurück, wo man ihn gefeiert haben wird.«

Hans-Ludwig Kröber geht davon aus, dass die meisten Bösewichter ganz normale Menschen sind, bei denen eine Therapie sinnlos ist. Therapien nützten nur, wenn der Täter wirklich krank ist:

»Die Regeln der Gewalt und die Denkweisen über Gewalt ändern sich natürlich im Laufe der Zeit, in Abhängigkeit vom sozialen Wandel. Sklaven gibt es nicht mehr, untreue Frauen steinigt man nicht, jedenfalls bei uns. Duelle, an denen früher sogar führende SPD-Politiker wie Ferdinand Lassalle verstarben, sind verboten, die meisten Studenten schlagen sich nicht mehr mit Säbeln, Eltern und Lehrer werden angezeigt, wenn sie Kinder prügeln. Alle diese Fortschritte sind durch die öffentliche Diskussion gewaltfreier Alternativen, durch staatliche Strafandrohung, veränderte Formen der Sozialisierung und neue kulturelle Vorbilder erreicht worden. Nicht durch Therapie!« (ZEIT, 11. Oktober 2012, S. 18)

Die Fortschritte können jedoch auch wieder rückgängig gemacht werden, jedenfalls phasenweise, wie die Zeit des Nationalsozialismus beweist. Die Aktionen der »Tiefenstaaten« gehen jedenfalls in die falsche Richtung. Es wird versucht Mitleid abzubauen, nicht die vielbeschworene Empathie. Das zu verhindern gelingt nur, wenn der Staat das Gewaltmonopol behält, nicht durch die Organisierte Kriminalität unterwandert wird – und seine Geheimdienste im Griff hat. Es geht also um den Rechtsstaat.

Und der wird nicht nur durch klassische Gewaltverbrechen, durch die bereits bekannte Organisierte Kriminalität infrage gestellt, auch das scheinbar harmlose Netzwerk-Stalking, das sich zunehmend ausbreitet, stellt den Rechtsstaat infrage.

(Siehe: http://dirkvermisst.blog.de/2009/04/20/organisiertes-stalking-neue-geschaeftsidee-20-04-5974467/)

Auch hier geht es um Geld und Macht, aber es kommt noch ein »spielerisches« Moment dazu: Ein ausgedeutetes »Opfer« wird wie in einem Computerspiel gejagt und geschädigt. Harmlose Bürger, deren moralische Einstellung bisweilen von kleinen Zuwendungen abhängt, bekommen z.B. neuartige Geräte gestellt, mit denen man durch Wände sehen kann. Das Prinzip wurde schon vor Jahren im Internet vorgestellt – und im englischsprachigen Raum ist es aus verschiedenen Gründen weitaus bekannter als bei uns. So kann man z.B. in den USA sicher eine höhere Gewaltrate feststellen, aber es existiert dort auch eine offenere Diskussion über verschiedene Formen und Techniken der Gewalt. Bereits Studenten experimentierten vor Jahren mit dem Observieren durch Steinwände hindurch:

http://et-tutorials.de/477/wie-man-mit-drahtlosen-netzwerken-durch-wande-gucken-kann/.

Für Geheimdienste, das Militär – und vor allem für Kriminelle muss diese inzwischen stark miniaturisierte Technik sehr attraktiv sein. Aber zurück zu dem harmlosen Bürger, der beim Netzwerk-Stalking jetzt Teil einer Wette wird. Die Wette lautet: Ich kriege diesen anständigen Bürger mit diesem oder jenem Einsatz von Geld oder Druck soweit, dass er seinen Nachbarn schikaniert. Ich gebe ihm die Mittel in die Hand – und er wird nach anfänglichem Zögern zunehmend Spaß daran finden, seinen Nachbarn zu quälen. Zur Not gebe ich ihm auch ein Gerücht über diesen Nachbarn, das sein Foltern ein wenig rechtfertigt. Zudem versichere ich ihm, dass seine Handlungen nicht herauskommen können, da genügend wichtige Stellen im Staatsapparat mögliche Anzeigen ins Leere laufen lassen. Unser harmloser Bürger kann also durch Wände sehen. Stufe eins der Ermächtigung. Er kann sogar zwischen verschiedenen Personen auf der anderen Seite unterscheiden. Stufe zwei der Ermächtigung. Er weiß eine starke Organisation hinter sich und fühlt sich nach anfänglichem Zögern bereit zum nächsten Schritt. Jetzt kommen die noch etwas unhandlichen Mikrowellenstrahler – sie passen bereits in einen größeren Rucksack – ins Spiel. Damit kann man dem Nachbarn gehörige Schmerzen zufügen. Damit dieser nicht stirbt, brechen Spezialisten zunächst in die Nachbarwohnung ein – und testen die Strahlungsintensität, damit das Opfer nicht »gegrillt« wird, was das »Spiel« rasch beenden würde. Und jetzt folgt Stufe drei der Selbsterhöhung: Der gerade noch anständige Bürger geht auf »die dunkle Seite« und beginnt den Nachbarn mit gezielten Mikrowellenattacken zu terrorisieren. Er probiert es wieder und wieder – und es tritt ihm niemand in den Weg, niemand scheint ihn aufhalten zu können. Seine Macht scheint riesengroß. Die »Strippenzieher« können nun amüsiert zuschauen und folgende Wetten abschließen: Wird das Opfer aggressiv oder depressiv reagieren? Wird es zur Polizei oder zu einem Psychologen rennen? Werden sich Opfer und Täter in die Haare kriegen und sich gegenseitig fertigmachen? Wie harmlos sind dagegen die klassischen Computerspiele, bei denen alles vorausberechnet erscheint und die Gegner nur virtuell sind! Das vielleicht vorhandene Gefühl von Mitleid wird durch die sehr indirekte Handlung, bei der man dem Opfer nicht in die Augen schauen muss, schon früh abgeschwächt oder fällt ganz weg.

Gegenüber dieser Form der institutionalisierten Heimtücke wirkt die düstere, dystopische Geschichte der »Tribute von Panem – The Hunger Games« noch harmlos, denn dort wird das Spielen der Reichen und Mächtigen mit den Armen noch ganz offen ausgetragen. »Panem et circenses«, Brot und Spiele so hieß im alten Rom das Sprichwort, das an die Befriedung der Unterschicht durch ein genügend großes Nahrungsangebot und durch Ablenkung in öffentlich organisierten Spielen erinnert. Die »Hunger Games« sollen dagegen die verschiedenen Distrikte des nach einem gescheiterten Aufstand gegen eine ausbeuterische Regierung unterworfenen Landes an ihre Unterwerfung durch eine diktatorische reiche Oberschicht mahnen. Die grausamen Spiele, zu denen jeder Distrikt zwei jugendliche Kämpfer schicken muss, die sich dann jagen und umbringen, sollen die Menschen einschüchtern und sie daran erinnern, dass sie der Macht der Regierung schutzlos ausgeliefert sind. Von 24 Kämpfern, die paarweise jeweils einen Distrikt vertreten, darf am Ende nur einer überleben – und dieses Überleben soll zur Ehre des jeweiligen Distriktes gereichen: Ein Funke Hoffnung! Aber die abhängige Lage der Distriktbewohner bleibt bestehen. Das Kapitol ist die Hauptstadt von Panem und ein Präsident namens Snow regiert wie ein Diktator. Die Bewohner des

Kapitols sind die reichsten Bürger von Panem. In oder nahe der Hauptstadt finden die Hungerspiele statt. Alle Tribute – das sind die jugendlichen »Gladiatoren« - werden mit einem High-Tech-Zug aus ihrem Elend zu den Hungerspielen ins luxuriöse Kapitol geholt, um sie dort zu trainieren und zu präsentieren. Für die reichen Hauptstadtbewohner sind die Spiele ein besonderes Vergnügen. Ein Vergnügen auf Kosten der Armen, die jetzt die »Gladiatoren«, die »Tribute« stellen müssen.

So offen wird bei uns keine Diktatur handeln können. Und so offen werden diejenigen, die sich mächtig fühlen, ihren Narzissmus nicht ausleben. Schon ein Blick in die vom »Weißen Ring« veröffentlichte Kriminalstatistik zeigt ein anderes Bild: »Jährlich werden in Deutschland [...] etwa 15 000 Fälle von Vergewaltigung und sexueller Nötigung angezeigt. Diese Zahlen stellen nur die Spitze des Eisberges dar. Die Dunkelziffer nicht polizeilich gemeldeter Fälle liegt um ein Vielfaches höher.« Dabei wird »Sexualität als Mittel eingesetzt, Macht über einen anderen Menschen auszuüben. Der Täter will sein Opfer bei der Tat erniedrigen und demütigen.« »Die meisten Täter sind ganz ‚normale Männer'. Täter sind sowohl Männer als auch Frauen [...]. Der Täter ist im Allgemeinen nicht der ‚geheimnisvolle Unbekannte'. [...] Täter sind oft geachtete Menschen, quer durch alle Gesellschaftsschichten und Einkommensgruppen.«

https://www.weisser-ring.de/fileadmin/content/pdf/Vergewaltigung.pdf

Netzwerkstalking lässt sich m.E. gut mit einer Vergewaltigung vergleichen. Und auch hier kommen die Täter aus allen Gesellschaftsschichten. Allerdings werden die Spuren hier besser verwischt, denn die Täter stehen in keiner persönlichen Beziehung zum Opfer. Dadurch wird die Spurensuche erschwert- und die Hemmschwelle bei den Tätern herabgesetzt.

Ausblicke

»Handle so, daß die Maxime deines Willens jederzeit zugleich als Prinzip einer allgemeinen Gesetzgebung gelten könne.« (Kant, »Kategorischer Imperativ«) Wer sich statt auf das Mitleid auf ein prinzipiell geltendes moralisches Gesetz beruft, wie es Kant formuliert, weil er Gefühle generell für schwankend hält und für ungeeignet, eine positive Moral auszubilden, der sollte wissen, dass er sich heute zwar an eine weltweite, aber dennoch nur sehr kleine »Gelehrtenrepublik« wendet, die von den »Machern« nicht sehr ernst genommen wird.

Zudem haben sich technische Intelligenz, Wirtschafts- und Gesellschaftswissenschaftler weitgehend aus der »Gelehrtenrepublik« verabschiedet, sind Spezialisten geworden, deren Arbeitskraft z.T. durch den Wettbewerb um Gehaltsklassen und »Drittmittel« absorbiert wird. »Der Spezialist ist nicht gebildet; denn er kümmert sich um nichts, was nicht in sein Fach schlägt. Aber er ist auch nicht ungebildet, denn er ist ein Mann der Wissenschaft und weiß in seinem Weltausschnitt glänzend Bescheid. Wir werden ihn einen gelehrten Ignoranten nennen müssen, und das ist eine überaus ernste Angelegenheit; denn es besagt, daß er sich in allen Fragen, von denen er nichts versteht, mit der ganzen Anmaßung eines Mannes aufführen wird, der in seinem Spezialgebiet eine Autorität ist.« (Ortega y Gasset. Schriftsteller, Philosoph und Soziologe, 1883-1955: »Der Aufstand der Massen«, a.a.O., S. 117/118)

Wird ein heutiger »Spezialist« seine Gedanken und Theorien von so einem unsicheren Gefühl wie dem Mitleid »verunreinigen« lassen – oder wird er sich lieber dahin orientieren, wo die Macht steht? Den Machern, den Vertretern der Macht, ist sowohl das »moralische Gesetz« als auch das Mitleid oft nur in taktischer Hinsicht wichtig. Mitleid spricht aber die meisten Menschen eher an als ein abstraktes moralisches Gesetz, ist unabhängig von Kultur und Religion in allen Menschen verankert. Wer ein wenig in der Welt herumgekommen ist, kann dies bestätigen. Bleiben wir also doch beim Mitleid...

Da Mitleid aber im Getümmel des Alltags und in politischen Konflikten nicht ausreicht, sollte man vielleicht doch wieder auf Kant zurückkommen. »Handle so, daß die Maxime deines Willens jederzeit zugleich als Prinzip einer allgemeinen Gesetzgebung gelten könne.« Und von daher wären dann einige Mittel zu untersuchen, die sich »Tiefenstaaten«, Organisierte Kriminalität, Teile des »militärisch-industriellen Komplexes« oder Diktaturen bereits anzuwenden erlauben, die heute aber auch in Zivilgesellschaften Zuspruch finden.

Ähnlich wie Terroristen operieren Anführer der Organisierten Kriminalität mit der Steuerung von Menschen über die Verbreitung von Angst. Anders als die Polizei kann aber die OK mit physischer Gewalt (in der verschiedensten Form) drohen und diese Gewalt auch wirklich ausüben. Sie hat damit einen Imagevorteil bei unsicheren Menschen, denen »das Hemd näher ist als der Rock« ... Der »Circle of Paine« hat eine Faszination auch bei all jenen, die an der Langsamkeit und Fehlbarkeit der demokratischen Institutionen verzweifeln. Und das sind nicht wenige. Und wenn jetzt aus Kreisen von zugewanderten

Mitbürgern aus robusten Polizeistaaten die Befürwortung von Gewalt als Steuerungsmittel zunehmen sollte, dann werden sich rechtsstaatsfreies Handeln, aber auch Akte von Lynchjustiz breitmachen. Aber wie könnte man das mit dem kantischen Spruch in Verbindung bringen? Wie könnte man sich dann noch vom Terror abgrenzen?

Ein letzter kritischer Punkt wäre die »Vorbehandlung« missliebiger Bürger mit allergieauslösenden Stoffen. Solche »Behandlungen« mit flüchtigen Stoffen, die über längere Zeit z.B. in Autos oder Wohnungen eingebracht werden, gelten unter der Hand als rechtsfreie »Strafe«, die über die Organisierte Kriminalität aus noch nicht völlig geklärten Gründen in breite Kreise der Bevölkerung Eingang gefunden hat. Hier wird der Jagdinstinkt angesprochen, es winkt ein wenig Spaß, da man sich sicher sein kann, nicht entdeckt zu werden. Nach einiger Zeit reagiert das Opfer mit Schmerzen oder Atemwegsbeschwerden auf kaum wahrnehmbare »Duftstoffe«, die nichtbehandelten Personen keine Probleme bereiten. Das sogenannte »Brennende-Füße-Syndrom« wird beispielsweise auf diese Art verbreitet. Dessen Behandlung kann sogar Gewinn versprechen, wenn man teure Mittelchen, die faktisch nicht helfen, zum Kauf anbietet...

Ist ein Opfer erst einmal vorbehandelt, so ist es für viele ein Spaß, diesem auf scheinheilige Weise mit einem harmlosen (Duft-) Stoff Schmerzen zu bereiten. Es genügt, in der Nähe mit einem Taschentuch oder einem Schlüsselbund zu wedeln oder mit einem Auto vorneweg zu fahren und dann den Stoff aus einem Kanister unter dem Rücksitz des Wagens auf Knopfdruck ins Freie zu lassen. Kann man dies mit dem kantischen Prinzip vereinbaren? Wohl kaum, denn das ist geplanter Terror und dieser unterscheidet sich nur graduell von dem Terror, den man öffentlich bekämpft. Das Schlimme dabei: Dem Opfer wird in der Regel noch nicht einmal gesagt, warum es verfolgt wird, während seine Umgebung bereits mit üblen Gerüchten professionell »präpariert« wird.

Da wir kulturell in einer eher zerrissenen Landschaft leben, kann man sich aus einer überlegenen Position mehr oder weniger aussuchen, wen man wo anschwärzt, wen man gegen wen aufhetzt. Mit etwas Geschick kriegt man harmlose Leute dazu, einen Rachejob zu übernehmen, den man selbst gerne ausüben will. Andere fertig zu machen, ist für viele ein Ventil zum Ausleben von Unlustgefühlen. Und wenn es einem schlecht geht, dann geraten nicht wenige an einen Punkt, von dem aus sie anderen auch Schaden zufügen wollen, dann sagen sie sich ganz gerne: Ich war zwar mies und habe gegen meine moralischen Grundsätze verstoßen, aber der oder die sind noch mieser – oder die Umstände haben das veranlasst - oder es sei ja bloß eine Reaktion auf eine Schädigung oder eine Bedrohung gewesen. Böse Taten lassen sich fast immer rechtfertigen.

Terry Eagleton hat in »das böse« 2011 gezeigt, wie innerlich leere, aber intelligente Menschen Spaß an der Manipulation anderer Menschen gewinnen und wie sie einen Ersatz für das verlorene Selbstwertgefühl im Unterwerfen und Quälen finden. Um von der Qual der eigenen Leere abzulenken, ergötzt man sich an dem Leid anderer Menschen.?

Je öfter und je länger es keine Sanktionen seitens der Gesellschaft oder des Rechtsstaates gibt, desto mehr werden sich die heute aktiven kriminellen oder »tiefenstaatlichen« Netzwerke herausnehmen. Vor allem für feige Menschen, die ja normalerweise mit Nachbarschaftsklatsch und Streitereien im Nahkampfgebiet der Verwandtschaft gut ausgefüllt sind, oder die das Ausleben von Aggressionen nur im Computerspiel gelernt haben, nach außen aber das Bild von Anständigkeit aufrecht erhalten wollen, bieten die Hass-Netzwerke ein neues Betätigungsfeld. Neben der offiziellen Kultur entsteht heute eine »Kultur der Demütigung«, die sich in immer mehr Bereiche ausdehnt. Das Beschämen von Mitmenschen breitet sich wie eine Seuche aus, weil es Spaß zu machen scheint.

Dazu Friedrich Nietzsche:
»Wen nennst du schlecht?-
Den, der immer beschämen will.
Was ist dir das Menschlichste?-
Jemand Scham ersparen.
Was ist der Siegel erreichter Freiheit?-
Sich nicht mehr vor sich selbst zu schämen.«

Vermutlich erspart dieser Kleinkrieg, in dem man Lustgewinn aus dem Beschämen und Fertigmachen beliebiger »Gegner« erfährt, eine gehörige Menge an schwerer Kriminalität, verhindert offene Gewalt. Das Foltern und Quälen von ausgedeuteten »Opfern« wirkt wie ein Ventil, beschäftigt viele frustrierte Leute und wird wie in einem Spiel erfahren. Das Spiel könnte - wie das nur virtuelle Spiel in der Netzwelt - »**second life**« heißen, ein zweites Leben neben dem langweiligen und alltäglichen, in dem man nur die Masken der Anständigkeit aufsetzen darf.

Vor allem die Möglichkeiten, Wohnungen und ganze Häuser mit Installationen zu versehen, die gesundheitliche Schäden hervorrufen, die die Arbeitsfähigkeit herabsetzen oder ganz einfach das Opfer daran erinnern, dass es im Griff des jeweiligen Netzwerks ist, werden sich in der Zukunft ausweiten. Das Opfer wird geschädigt, ohne die Ursache des Schadens vermitteln zu können. Das erhöht den Spaß und den Größenwahn bei den Tätern, schadet aber nicht nur dem Opfer, sondern auch der Gemeinschaft, welche die Krankenkosten tragen muss und eine motivierte Arbeitskraft weniger hat. Bisweilen werden auch gut ausgebildete, motivierte Arbeitskräfte ausgetauscht durch Duckmäuser und Mitläufer, die wiederum zur Ausweitung der Hassnetzwerke beitragen. In gewisser Weise wird hier eine ehrliche Form der Konkurrenz ersetzt durch eine unehrliche, hinterhältige Form. Ein Schaden für die Arbeitswelt. Hätte es diese Form der Heimtücke, des organisierten Stalkings, der Schädigung arbeitswilliger Menschen, schon in den 50er Jahren gegeben, wir hätten das »Wirtschaftswunder« nicht geschafft. Einen Schaden erleiden aber auch die Täter: Sie rauben dem Opfer - und damit zugleich sich selbst – die Würde, die normalerweise jedem Menschen zukommen sollte. Auffallen wird dies, sobald die expansive Phase der »Tiefenstaaten« an Grenzen stößt oder ganz beendet ist.

Für Hass-Aktionen braucht es auch nicht immer eigene Schädigungen, für die man sich rächen will, oder religiös und politisch überhöhte Gegensätze. Oft genügen auch schon ganz normale Ambivalenzen, widersprüchliche Gefühle, die man nicht recht ertragen kann. Dazu die altersweise Psychoanalytikerin der deutschen Nation, Margarete Mitscherlich: Sie meint, kein Mensch sei ambivalenzfrei und nur wenige könnten Widersprüche gut aushalten. »Vor allem, wenn es um Gefühlsbeziehungen geht. [...] Wenn man zum Beispiel innerhalb einer liebenden Gemeinschaft, und die Familie soll ja eine liebende Gemeinschaft sein, doch eine gewisse Enge spürt, dann muss man endlich was erleben. Und dann macht man beispielsweise Krieg – sehr vereinfacht gesagt. Dem Feind gegenüber darf man ja endlich Aggressionen haben. Die meisten Menschen lösen Konflikte, die sie gerade in engen Beziehungen haben, dadurch, dass sie draußen einen Feind haben, den sie so richtig von Herzen hassen können und dem sie Böses wünschen können.« (Sonntaz, 11./12. Dezember 2010, S. 30) Skrupellose Netzwerke nutzen sowas gerne aus. Und solange deren Terrorakte immer nur gegen einzelne durchgeführt werden, solange das Ganze im Dunkeln abläuft und die Schädigungen wie zum jeweiligen Opfer passende Krankheiten aussehen, solange vor allem das netzwerkartige Foltern nicht ins Licht der Öffentlichkeit tritt, solange kann das Bild einer demokratischen Zivilgesellschaft bei uns aufrechterhalten werden. »Wer Böses tut, der hasst das Licht und kommt nicht zu dem Licht, damit seine Werke nicht aufgedeckt werden« (Johannes, 3,18) Irgendwann einmal, das zeigt die Geschichte, kommt aber das Licht zu ihm, zu dem, der Böses tut, egal wie scheinheilig er sich gibt.

Elemente einer positiven, menschenfreundlichen Moral sehe ich bei den Religionen – solange sie sich nicht zu eng an die aktuelle Politik anlehnen, aber auch nicht nur Nabelschau innerhalb ihrer eigenen Organisation betreiben. Man schaue sich einmal die vielen offenen Gesichter von Jugendlichen an, die zum internationalen Taizé-Treffen 2011 nach Berlin gekommen sind und von christlichen Familien oder kirchlichen Einrichtungen aufgenommen wurden – und vergleiche sie mit denen der verdrucksten oder hämisch grinsenden Mitläufer, die als Eckensteher oder kleine Folterer ihre Dienste leisten. Der Spaß daran, anderen Menschen Schmerzen zu bereiten, kann süchtig machen. *(Ob man irgendwann einmal »Folter-Entzugskliniken« einrichten muss? Wenn man die Gesichter derjenigen betrachtet, die bei der Verfolgung von Opfern dreinschauen, als ob sie »high« wären, dann könnte man dies meinen.)* Der Spannungsfaktor steckt darin, dass man chamäleonartig ein Gesicht zeigt, das einen der Situation entsprechend harmlos und normal erscheinen lässt, während man insgeheim eine böse Tat begeht, jemand z.B. Schmerzen bereitet, der einem selbst nichts angetan hat. Und diese Spannung drückt sich allmählich im Gesicht aus. Je hemmungsloser man sich hier ausleben kann, desto deutlicher wird die Bosheit sichtbar. Allein der Blick in die Gesichter reicht, um den Unterschied zu den religiös überzeugten Menschen zu erkennen.

Am Ende gibt es eben doch einen großen Unterschied zwischen den Erfolgserlebnissen aus positiven Leistungen der Hilfsbereitschaft, der Kreativität in Beruf, Schule und Sport – und dem Hochgefühl, wenn einem die heimtückische Schädigung eines Mitmenschen gelungen ist. Dazu Terry Eagleton in einem Interview der TAZ:

TAZ: »Aber das Böse ist nicht die Quelle des Kreativen? Sie sagen, das Böse habe die Gleichförmigkeit von Scheiße.«

Eagleton: »Ich stimme Hannah Arendt zu, wenn sie sagt, das Böse sei banal, flach und langweilig. Das Böse ist eine Art Parodie des echten Lebens. Eine Art virtuelles Leben.«

TAZ: Warum?

Eagleton: »Das Böse ist die Unfähigkeit zu echtem schöpferischen Handeln. Es schafft eine Pseudokreativität. Die beiden Quellen des Bösen und des Schöpferischen liegen nahe beieinander, sind aber nicht austauschbar. Ich teile nicht diese romantische Sicht, wonach es ohne das Dämonische keine echte Künstlerschaft gibt. Im 19. Jahrhundert glaubte man, das Böse gehöre notwendigerweise zum Schöpferischen dazu. Man musste entweder verrückt oder böse sein. Ich glaube, echte Kreativität ist der Kampf gegen die Parodie des Schöpferischen.«

TAZ: Es gibt ein gewisses Ungleichgewicht zwischen Gut und Böse.

Eagleton: »Das Böse scheint abhängig von dem Geschaffenen, von der Schöpfung. Es hängt davon ab, dass vorher schon etwas ist, wozu es Nein sagen kann. Gott entsteht vor dem Teufel, der Teufel kommt immer erst hinterdrein und versucht zu zeigen, wie lächerlich das Sein ist. Es gibt ein Ungleichgewicht - das Gute ist das Bestehende, das Bestehende ist gut, heißt es bei Thomas von Aquin, allein die Tatsache, dass etwas existiert, macht es zu etwas Gutem. Das Böse leugnet den Wert des Guten.«

Das sieht auch der schottische Philosoph David Hume so. Er spricht allerdings ein Dilemma an, vor dem auch gute Menschen bisweilen stehen:

„Daß Ehrlichkeit am längsten währt, mag eine gute allgemeine Regel sein, sie unterliegt aber vielen Ausnahmen; und man könnte vielleicht meinen, daß derjenige am weisesten handelt, der die allgemeine Regel beachtet und aus allen Ausnahmen einen Vorteil zieht.

Wenn jemand denkt, daß diese Beweisführung dringend eine Antwort verlangt, so muß ich zugeben, daß es etwas schwierig wäre, eine zu finden, die ihm befriedigend und überzeugend scheinen würde. Wenn sein Herz sich nicht über solche verderblichen Grundsätze empört, wenn er kein Widerstreben gegen Gedanken der Bosheit und Gemeinheit empfindet, hat er tatsächlich ein bedeutendes Motiv zur Tugendhaftigkeit verloren; und wir können erwarten, daß seine Handlungsweise seiner Denkweise entsprechen wird. Aber bei allen edleren Naturen ist die Abneigung gegen Verrat und Betrug zu stark, um durch Aussichten auf Nutzen oder pekuniären Vorteil aufgewogen werden zu können. Innerer Seelenfriede, ein Bewußtsein eigener Integrität, ein befriedigender Rückblick auf unser eigenes Verhalten; das sind sehr wesentliche Voraussetzungen für das Glück und werden von jedem ehrlichen Menschen, der ihre Wichtigkeit fühlt, hochgeschätzt und gepflegt werden.

So ein Mensch hat überdies häufig die Genugtuung, zu sehen, wie Gauner trotz all ihrer vermeintlichen Schlauheit und Geschicklichkeit durch ihre eigenen Grundsätze betrogen werden; und während sie sich vornehmen, mit Maß und in aller Heimlichkeit zu betrügen, kommt eine verführerische Gelegenheit, die Natur ist schwach, und sie gehen in die Falle, aus der sie sich nicht wieder herauswinden können, ohne ihren Ruf gänzlich verloren und sich alles künftige Vertrauen und jeden weiteren Kredit bei den Menschen verscherzt zu haben.

Aber blieben sie noch so unentdeckt und erfolgreich, der ehrliche Mensch, wenn er nur etwas Philosoph ist oder auch nur gewöhnliche Beobachtungs- und Reflexionsgabe hat, wird bemerken, daß sie zuletzt doch die am meisten Betrogenen sind und das, wenigstens für sie selbst, unschätzbare Gut eines Charakters für den Erwerb wertlosen Spielzeugs und Plunders geopfert haben. Wie wenig braucht es, um die Notwendigkeiten der Natur zu befriedigen? Und was das Vergnügen anbelangt, welcher Vergleich zwischen den nicht gekauften Freuden der Unterhaltung, der Gesellschaft, des Studiums, sogar der Gesundheit und der gewöhnlichen Schönheiten der Natur, vor allem aber des Friedens bei dem Nachdenken über das eigene Verhalten; welcher Vergleich, sage ich, zwischen diesen und den fieberhaften, leeren Vergnügungen des Luxus und Aufwands? Diese natürlichen Freuden sind wahrlich ohne Preis, denn so wie sie durch nichts erkauft werden können, so ist ihr Genuß über jeden Preis erhaben.« (»Eine Untersuchung über die Prinzipien der Moral«, David Hume, Erstveröffentlichung 1751, Reclam-Verlag, Stuttgart 1984, S. 212-214)

Da wir nun aber in einem Zeitalter leben, in dem die Heimtücke auf vielen Gebieten Erfolg zu versprechen scheint – und trotz (oder wegen) globaler Medienvermehrung nicht alle Betrügereien aufgedeckt werden können, möchte ich am Ende darauf verweisen, dass Heimtücke nicht nur die eigene Integrität untergräbt, sondern sich auch nur für eine begrenzte Zeit auszahlt und langfristig mehr Schaden als

Nutzen anrichtet. Darauf hat Michel de Montaigne bereits im 16. Jahrhundert in seinem Essay »Über den Dünkel« hingewiesen. Und so wie damals in einer Zeit des Umbruchs die Lüge und das Täuschen im Kampf um Macht und Ansehen weite Verbreitung fanden, so scheint dieses Spiel mit doppeltem Boden sich heute, nach dem Ende des Kalten Krieges, nach dem Ende der großen ideologischen Auseinandersetzungen aus der Welt der Geheimdienste und der Organisierten Kriminalität in alle Bereiche des Lebens auszubreiten. Und das so lange, bis sich wieder eine neue Bewegung der Aufklärung findet und Menschen wie Montaigne sich sagen:

»Eher würde ich meine Geschäfte sich den Hals brechen lassen, als daß ich mir ihnen zuliebe mein gutes Gewissen ausrenkte; denn diese neue Tugend der Tarnung und Täuschung, die heute so hoch in Ehren steht, ist mir auf den Tod verhaßt: Unter allen Lastern finde ich keins, das von einer derartigen Feigheit und Niedrigkeit des Herzens zeugte.

Es verrät doch in der Tat eine erbärmlich knechtische Gesinnung, sich zu verstellen und unter einer Maske zu verbergen, nur weil man nicht den Mut aufbringt, sein Gesicht freiheraus zu zeigen. So üben sich unsre Zeitgenossen in die Verlogenheit ein: Längst gewöhnt, ihr Wort zu fälschen, machen sie sich auch kein Gewissen mehr daraus, es zu brechen. Ein edelsinniges Herz aber hat es nicht nötig, seine Gedanken zu verleugnen, es will vielmehr, daß man ihm bis ins Innerste sehe, denn alles darin ist gut, alles darin ist zumindest menschlich.

Aristoteles hält es für die Aufgabe einer großen Seele, offen zu lieben und offen zu hassen, mit völligem Freimut zu urteilen und zu sprechen sowie weder Billigung noch Mißbilligung durch andre wichtig zu nehmen, wenn es um die Wahrheit geht. Und Apollonios erklärte, Sache der Knechte sei es zu lügen, der Freien aber, die Wahrheit zu sagen. […]

Meine Seele scheut von Natur aus jede Schwindelei, und schon der Gedanke daran erregt ihren Widerwillen. Ich empfinde tiefe Scham in mir und nagende Gewissensbisse, falls mir dennoch eine Notlüge entschlüpft — wie es zuweilen vorkommt, wenn irgendwelche Ereignisse mich überraschen und unversehens in Verwirrung stürzen.

Man braucht nicht allzeit alles zu sagen, denn dies wäre Torheit; aber was man sagt, muß das sein, was man denkt, sonst ist es Arglist. Ich weiß nicht, welchen Nutzen jene Lügner davon erwarten, sich ohne Unterlaß zu verstellen und den andern etwas vorzumachen — hiermit können sie diese doch höchstens ein- oder zweimal täuschen. [...]« (Michel de Montaigne, Über den Dünkel. A.a.O., S. 479/80)

»Tarnung und Täuschung« waren Montaigne verhasst. Auch wenn man nicht immer dem hier aufgestellten hohen moralischen Anspruch genügen kann, so sollte er doch der Maßstab für die Kommunikation innerhalb einer demokratischen Öffentlichkeit sein. Mit dem Einbruch von Vertretern der Organisierten Kriminalität in den öffentlichen und halböffentlichen Diskurs, mit der »neuen Unübersichtlichkeit« im Zuge der Globalisierung wird heute die Rückeroberung der moralischen Maßstäbe aus der »Aufklärung« zu einem Kampf gegen die »knechtische Gesinnung«, wie sie von den »Tiefenstaaten« ausgeht.

Das wird nicht funktionieren ohne eine Stärkung der Polizei und aller Institutionen des Rechtsstaates, die noch intakt sind. Die Verlockungen einer Freiheit ohne die Begrenzungen der Zivilisation und des Rechtsstaates sind groß, vielleicht zu groß in einer Zeit, in der es kaum noch Vorbilder in der politischen, wirtschaftlichen oder religiösen Elite gibt. Aber noch gibt es den Wunsch nach ehrlichen Vertrauensverhältnissen, wie sie doch jahrzehntelang bei uns in der Bundesrepublik üblich waren - auch in den unruhigen Zeiten der 70er und 80er Jahre des letzten Jahrhunderts. Die Rebellionen waren damals offen, teilweise cool und kreativ, teilweise haarsträubend idiotisch. Die Rettung wurde damals – jedenfalls im intellektuellen Milieu – bei den gesellschaftlichen Randgruppen und dem »Proletariat« der »Dritten Welt« gesucht, deren Anführer bald zu brutalen Diktatoren wurden. Heute dagegen setzen einige auf die schleichende Unterwanderung der Mittelschichten, ohne die eine Demokratie nicht auskommen kann. Schutzversprechen gegen die Gefahren unkontrollierter Migration scheinen hier eine Rolle zu spielen.

Wer sich heute gegen Fehlentwicklungen in den westlichen Gesellschaften wappnen will, sollte sich vielleicht mit dem „Liberalismus der Furcht" beschäftigen, wie ihn Judith Shklar in Absetzung von den großen Ideologien des 20. Jahrhunderts beschrieben hat. Ihr „Liberalismus der Furcht" bietet keine großen Heilsversprechen, sondern strebt lediglich die Verhinderung von Grausamkeiten an, die zu allen Zeiten in menschlichen Gesellschaften aufkommen. „Grausamkeit bedeutet, dass einer schwächeren Person oder Gruppe durch eine stärkere absichtlich physischer und, in zweiter Linie, emotionaler

Schmerz zugefügt wird, um ein materielles oder immaterielles Ziel zu erreichen." (J.Shklar, Der Liberalismus der Furcht, Matthes & Seitz, Berlin, S. 44)

Damit kann man keine Massenbewegung in Gang setzen, Shklars Forderungen sind defensiv und begründen sich aus ihren Erfahrungen in der Nazizeit und des Stalinismus. Die „Freiheit, die dieser Liberalismus sichern will, ist die Freiheit von Machtmissbrauch und der Einschüchterung Wehrloser". (A.a.O, S. 41) Das klingt bescheiden. Aber man kann damit „Freiheit" anders definieren als der „Neoliberalismus", dem es um die schrankenlose Freiheit der Gewinnmaximierung geht und der seit den 80er Jahren des 20. Jahrhunderts die Globalisierung vorangetrieben hat.

Was Shklar noch nicht sehen konnte, ist das gewaltige Ausmaß von Macht neben dem Staat, gegen dessen Machtmissbrauch sie sich wendet. Es gab zu ihrer Zeit noch nicht die großen Datensammler wie Google, Facebook, Amazon und auch noch nicht die damit konkurrierenden Geheimdienste, deren Wissen oft in die Organisierte Kriminalität (OK) abwandert. Und für die OK ist Grausamkeit nicht „ein absolut Böses [..] ein Vergehen gegen Gott und gegen die Menschheit" (a.a.O., S. 31/32), sondern ein ganz normales Mittel zur Ausweitung ökonomischer Macht.

Shklar will keine massenwirksame Ideologie in die Welt setzen. „Weil die Furcht vor systematischer Grausamkeit so universell ist, üben moralische Forderungen, die auf ihrem Verbot beruhen, einen solchen unmittelbaren Reiz aus und werden ohne weitschweifige Herleitungen anerkannt." (A.a.O., S. 45) Denn was ist schlimmer als eine Gesellschaft furchtsamer Menschen, wie man sie besonders in von der OK, den Islamisten oder anderen -Isten beherrschten Regionen der Erde beobachten kann?

Was Shklar auch noch nicht sehen konnte, sind die heutigen Gefahren der Manipulation und der atemlosen Beschleunigung auf allen Gebieten der Forschung durch die Anwendung von „Künstlicher Intelligenz" (KI), wie sie z.B. Christian Stöcker in „Das Experiment sind wir" (München 2020) beschreibt. Stöcker bleibt aber nicht nur defensiv und warnt vor Gefahren. Er zeigt auch die Chancen, die von Wissenschaft, Forschung und der Anwendung Künstlicher Intelligenz ausgehen! Aber das wäre ein neues Thema…

The woods are lovely, dark and deep

But I have promises to keep

And miles to go before I sleep

And miles to go before I sleep

(Robert Frost)

Literaturhinweise:

- Anmerkungen zu Hitler. Sebastian Haffner. Fischer Taschenbuch, 1981.
- Auf dünnem Eis. Die Psychologie des Bösen, Lydia Benecke, Köln, 2013.
- Aufstieg und Untergang des Staates. Martin van Creveld. Gerling Akademie Verlag, 1999.
- Best. Biographische Studien über Radikalismus, Weltanschauung und Vernunft, 1903 – 1989. Verlag J.H.W. Dietz, Bonn 2001.
- Biedermann und die Brandstifter, Max Frisch, Frankfurt/Main 1958/ 1996.
- BKA, Europol, Scotland Yard. Die Jäger des Bösen, Michael Jürgs. München 2011.
- Brennende Kälte, Wolfgang Schorlau, 2008
- Chicago-Ballade. Modell einer terroristischen Gesellschaft. In: Politische Kolportagen, H.M. Enzensberger, 1966.
- das böse, Terry Eagleton, Berlin, 2011. Vgl. dazu auch »Das Böse ist eine Art virtuelles Leben«. TAZ, Montag, 9. Mai 2011.S. 15. (http://www.taz.de/1/archiv/digitaz/artikel/?ressort=ku&dig=2011%2F05%2F09%2Fa0103&cHash=aa95c41d27)
- Das Ende der Freiheit? Wieviel Demokratie verträgt der Mensch? Fareed Zakaria, deutsche Übersetzung, Frankfurt 2005.
- Das Ende der Geduld. Konsequent gegen jugendliche Gewalttäter. Kirsten Heisig, Herder-Verlag, 2010.
- Das Heilige und die Gewalt, René Girard, Frankfurt 1992. (3. Auflage 1999)
- Das jüngste Gerücht. Michael Scheele, mvg-Verlag, Heidelberg 2006.
- Das Ressentiment im Aufbau der Moralen. Max Scheler, (1937), Klostermann-Verlag 1978.
- Der Agent. Mein Leben in drei Geheimdiensten. Werner Stiller, Ch. Links Verlag Berlin, 2010.
- Der Aufstand der Massen. Ortega Y Gasset. 1930 / DVA, Stuttgart/München 2002.
- Der Besuch der alten Dame. Eine tragische Komödie. Neufassung 1980. Zürich 1998.
- Der Circle. Roman von Dave Eggers. Kiepenheuer & Witsch, 2014.
- Der Krieg im Dunkeln, Die wahre Macht der Geheimdienste; Udo Ulfkotte, Frankfurt 2006.
- Der geheime Strahlenangriff. Nachbar Biedermann als Erbbeschleuniger (1. Aufl. - Berlin: Frieling, 2002 ISBN3-8280-1688-X)
- Der Kampf um die Demokratie. Der Extremismus, die Gewalt und der Terror. Arno Gruen, Stuttgart, 2002. (Klett-Cotta)
- Der Mob. Recherchen zum organisierten Verbrechen. Dagobert Lindlau. dtv-Sachbuch, Hamburg, 1987.

• Der Prozess, Franz Kafka. Manuskript: 1914/15, Erstausgabe durch Max Brod 1925, © Schocken Verlag Berlin 1935 / New York 1946. Reclam-Verlag, 1998.
• Der Vorleser. Bernhard Schlink. Diogenes Verlag, 1995.
• Deutschland, Deutschland. Expedition durch die Wendezeit. Hamburg, 2009.
• Deutsche gegen Deutsche. Das Schicksal der Juden 1938-1945. Moshe Zimmermann. Berlin, 2008.
• Die Bibel. Nach der Übersetzung Martin Luthers. Deutsche Bibelgesellschaft, Stuttgart 1999.
• Die CIA. Die ganze Geschichte. Tim Weiner. Deutsch im Fischer Taschenbuch-Verlag. Juni 2009.
• Die Entstehung des modernen Gewissens. Heinz D. Kittsteiner, Insel-Verlag, Frankfurt, 1991.
• Die gefährdete Republik. Von Bonn nach Berlin. 1949 - 1989 - 2009. Albrecht von Lucke. Berlin 2009.
• Die Grenzen der Solidarität. Europa und die USA im Umgang mit Staat, Nation und Religion, Gret Haller, Aufbau Verlag. Berlin 2002.
• Die Intrige. Theorie und Praxis der Hinterlist. Peter von Matt. Carl Hanser Verlag, München 2006.
• Die Kommunikation der Gerüchte. Jürgen Brokoff u.a., Wallstein Verlag, Göttingen 2008.
• Die Lust am Bösen. Warum Gewalt nicht heilbar ist. Eugen Sorg, München 2011.
• die macht der ehrlichen. Eine Provokation. Bernhard Bueb, Berlin, 2013.
• Die Masken der Niedertracht. Seelische Gewalt im Alltag und wie man sich dagegen wehren kann. Marie-France Hirigoyen. Deutscher Taschenbuch-Verlag, 2002.
• Die neuen Spießer. Von der fatalen Sehnsucht nach einer überholten Gesellschaft. Christian Rickens, Berlin, 2006
• Die Räuber. Friedrich Schiller. Verlag: Reclam, Ditzingen (1986)
• Die Rüpel Republik. Warum sind wir so unsozial? Jörg Schindler. Frankfurt/Main 2012.
• Die Stasi – 1945-1990. Jens Giesecke. Pantheon-Verlag 2011.
• Die Stasi lebt. Berichte aus einem unterwanderten Land. Jürgen Schreiber. Knauer-Taschenbuch, 2009
• Die Täter sind unter uns. Hubertus Knabe. List-Verlag 2008/2009.
• Die Welle, Morton Rhue, Ravensburger Buchverlag, 1987.
• Du Opfer! Wenn Kinder Kinder fertig machen. Mechthild Schäfer, Gabriela Herpel. Rowohlt-Verlag, 2010.
• Dynamics of Violence. Processes of Escalation and De-Escalation in Violent Conflicts. Elwert, Georg, Stephan Feuchtwang, Dieter Neubert (eds.) (1999) Berlin, Duncker & Humblot.
• Eine Art zu leben. Über die Vielfalt menschlicher Würde. Peter Bieri, München 2013.

• Eine Untersuchung über die Prinzipien der Moral , David Hume, Erstveröffentlichung 1751, Reclam-Verlag, Stuttgart 1984.
• Elemente und Ursprünge totaler Herrschaft. Antisemitismus, Imperialismus, totale Herrschaft. Hannah Arendt, Piper-Verlag, 13. Auflage 2009.
• Essais. Michel de Montaigne. Eichborn Verlag, 1998.
• Folter im 21. Jahrhundert. Auf dem Weg in ein neues Mittelalter. Alexander Bahar. DTV, München, April 2009.
• Freiheiten ohne Freiheit. Die DDR - historische Tiefendimensionen. Jörn Schütrumpf, dietz-Verlag, Berlin, 2010.
• Gangland Deutschland. Wie kriminelle Banden unser Land bedrohen. Riva-Verlag, 2014.
• Ganz gewöhnliche Scheusale – und wie man sie erkennt. Alberto Eiguer, Verlag C.H. Beck, München, 2002.
• Ganz oben – ganz unten. Christian Wulff. München 2014.
• Gerüchte, Das älteste Massenmedium der Welt. Jean-Noel Kapferer. Kiepenheuer-Verlag 1995.
• Geschichte des organisierten Verbrechens, David Southwell, Augsburg, 2007/2008.
• Gewaltmärkte, Elwert, Georg, 1997, in: Trutz von Trotha (Hg.): Soziologie der Gewalt, Sonderheft 37, »Kölner Zeitschrift für Soziologie und Sozialpsychologie«
• Gewaltakteure und Gewaltmärkte: Wandel der Kriegsformen? SVEN CHOJNACKI, in: Der Bürger im Staat, Heft 4. 2004. S, 197 ff.
• Gewalt ist eine Lösung. Morgens Polizist, abends Hooligan. Mein geheimes Doppelleben. Stefan Schubert, riva-Verlag 2010.
• Gut oder böse. Tugenden. Maßstäbe für richtiges Handeln. Klaus Berger /Andreas Fritsche. München 2010.
• In den Fängen der Mafia-Kraken. Organisiertes Verbrechen in Deutschland. Mittler-Verlag, Hamburg, 2001.
• In einer kleinen Stadt. Needful Tings. Stephen King, Hamburg 1991.
• Joseph Fouché. Bildnis eines politischen Menschen. Stefan Zweig. S. Fischer, Frankfurt 1999
• Kopf hoch, Deutschland. Optimistische Geschichten aus einer verzagten Republik. Hajo Schumacher, München, 2005/6.
• Leviathan, Thomas Hobbes, Reclam-Verlag Leipzig, 1978.
• Marionetten, John Le Carré, Ullstein Verlag, 2008.
• Masse und Macht. Elias Canetti, Frankfurt 1980.
• McMafia. Die grenzenlose Welt des Organisierten Verbrechens. Misha Glenny. Goldmann-Verlag, 2009
• Menschenwürde. Peter Schaber, Stuttgart 2012.
• Mobbing: Wenn der Job zur Hölle wird: Seelische Gewalt am Arbeitsplatz und wie man sich dagegen wehrt. Marie-France Hirigoyen. Deutscher Taschenbuch-Verlag, 2004.
• Negative Integration und revolutionärer Attentismus, Dieter Groh, Berlin, 1973.

- Nicht-tödliche Waffen. Mirko Smiljanic. SWR2-Wissen, 8.6.2016, http://www.swr.de/swr2/programm/sendungen/wissen/nicht-toedliche-waffen/-/id=660374/did=17366438/nid=660374/sdpgid=1262183/1f2ccfl/index.html
- Organisierte Kriminalität am Beispiel der Mafia auf Sizilien und in den USA. Doris Rämisch, GRIN-Verlag, 2003.
- Parvenüs und Profiteure, Korruption in der NS-Zeit. Frankfurt 2001.
- Payback. Schulden und die Schattenseiten des Wohlstands. Margaret Atwood, Berliner Taschenbuch-Verlag 2009.
- Pentito. Ein Mafioso packt aus. Marco Bettini. Ullstein-Verlag, Berlin, 2010.
- Power – Die 48 Gesetze der Macht, Robert Greene, München 2001.
- Psychopathen: Was man von Heiligen, Anwälten und Serienmördern lernen kann. Deutscher Taschenbuch Verlag (1. Mai 2013)
- Schamverlust. Vom Wandel der Gefühlskultur. Ulrich Greiner. Rowohlt Verlag, 2014.
- Schlimmer als Krieg. Wie Völkermord entsteht und wie er zu verhindern ist. Daniel Goldhagen, Siedler Verlag, 2009.
- Schmerzgrenze. Vom Ursprung alltäglicher und globaler Gewalt. Joachim Bauer. München 2011.
- Sadisten. Tödliche Liebe – Geschichten aus dem wahren Leben, Lydia Benecke, Köln 2015.
- Schnelles Denken, langsames Denken, Daniel Kahneman, München 2012.
- Schwarze Magie Braune Macht, Peter Orzechowski, Verlag Peter Selinka, Ravensburg. ISBN: 3926532 05 X.
- Söhne und Weltmacht. Terror im Aufstieg und Fall der Nationen. Gunnar Heinsohn. Orell füssli-Verlag AG, Zürich 2003.
- So wie ich will. Mein Leben zwischen Moschee und Minirock. Melda Akbas. Bertelsmann-Verlag, 2010.
- Strahlenfolter – Terror mit elektromagnetischen Waffen; Felicitas Klara Hope. Books on Demand, 2009
- Über das Böse. Eine Vorlesung zu Fragen der Ethik. Hannah Arendt (Aus dem Jahre 1965/66), Piper Verlag, München 2006.
- Über das Mitleid. Arthur Schopenhauer (1788-1860), dtv-Verlag, München, 2005
- Über den Prozess der Zivilisation, Norbert Elias, suhrkamp Taschenbuch / Wissenschaft, 1976.
- Warum Nationen scheitern. Die Ursprünge von Macht, Wohlstand und Armut. Daron Acemoglu, James A. Robinson. Frankfurt am Main, 2013.
- 1984. George Orwell. 1. Auflage 1949. 34. Auflage, Ullstein Verlag 2011.

Anhang: Welche Überschneidungen gibt es, wenn man die Aufgaben und die inneren Zusammenhänge von Geheimdiensten, Organisierter Kriminalität («Mafia«) und Lobbyismus vergleicht?

Ein Vorschlag:

Geheimdienste

- Vom Staat finanziert
- Geheim, aber von Ausschüssen kontrolliert
- Am Rande der Legalität
- Schwer kontrollierbar
- Aufgabe: Spionage und Spionageabwehr.
- Risikobereitschaft
- Verschwiegenheit
- Gegner: Andere Geheimdienste, Terroristen.
- Gefahren: Korruption, Doppelagenten, Gewöhnung an amoralisches Handeln.
- Ehrenkodex: Aussteigen nicht möglich!

Organisierte Kriminalität

- Familienclans finanzieren und regieren.
- Ethnische Zwangsverbindungen
- Geheim, eigene Regeln analog zum Gesetz.
- Antistaatliche Traditionen
- Steuerungsmittel: Offene oder versteckte Gewalt. Zuwendungen in Form von Geld, Anerkennung und Schutz. "Anfüttern"!
- Aufgaben: Gewinn maximieren, Macht ausweiten.
- Attraktiv für Narzissten und Mitläufer ("soldati")
- Gegner: Andere Clans, Staat und heute der "Terror"
- Ehrenkodex: Kein Ausstieg möglich.

Lobbyismus

- Große Firmen / Konzerne geben Regeln vor
- Legal, aber Macht durch "Fachwissen"
- Gefahr der Korruption
- Fließende Grenzen zur Illegalität. (Bestechung), Moral als "Maske"
- Aufgaben: Gewinn maximieren, Macht ausweiten.
- Attraktiv für Manipulateure, Psychopathen, aber auch für ehemalige Politiker mit "Beziehungen"
- Gegner: Andere Firmen/ Konzerne, bisweilen der Rechtsstaat. Eigene Rechtsabteilungen suchen Gesetzeslücken
- Kein Ehrenkodex. Aussteigen oder wechseln zu "Gegnern" ist möglich.

»Wer sich an eine falsche Vorstellung gewöhnt, dem wird jeder Irrthum willkommen sein.« (Goethe)

Globalisiert ist heute nicht nur die Wirtschaft, globalisiert sind Wissenschaft und Forschung, global sind die diversen Echokammern der neuen Medien, seitdem die professionellen „Gatekeeper" an Einfluss verlieren. Das betrifft auch die diversen „-Ismen", deren internationalen Verbindungen man einmal genau untersuchen müsste:

Jedoch: Nicht jeder, der Nationalstaaten weiterhin gut und richtig findet, ist ein Nationalist. Und nicht jeder, der politisch rechts von einer angenommenen **Mitte** steht, ist ein potenzieller Faschist. Wenn „Rechts" oder „National" sofort als Böse denunziert wird, dann wird ein Teil der Bürger aus der demokratischen Öffentlichkeit gedrängt, wenn er rhetorisch nicht mit eloquenten Denunzianten mithalten kann.

Vom Autor Detlef Zeiler bisher erschienen:

1. **„Zeitensprung" - Der Heiligenberg bei Heidelberg.**
   (2. Auflage, 1986)
   • Die Geschichte des Heiligenberges.
   • Von Oben gegründet: Kurze Geschichte der Stadt Heidelberg.
   • Der unheimliche Berg.

2. **In Gefahr und größter Not... Teil I (Drehbuch)**
   ISBN: 978-3-86460-818-6

3. **In Gefahr und größter Not... Teil II (Drehbuch)**
   ISBN: 978-3-7469-5166-9

4. **In Gefahr und größter Not... Teil III (Drehbuch)**
   ISBN: 978-3-7482-9965-3

5. **Die Geschichte der Firma RAUCH**
   - erzählt von ehemaligen Mitarbeitern
   ISBN: 978-3-7497-3765-9

6. **„Neuenheim ist halb Europa"** - Film und Buch zur Eingemeindung Neuen-
   heims vor 100 Jahren. (1. Auflage 1990)
   • Die Eingemeindung in die Stadt Heidelberg.
   • Neuenheim wird Stadtteil von Heidelberg.
     Gespräch mit Otto Jaeger und Ludwig Merz.
   • Gespräch mit Professor Dr. Helmut Krauch.
   • „Und plötzlich war die Klasse judenfrei."
   • Statistik aus dem Stadtplanungsamt (1989)

- „Neuenheim ist halb Europa". Erinnerungen zweier Neuenheimerinnen.
- Filmtext (deutsch).
- Filmtext (französisch).
- Der Neckar bei Heidelberg. Gespräch mit Heimatforschern: https://www.voutube.com/watch?v=zMfJp- G YVA oder: www.zeiler.me

7. „Die Elsenz und der Kraichgau" (2011)
- Die geographische Lage
- Über die Geschichte der Region
- http://www.zeiler.me/detlef/proiekte/die-elsenz-und-der- kraichgau
- https://www.youtube.com/watch?v=xaMXUxUg3iw

8. „In einem kühlen Grunde". Geschichten aus dem alten Rohrbach.
- (Filmbeitrag aus dem Jahre 2014) https://www.y-outube.com/watch?v=AOleXWcwe-l

9. Geschichten aus dem alten Rohrbach im 2. Weltkrieg und nach dem Krieg. Filmbeitrag aus dem Jahre 2015: https://www.youtube.com/watch?v=B8ozX05lG50

10. Heidelberg im Mittelalter – ein heimatkundliches Projekt. 4. Auflage. ISBN: 978-3-6860-8 (Paperback)

11. Weg von hier! Teil 1 – Vom langsamen Ende einer Jugendbewegung. 1. Auflage 2020. - ISBN 978-3-347-11010-6

FSC
www.fsc.org
MIX
Papier | Fördert
gute Waldnutzung
FSC® C083411

Zeitfracht Medien GmbH
Ferdinand-Jühlke-Straße 7
99095 Erfurt, Deutschland
produktsicherheit@kolibri360.de